北欧学派の
マーケティング研究

den Nordiska skolan

市場を超えたサービス関係によるアプローチ

村松潤一
大藪　亮

［編著］

東京　白桃書房　神田

〈執筆者一覧（執筆順）〉

村松潤一　編著者　1，16章担当

大藪　亮　編著者　2，15章担当

今村一真　茨城大学人文社会科学部・教授　3，9章担当
　　　　　広島大学大学院社会科学研究科博士課程後期修了，博士（マネジメント）

蒲生智哉　名古屋学院大学商学部・准教授　4，10章担当
　　　　　立命館大学大学院経営学研究科企業経営専攻博士課程後期課程修了，博士（経営学）

張　　婧　岡山理科大学経営学部・専任講師　5，11章担当
　　　　　広島大学大学院社会科学研究科博士課程後期修了，博士（マネジメント）

清野　聡　安田女子大学現代ビジンス学部・教授　6，12章担当
　　　　　広島大学大学院社会科学研究科博士課程後期修了，博士（マネジメント）

村上真理　九州国際大学現代ビジネス学部・教授　7，13章担当
　　　　　広島大学大学院社会科学研究科博士課程後期修了，博士（マネジメント）

藤岡芳郎　大阪産業大学経営学部・教授　8，14章担当
　　　　　広島大学大学院社会科学研究科博士課程後期修了，博士（マネジメント）

クリスチャン・グルンルース教授の推薦文

　サービス研究の北欧学派は，サービス・マーケティングやサービス・マネジメント研究において，独特で革新的アプローチを示す。このアプローチは，スカンジナビア，特にフィンランドとスウェーデンにルーツがあり1970年代まで遡る。北欧学派のアプローチは，主流のサービス・マーケティングとは大きく異なっている。北欧学派は，顧客がサービス企業の多くの活動に参画しており，マーケティングをマーケティングの専門家だけが実行する機能と捉えることはできないと考えたのが，北欧学派の重要な1つの出発点である。マーケティングは，顧客とサービス企業間における相互作用に関わるものであり，組織全体に存在すべきである。マーケティングは，市場志向または顧客中心のサービス組織のマネジメントとして説明される。したがって，サービス・マネジメントという用語がしばしば使用される。さらに，マーケティングは，経営全体の問題であり，マーケティング部門だけが担当するのではない。

　北欧学派は，研究者たちに，研究内容及び方法論の両面で，あえて人と違うことをすることを勧めている。そうすることで，北欧学派の研究は，サービス分野における主流の研究よりも一歩先を行くことが可能となり，新たなフロンティアを切り開くことができる。

　本書は，サービスの北欧学派を日本で紹介する最初の書籍である。これまでは，北欧学派アプローチに基づく拙著 *Service Management and Marketing* を日本語に翻訳したものしか無かった。本書の第1部では，サービス・マーケティングやサービス・ロジック，サービス・マネジメントといった北欧学派の様々な研究テーマを紹介している。続く第2部は，北欧学派のアプローチをベースとしたオリジナルな経験的研究からなる。このようにして，本書の2つの部分は相互に支え合い，補完し合っている。

　私は，個人的にも本書を歓迎し，本書がサービス・マーケティングやサービス・マネジメントに対する読者の見識を深めることの一助となり，サービス分野における革新的な研究をさらに促進させるものであることを確信している。

Christian Grönroos
Professor of Service and Relationship Marketing
Hanken School of Economics, Finland

　クリスチャン・グルンルース
　サービス・リレーションシップ・マーケティング教授
　ハンケン経済大学，フィンランド

はしがき

　マーケティングが日本に導入されてから三四半世紀を迎えつつある。いうまでもなく，それは米国からの文字通りの輸入であった。そして，それが直輸入のまま日本に普及していくことへの戸惑いをよそに米国生まれのマーケティングは日本の企業経営，そして，経済社会に深く，着実に浸透していった。もし，今日的なマーケティングの頂点を Kotler とするなら，それは，日本においてマーケティングがどのように普及してきたかそのものを物語っている。

　しかし，新たな世紀となって間もない2004年に Vargo and Lusch が S-D ロジックを提唱し，そのことを契機として，米国以外のマーケティング研究への関心もこれまで以上に高まることとなった。何故なら，S-D ロジックのいうプロセスとして理解するサービスの考え方は，北欧学派のサービス概念に強く影響を受けていたからである。因みに，日本において S-D ロジックが広く認知されるのに大きな役割を果たしたのが，井上崇通・村松潤一編著『サービス・ドミナント・ロジック—マーケティング研究への新たな視座—』同文舘出版，2010年であり，そこにおいても，S-D ロジックと北欧学派のサービス概念との関係が指摘されていた。即ち，米国のマーケティングにおいて，いわばモノとして理解しようとしてきたサービスとは異なり，プロセスとしてサービスを捉えるというのが北欧学派であった。そのこともあってか，北欧学派の重鎮として長年にわたり斯界をリードしてきた Grönroos は2006年にサービス・ロジック（以下 S ロジック）を提示するに至ったが，それは北欧学派のサービスを軸としたマーケティング研究が米国流のそれとは違うものであることを日本の研究者が改めて理解することにつながった。

　翻って考えるなら，マーケティングは市場への適応そのものを主題としてきたのであり，市場における消費者行動が文化的，社会的な背景のもとになされるなら，日米間ではそれらに明らかな相違がある。それにもかかわらず，いつまでも米国のマーケティングをそのまま追い求めることに何らかの

問題意識を持つべきであった。いわんや，日本ではすでに1970年代末にはモノより心の豊かさを人々は重視するようになったのであり，モノ中心のマーケティングからの脱却はいわば必須のことであった。言い換えるなら，かなり早い時期に心の豊かさを満たすためのマーケティングを模索すべきであったといえ，その際には，心の豊かさが所有権の移転を旨とする市場ではなく，生活世界でのサービス利用によってこそ十分に満たされるという点に留意する必要がある。そして，そうした理解は，まさに利用価値にもとづくサービス及びマーケティング研究を主張するSロジックの本質そのものだったのである。

　S-Dロジックに始まり，Sロジックに至り，新しいマーケティングの成立を確信したマーケティング研究者が，北欧学派，Sロジックの何たるかに強い学術的好奇心を抱くことになったのは，いわば，当然の成り行きだったといえる。本書は，そうした研究者達による共同研究の成果として生まれたものである。

　幸い，共同研究のメンバーには，Grönroosに直接教えを乞うたものが2人おり，Grönroos及び北欧学派に関する膨大な量の文献レビューも，彼らからの豊富な知見に触れることで，非常に刺激あるものとなった。共同研究は，月に1度，約3年にわたって続けられたが，実は，先ほどの2人のうちの1人は，すでにGrönroosの翻訳書を2冊ほど出しており，もう1人は，共同研究の間にGrönroosに学んだこともあって，Grönroos及び北欧学派に対する理解は最新の情報をもとに一層深まったと考えられる。とはいえ，共同研究活動として，Grönroos及び北欧学派の考え方を無批判に受け入れたわけではない。むしろ，日本発のサービス及びマーケティング研究を意識していたのはいうまでもない。何故なら，同時に，メンバーは新しいマーケティングの体系化を試みているからである。

　何れにせよ，20世紀初頭に米国で誕生し，その後の進展の中で，日本におけるマーケティングの研究と実践に大きな影響を与えてきたモノをベースとするマーケティングとは，明らかに文化的，社会的に異なる背景のもとで生まれた北欧学派のマーケティングを「欧米」という形で一括りにすることはできない。本書は，そうした強い考えのもとで公にされるものであり，これ

を機に，日本発のサービス，マーケティング研究が発信されることを願っている。

　最後になったが，株式会社白桃書房代表取締役大矢栄一郎氏には，今回の出版を引き受けていただき，心より感謝申し上げたいと思う。また，編集に際し，いろいろとお世話になった佐藤　円氏にもお礼申し上げたいと思う。

2020年晩秋

村松潤一

大藪　亮

目次

第1部 文献レビュー

第2部　経験的研究

第1部

文献レビュー

　Grönroos を中心とする北欧学派は，サービスにいち早く注目し，多くの研究蓄積をしてきた。しかし，Grönroos の主張や北欧学派に関する日本語の出版物は，訳書『サービス・ロジックによる現代マーケティング理論：消費プロセスにおける価値共創へのノルディック学派アプローチ』（蒲生智哉翻訳，白桃書房）と『北欧型サービス志向のマネジメント：競争を生き抜くマーケティングの新潮流』（近藤宏一・蒲生智哉翻訳，ミネルヴァ書房）を除き殆ど無い。

　そこで，第1部においては，Grönroos や Gummesson をはじめとする北欧学派の思想や研究成果について詳細にレビューし，それらの研究の論点を明らかにする。それらから明らかとなるのは，これまでの米国流のマーケティング研究とは異なり，多様な問題意識から生まれる彼らの挑戦的な研究姿勢だけでなく，研究課題に対する北欧学派独自のアプローチである。

第1章

マーケティング研究と北欧学派

1. はじめに

　日本のマーケティング研究は，そのほとんどをマーケティング発祥の地といわれる米国から学んできた。特に，Kotler の影響は想像以上に大きいものがある。しかし，近年，米国のものとは明らかに異なるマーケティング及びサービス研究が注目されるようになった。それが，サービスをプロセスとして捉える北欧学派のマーケティング研究であり，その影響は広く世界に及んでいる。

　そこで，ここでは，北欧学派のサービスを主軸においたマーケティング研究がどのような問題意識のもとで，何を明らかにしようとして生まれたのか，そして，いわゆるマーケティング研究といわれる中でそれがどのように位置づけられるのか，また，その特徴としてはどのような点が挙げられるのか，について述べるものとする。また，その際には，日本のマーケティング研究との関連についても言及する。

　そして，本書の各章にみられる，北欧学派のマーケティング研究に関する様々な所論へとつなげていく。

2. 北欧学派と米国のマーケティング研究

2-1　北欧学派への注目

　マーケティング研究において，北欧学派がこれまで以上に注目されることになったのは，Vargo and Lusch ［2004］による S-D ロジックの提唱がその契機といえる。何故なら，S-D ロジックが土台におく，プロセスとして捉えるサービス概念は，もともと北欧学派のものだからである。そして，そ

のことを主張すべくメッセージを含め，同学派の重鎮 Grönroos［2006b］による新たなロジックが S ロジックとして直ちに提示された。

　もちろん，マーケティングが生まれた米国のマーケティングあるいはサービスの研究とは別に，北欧学派が独自にサービス概念を構築することになったのは，そこに十分な問題意識があってのことである。それは，Grönroos が自身のマーケティング研究について回顧した論文（Grönroos［2017a］）に見出すことができる。特に，その中でも，In academia, new approaches may be interesting but not easily accepted（pp. 284-285）と題して，自身がマーケティング研究に取り組み始めた頃を振り返った箇所には，大変興味深い記述がある。以下，やや長くなるが，ここに紹介したい。

　1978年，米国のマーケティング研究の担い手ともいえる Kotler は，ヘルシンキ経済大学を訪れた。そして，当時，博士研究員であった Lehtinen（後のタンペレ大学のマーケティング教授及び学長）に，サービス企業におけるマーケティングを研究することについてどう思うかと尋ねられ，Kotler はサービス企業におけるマーケティングに新たな概念やモデルは必要ないと確信していると返答したという。Lehtinen の問い掛けは，ちょうどその頃，*Journal of Marketing* 誌に載った Shostak［1977］の論文 "Breaking free from product marketing" を踏まえてのことであった。マーケティング関連の教員や博士候補者に向けたこのイベントには，当然ながらサービス・マーケティングを研究テーマとする Grönroos も参加していたが，それに先立つワークショップで，彼は他の博士候補者とともに博論の進捗について発表した。そして，焦点の絞り込みさえできないだろう，という最悪の評価がその場で下されていた。そのようなこともあり，Lehtinen は，セッション終了後，学位取得のために，まだ，サービス・マーケティングの研究を続けるのかと Grönroos に尋ねたという。

　一方，Kotler は，そのあと，ヘルシンキから車で 1 時間ほどの場所で幹部セミナーをおこなう予定だったが，幸いなことに Grönroos は，移動のためのアテンド役をヘルシンキ経済大学のマーケティング教授 Saarsalmi から与えられたのである。そして，車中とはいえ，またとないその機会に，Grönroos が伝統的マーケティングのモデルや概念をサービス企業に適用す

ることは困難であり，新しいアプローチが必要であるという自身の考えを述べたのはいうまでもない。Kotler は，すぐさまペンとノートを取り出し，メモを取り始めたという。

　しかし，この話には，まだ，続きがある。約20年後，２人はストックホルムでのカンファレンスで再会するのだが，Kotler は1978年に車で一緒に移動した時のことに触れ，そこで，Grönroos がサービス・マーケティング研究で足跡を残すつもりだといったことを口にした。そして，「君は本当にそれをやり遂げてしまった」(p. 285) と付け加えたという。

　さて，上記のエピソードは，Grönroos のサービス・マーケティング研究に対する強い信念を示すに留まらず，モノのマーケティングは決してサービスのマーケティングを代替しないということを明らかにしたものでもある。すなわち，サービス産業あるいはサービス企業のマーケティングに伝統的な物財に焦点をおいた４Ps にもとづくマーケティング，言い換えれば，米国のマーケティングは適用できず，今後，経済がサービス化していく中で，新たなマーケティング・ロジックの開発が不可欠だという強い主張がそこにあったといえる。

　それでは，米国のマーケティングが当初よりその客体として捉えてきた物財と，北欧学派が新たに念頭においたサービス企業が取り扱うサービス財とでは，どこに差異を見出すことができるか。この点について，Grönroos は「サービス財が物財と明確に区別される唯一の特徴（aspect）は，サービス財が持つプロセスという性質（nature）にある」(2006b, p. 319) としており，そのことは，「サービスの消費は，結果（outcome）の消費ではなく，プロセスの消費である」(Grönroos [1998] p. 322)。との認識にもとづいている。つまり，サービスの消費というのは，モノのマーケティング（物財に焦点をあてた米国のマーケティング）が生み出す結果（outcome，例えば，製品）を消費するのではなく，あくまでもサービスというプロセスそのものを消費するというのである。つまり，こうしたサービス財及びサービスに対する捉え方にこそ北欧学派の特徴があるといえる。

2-2　米国のマーケティング研究と Kotler のマーケティング

　先の Grönroos と Kotler の遣り取りは，その後，サービス産業の比重がますます高まっていく中で，サービス企業の行動に注目が寄せられ，さらに，新世紀を迎えた直後に，S-D ロジック及び S ロジックが提示されたことで，多くのマーケティング研究者をして，モノのマーケティングとサービスのマーケティングを区別する際の今や伝説的なエピソードになったといえる。

　さて，それはそれとして，20世紀の工業社会において，マーケティング分野で非常に大きな影響力を持った Kotler のマーケティングとは，一体どのようなものなのか。

　周知のように，彼は，1960年前後に4Ps を中軸に据えて体系化されたマーケティング・マネジメントの考え方を踏襲し，1967年に *Marketing Management : Analysis, Planning, and Control* を著した。その標準的テキストは，わかり易さもあって世界中で読まれ，その後，継続的に改訂され，2015年には第15版が出版されている。そこで，Kotler のマーケティング・マネジメントの特徴をまとめるなら，次のようになる。

　まず，第1に，彼の関心はミドル・マネジメントがおこなうマーケティングにあるということである。初版が刊行された時点で，すでにマーケティング研究にあっては，トップ・マネジメントがおこなうマネジリアル・マーケティングなる概念が示されていたが[1]，あくまでも Kotler が説いたのはミドル・マネジメントによるマーケティング・マネジメントである。そして，1980年前後には戦略的マーケティングなる概念が提示されたが[2]，それは，企業レベルの戦略であり，また，トップ・マネジメントがおこなうものであるが，Kotler はこうした論議にはほとんど参加せず，それはそれで一貫性があった。むしろ，当時の彼のスタンスは，同時期に台頭した戦略的経営論にマーケティングがどのように貢献することができるかを示すことにあった（村松［2009］）。何故なら，ミドル・マネジメントがおこなう Kotler のマーケティングは，その立場からすれば，トップ・マネジメントが担う戦略的経営に組み込まれるしかなかったからである。したがって，その後，示されることになった，マーケティングを経営諸機能における一機能という理解に留

めない，いわば全社マーケティングともいうべき考え方（Webster, Jr.
[1994]）に Kotler が言及することもなかった。

　そして，第 2 に，ミドル・マネジメントがおこなうマーケティングとはい
うものの，そこにおけるマネジャーが理論的に，また，実践の上でも本当に
4 Ps を手中にしているかは別の問題である。マーケティング・ミックス⁽³⁾
は 4 つの P の単なる集合としてではなく，最適な組合せを意図する概念で
あるが，果たして，これまでのマーケティング・ミックス研究は，4 Ps の
それぞれを統合した解を示してきただろうか⁽⁴⁾。実のところ，ほとんどの
マーケティング研究者は，Kotler に倣い，それらを列挙し，それぞれにつ
いて説明するだけに留まってきたのではないか（このことは，巷間溢れる
マーケティング書籍をみればすぐにわかることである）。あるいは，彼らの
多くは，4 Ps のそれぞれについて，自身の関心の赴くまま個別的な研究成
果をあげてきたのではないか。そこで，まず，指摘すべきは，4 Ps はマー
ケティング・マネジャーが統制できると考えられた 4 つの P の単なる集合
概念でしかなく，決して，体系的な理論と呼べるものではないということで
ある。したがって，4 Ps をマーケティング・ミックスとして統合的に捉
え，実践に向けた理論が提示されてこなかったのは，ある意味で当然のこと
なのである。そして，このことは，Webster, Jr. [1994] による以下の指摘
と深くかかわっている。

　まず，彼は Ansoff [1965] による 3 つの意思決定の話から始めている。
よく知られているように，Ansoff は，経営における意思決定を①製品・市
場ミックスの選択に関する戦略的意思決定，②資源の組織化に関する管理的
意思決定，③現行業務の最適化に関する業務的意思決定に区分した。しか
し，Ansoff が自身の戦略論の構築に際して重視したのは①の戦略的意思決
定である。ところが，この戦略的意思決定が扱う製品・市場ミックスの選択
は，マーケティングの本質的な理論的・実践的研究課題であり，Ansoff
は，見事なまでにマーケティングの研究領域に入り込んだのである。すなわ
ち，Webster, Jr. 曰く，Ansoff は戦略的意思決定からマーケティングを切り
離し，その他を管理的決定（チャネル）と業務的決定（価格とプロモーショ
ン）の問題に分割してしまったという（p. 34）。彼によれば，それは「マー

ケティングは，製品受容の創造，広告，販売促進，製品の流通（輸送と保管
を含む），契約管理，販売分析，非常に重要である製品の保守・点検に関す
る広い活動として捉えられる」という Ansoff（[1965], p. 93）の理解に起因
していることになる。そして，以上のような Ansoff の考え方に対して，
Webster, Jr. は，それは，マーケティングが販売と同一視される前時代への
回帰である（p. 34）とさえいっている。

　しかし，戦略論者 Ansoff の1965年時点でのそうしたマーケティングへの
理解が，Kotler による1967年の著作において，4 Ps の統合的関与への関心
を希薄化させたとはとても考えられないが，少なくとも，前述した Web-
ster, Jr. の困惑はここで十分に読み取ることができる。このように考える
と，マーケティング研究の成果にもとづくマーケティング実践を考えたな
ら，4 Ps の各論におけるそれはともかく，マーケティング・ミックス概念
を中軸に据えたマーケティング・マネジメントに関する理論的体系化は必ず
しも十分ではなく，それ故に，体系的な実行可能性という点での問題が残っ
たままである。

　一方，そもそもマーケティング業務をマーケティング部ではなく営業部な
るものが担ってきたのが日本であるが，それにもかかわらず，Kotler に多
くの基盤をおいた米国のマーケティングを躊躇することなく，そのまま受け
入れ続けてきた，これまでのほとんどの日本のマーケティング研究と実践を
どのように理解すればよいか，思い悩むところでもある。

　第三に，ここでの議論と強く，また，深く結びつくと思われるが，Kotler
の考え方の土台にあるのは，あくまでも市場におけるモノをベースとした
メーカーのマーケティングだということである。確かに，彼自身，1970年前
後に市場を経由しない非営利組織のマーケティング（Kotler and Levy
[1969], Kotler [1975]）を論じているが[5]，彼にとってマーケティングの主
たる舞台はあくまでもモノとカネを取引する市場である。それは，彼が経済
学者からの転向組だということがその背景にあると考えられる。すなわち，
Kotler によればマーケティングは応用経済学の1つとして理解されており
（詳細は，Kotler による「私の履歴書」『日本経済新聞』2013年12月7日付
けを参照），そのことと，Kotler のマーケティングがモノのマーケティング

であることは決して無縁ではない。そして，考えてみれば，日本のマーケ
ティング研究も Kotler が理解する経済学ベース，すなわち，市場ベースで
おこなわれてきたといえる[6]。

　したがって，こうした市場を背景としたマーケティング研究が無形財を扱
うサービス産業，サービス企業への関心を強く持つようになるまでには，相
応の時間が必要であったのはいうまでもない。また，それ故に，Kotler が
牽引してきた米国のマーケティング研究にあっては，モノとしてではなく，
プロセスとして捉える北欧学派のサービス概念に対する感度も決して高いも
のではなかったと考えられる。そのこともあってか，マーケティング・マイ
オピア論なるものを示すことでモノのマーケティングの本質をいいあて，一
世を風靡し，今日においても，なお，頻繁に引用される Levitt［1962］をし
ても，サービスをモノとして捉え，標準化・画一化を旨とするサービスの工
業化論（Levitt［1976］）に至らしめたのである。したがって，米国におけ
るマーケティング研究がこうした状況にあったことを考えるなら，Kotler
が Grönroos のサービス研究を評価しながらも，自身のモノに主軸をおき，
メーカーを行為主体とした市場を舞台とするマーケティング・マネジメント
にそれを積極的に取り込むことがなかったのも理解できる。何故なら，彼に
とって，サービスとはモノと同じように市場で取引される無形財にすぎない
からである。言い換えるなら，そこに，サービス企業に向けた新たなマーケ
ティングの概念やモデルは必要なかったのである。

　しかし，そうした米国のマーケティング研究の中にあって，サービスをプ
ロセスとして理解しようとしたのが前述した Vargo and Lusch［2004］の
S-D ロジックであり，そこでは，これまでのようなモノとして捉えるサー
ビスは，サービシィーズとして明確に区分されることとなった。

3.　日本のマーケティング研究と人々の意識変革

3-1　マーケティングの導入と展開

　さて，米国のマーケティングが日本に本格的に導入されたのは，戦後の復
興・調整期を経て高度経済成長が始まる1955年頃であり，生産力の回復を背

景として，製造企業が流通あるいは消費といった市場問題に大きな関心を寄せることとなったまさにその時である。というのも，米国のマーケティングは20世紀初頭に確立した大量生産体制のもとで誕生し，さらに，戦後，大規模消費財製造企業による対市場活動の総称として体系化されたのであり，当時の日本製造企業がその生産体制を維持・発展させるために望むべき新しい企業経営の考え方こそがマーケティングであったからである

　そして，日本経済は高度経済成長期，その後の低成長期を経て，1980年代には米国の産業・企業に部分的にキャッチアップするに至った。言い換えれば，それは，米国の産業・企業の国際的競争力の相対的な低下を意味した。その原因の1つとして指摘されたのが，米国の経営者が依拠してきた経営理論であり，そこでは，短期的なマーケティング行動についても，取り上げられていた（Hayes and Abernathy［1980］）。このことは逆に，日本企業に長期的な視野に立った優れたマーケティング実践があったとも考えられるが，米国で生まれたマーケティングを大きく発展させてきたKotlerからすれば，それはそれで複雑な思いがあったのではないか。この辺りのことについて，Kotlerは，どのように考えていたのか。例えば，アメリカの経営者が実践しなかったマーケティングを日本人は単に実践しただけだというような見方（Kotler et al.［1986］）にはやや皮肉めいたものさえ感じる。さらに，日本企業によるアメリカ市場への参入方法を「正面衝突を避け，目立たぬように端を少しずつかじり，そして，優勢になったら正面攻撃を仕掛ける」（Kotler et al.［1986］p. 46，71頁）としており，それは，マーケティング・リサーチ，市場細分化，標的市場の特定というマーケティング戦略の王道をまさに示すものである。したがって，Kotlerにとって日本企業のマーケティングは優等生そのものということになる。そのことの妥当性はともかくとして[7]，Kotlerが日本企業のマーケティングを賞賛するのは，彼のマーケティングが日本で幅広く受け入れられてきたことがその背景にある。

　確かに，日本のマーケティング研究（理論と実践）にあっては，これまで米国のモノのマーケティングに馴れ親しんできたことはいうまでもない。その結果，少なくとも，マーケティングの実践面においては，先にみたように米国にキャッチアップすることができた。そして，その後，日本がバブル経

済を謳歌することになったのは周知の如くである。しかし，その間，米国では，日本の産業・企業の国際的競争力についての研究が進められるとともに，自身の活路を情報産業に見出すことになったのはいうまでもない。したがって，今日までの日本経済と米国経済の歩みに差が生まれたとするなら，その起点は，まさにそこにあったといえる。

3-2　人々の意識変革──物から心の豊かさへ

　ところで，時空間に制約されるのが社会科学の常であるが，そうしたことからするなら，米国で誕生したマーケティングの理論と実践手法は，少なくとも，時空間の制約を超えて日本の高度経済成長期を支えるとともに，それ以降，今日までの日本経済に有用であったということになる。しかし，この時期に，一方で，日本的あるいは日本型のマーケティングに関する研究（理論と実践）に関心が寄せられたのも事実であり，そこにおける主眼は日本固有のマーケティング理論と手法の構築にあった。それは，マーケティングが消費者あるいは顧客志向であるが由縁でもある。その意味で，それは当然のことであり，世界的にみても，様々な国や地域の特性を反映した独自のマーケティング研究及び実践がなされてきている。

　さて，話を戻そう。1980年代に日本産業・企業の一部が国際的競争力の点でアメリカにキャッチアップしたと述べたが，実は，ちょうどその頃，日本では，人々の間で大きな意識変革が始まっていた。その具体的なデータは，日本の政府が毎年実施している『国民生活に関する世論調査』（内閣府）によって示されている。それによれば，驚くことに，すでに1976年には，物の豊かさを重視する人々と心の豊かさを重視する人々の割合が逆転し，心の豊かさにより重点をおくようになったのである。そして，その後，一時的な再逆転がありながらも，今日まで実に40年間以上にもわたって心の豊かさを重視する傾向が続き，ますます，その割合が高まっている。それを最新のデータ（2019年）で確認するなら，心の豊かさに重点をおく者が62.0％，物の豊かさに重点をおく者が29.6％となっている。

　すなわち，半世紀近く前にはすでに日本はいわゆる物質文明から精神文明の社会へと向かったのである。確かに，物の豊かさが満たされ，そして，そ

の後，心の豊かさが満たされるのだろう。しかし，心の豊かさを満たす際に必ず物を伴うわけでもないし，そこにおいて物の所有権を必須とするわけでもない。そのことは，シェアリングエコノミーの時代といわれる今日，人々の関心が所有から使用・利用へ移っていることから明らかである。

　それでは，人々は，いつ，どこで，どのようにして心の豊かさを満たすのか。これまでの議論を踏まえるなら，直ちにいえることは，それは，市場での取引によって物の所有権を得た時というより，むしろ，その物を消費・使用（利用）する際に心の豊かさが満たされるのではないかということである。そして，もし，そうであるなら，日本についていえば，人々が物の豊かさより心の豊かさを求めるようになった1970年代末には，そのことへの対応がなされ始めるべきであったということである。言い換えれば，市場，物，メーカーに主眼をおき，所有権移転を意図した米国のモノのマーケティングの有効性は，その時点から相対的に低下し出したということであり，それとは異なる，いわば消費・使用（利用）による心の豊かさを満たすための新しいマーケティングが日本から提示されてもよかったのである。

　しかし，当時，示された日本型マーケティングというのは，残念ながら，時空間の制約がありながらも，米国のマーケティングを所与のものとして理解し，その適用を念頭におきつつ，日本のマーケティングの固有性を主張しようとしたものでしかなかった。

4. 北欧学派のマーケティング研究

4-1　北欧学派の普遍性と「日本学派」

　前述したように，Grönroos はサービス産業あるいは企業に適用できる新しいマーケティング・ロジックが必要との認識からサービス・マーケティングの研究に取り組み始め，北欧学派なるものが形成されることになった。すなわち，産業構造が1次から2次へ，そして，3次産業へとその重心を移していく中で，20世紀のいわゆる工業社会にありながらも，2次産業に属するメーカーを念頭においたモノのマーケティングではなく，3次産業におけるサービス企業が遂行すべきマーケティングを理論的・実践的に示すことに

Grönroos の最大の狙いがあった。しかし，そうした産業構造の高度化は，先進諸国にあっては，遅かれ早かれ共通して訪れる普遍的な現象であり，「北欧」の「その時」がたとえ空間的・時間的に制約されていたとしても，それは，あくまでも限定的な意味しか持たない。したがって，サービス産業あるいはサービス企業のマーケティング研究は，決して「北欧型」というわけではない。むしろ，先進諸国にとって普遍的なマーケティング研究といえるのである。

　これに対して，日本の「日本型マーケティング」は，前述の如く，まさに日本に固有のマーケティングということであり，残念ながらも「日本学派」がそこに存在するわけではない。しかし，物から心の豊かさへと人々の関心が移っていくのは，先進諸国に普遍的に生じるものであることから，前述のごとく，日本においても北欧学派と同様に「日本学派」なるものを成立させることができたのである。おそらく，そうならなかったのは，米国のマーケティングへのきわめて強い信頼と，そのもとでの日本の固有性を背景とした適用のための日本型マーケティングを提示することにしか，当時の日本のマーケティング研究者は関心を持たなかったからだろう。さらに，これはきわめて重要であるが，いわゆる日本のお家芸ともいえる「モノづくり」で米国にキャッチアップした成功体験が，マーケティング研究者，実務家をして新たなる対応を遅らせたとも考えられる。この点は，日本でマーケティングに携わってきた多くの研究者，実務家は，遅ればせながらも，今後の日本のマーケティングの研究と実践のために，是非とも反省すべきことといえる。

　それでは，心の豊かさを満たす，「日本型」としてではなく，まさに「日本学派」による新たなマーケティングとは，どのようなものとなるか。そのことを考えるにあたっては，Grönroos，そして，北欧学派によるマーケティング研究が示したプロセスとして捉える新しいサービス概念に注目したい。何故なら，このプロセスとして捉えるサービス概念は，実は，物より心の豊かさを満たすことと強く結びつくと考えられるからである。具体的にいうなら，サービスが提供されるのも，人々が心の豊かさを満たすのも，同じ時空間，すなわち，人々が日々の暮らしを営む生活世界だからである。言い換えるなら，生活世界でのサービス提供が人々に心の豊かさをもたらすと考

えられるのであり，そこに，「日本学派」が生まれる可能性をみることができるのである。

　これらについては，稿を改めて議論することにするが，少なくとも，ここで留意したいのは次の点である。すなわち，「人々の意識」あるいは「産業構造」の変革という，伝統的マーケティングの前提条件ともいうべき経済的・社会的背景がほぼ同じ時期に変わっていく中で，さらに，それらがともに先進諸国において普遍的な事象として位置づけられるものであったにもかかわらず，伝統的マーケティングに固執し続けた日本のマーケティングと強い問題意識から新しいマーケティングの組み立てを始めた北欧学派との見事なまでの対称性である。

4-2　北欧学派の本質的特徴

　それでは，北欧学派が取り組んできたマーケティングには，どのような特徴がみられるか。それは，米国，そして，Kotler のマーケティングと比較するとわかりやすい。

　前述したように，Kotler のマーケティングには 3 つの大きな特徴，すなわち，①ミドル・マネジメントとしてのマーケティング，②統合の不完全性と希薄な体系的実効性，③市場，モノ，メーカーのマーケティング，があり，それらと対比させることで北欧学派のマーケティングが持つ特徴が浮き彫りになる。その際には，Grönroos，北欧学派によるプロセスとして捉えるサービス概念が重要な意味を持つことになる。そこで以上のことを踏まえつつ，北欧学派のマーケティングの特徴を指摘するなら，次のようになる。

　第 1 に，③に関連して，サービスがサービス財として市場取引されようが，サービスそのものがプロセスとして提供されるのは，その後の人々が日々の暮らしを営む日常，つまり，生活世界においてである。このことは，メーカーによるモノの市場取引そのものを扱ってきた Kotler のマーケティングと大きく異なっている。すなわち，こうした米国のマーケティングにおいては，マーケティングをおこなう売り手の企業とその対象先である買い手の顧客は離れた状態にあることがその前提にあり，それ故に，企業は顧客にいかにして近づくかをその本質的な課題としながらも，あくまでも離れたま

まおこなうマーケティングであった。これに対して，サービスは与え手の企業と受け手の顧客が常に一緒の状態において提供されるのであり，モノのマーケティングの場合と違い，そこにおける相互作用性は不可欠なものとなっている。

　一方，今日の情報通信技術（ICT）はあらゆる主体を直接的につなげ，そこには相互作用関係を見出すことができる。Grönroos，そして，北欧学派のマーケティングは，確かに，サービス企業のマーケティングを考えることから始まったが，ICT は，必ずしもサービス提供者をサービス企業に限定しないのであり，すべての企業がサービス提供者となることができる。その意味で，北欧学派のマーケティングは，きわめて柔軟的であり，むしろ，理論的な拡張可能性を内包しているといえる。この点，米国，Kotler のマーケティングは，市場がベースであり，まず，最初にモノの生産，流通，消費というマクロ的な理解があり，その上で，それぞれをメーカー，卸売企業，小売企業，消費者といったミクロ的な行為主体者が担うと考える。そして，いうまでもなく，モノをつくるメーカーが，つくったモノを最終消費者に至らしめるというのがマーケティングであったのであり，限定的にならざるを得ない。

　第 2 に，②と関連づけるなら，Kotler のマーケティングは，マーケティング・ミックスという理念的な概念モデルを念頭においているが，前述したように，そもそも，そこでいう 4 Ps は統合モデルとしては示されておらず，それ故に，個別的な理論と実践についてはいざ知らず，マーケティング・マネジメントとしての体系的な理論化と実践には及んでいないといえる。これに対して，北欧学派のマーケティングは，周知のようにエクスターナル・マーケティング，インタラクティブ・マーケティング，そして，インターナル・マーケティングから構成されており，それらの関係も明白である。すなわち，エクスターナル・マーケティングが対象とするのが顧客であるが，その顧客は従業員がおこなうインタラクティブ・マーケティングの相手そのものであり，それを担う従業員に対しては企業によるインターナル・マーケティングがおこなわれるのである。そして，重要なことは，これらの中で北米のマーケティングはエクスターナル・マーケティングを主題にして

いるにすぎないという点である。

　第３に，これは，特に①と関連しているが，北欧学派のマーケティング
は，すでに全社レベルのマーケティングに到達している。しかし，Kotler
のマーケティングは依然としてミドル・マネジメントに留まったままであ
る。というのも，北欧学派においては，その中核となるのはサービス概念で
あり，それ故に，サービスが与え手と受け手によって相互作用的に繰り広げ
られるインタラクティブ・マーケティングが重要な位置を占めている。この
意味で，北欧学派のマーケティングは，きわめて動態的なものであり，これ
も北欧学派のマーケティングの大きな特徴といえる。そして，インタラク
ティブ・マーケティングにおける狙いの１つは受け手である顧客の満足向上
であるが，それは，与え手である従業員に向けた企業によるインターナル・
マーケティングの成否に強く依存している。したがって，北欧学派のマーケ
ティングはトップ・マネジメントがおこなうマーケティングでもあることか
ら，必然的に全社的なものとなる。また，従業員に対するインターナル・
マーケティングは，いわゆる人的資源管理という伝統的なマネジメントと深
く結びついているが，むしろ，それを包括していくことになり，この意味で
も，北欧学派のマーケティングは企業経営の中枢に位置するものと理解でき
る。

5.　おわりに

　以上，みてきたように，北欧学派のプロセスとして捉えるサービス概念を
中軸に据えたマーケティングは，米国のマーケティングあるいは Kotler の
マーケティングのように経済システムの中でモノに焦点をあててきたマーケ
ティングとは明らかに異なっている。そして，社会におけるサービス化が急
速に進む今日にあって，北欧学派のマーケティング研究は，理論的にも実践
的にもマーケティングに新たな論理基盤をこれまで以上に与える可能性を持
つものと考えられる。北欧学派の掲げるプロセスとして捉えるサービス概念
は，今や，モノが主軸の経済学が示してきた産業，市場，取引といった概念
さえも，改めようとしている。

　したがって，日本のマーケティング研究が理論的にも実践的にも，より発展的に進んでいくことを考えるのであれば，独自の成り立ちとその後の歩みを続けてきた北欧学派のマーケティング研究を紐解き，そこから多くを学ぶ必要がある。それは，日本のマーケティング研究が米国のマーケティング研究の呪縛から逃れることでもある。

注

（1）例えば，Kelly, E. J. & W. Lazer., eds., *Managerial Marketing : Perspectives and Viewpoints*, Irwin, 1958. Kelly, E. J., *Marketing : Strategy and Function*, Prentice-Hall, 1965.（村田昭治訳『マーケティング：戦略と機能』ダイヤモンド社，1973年）を参照のこと。

（2）代表的な戦略的マーケティング論者として，Assael がいる。Assael, H., *Marketing Management : Strategy and Action*, Kent, 1985.

（3）Waterschoot and Bulte［1992］によれば，マーケティング・ミックス概念を最初に提唱したのは Borden であり，1953年のマーケティング協会（AMA）における会長講演である。彼は，そこで，統制可能なマーケティング諸手段の組み合わせの重要性を指摘したという。

（4）マーケティング・ミックスの最適解を数的アプローチにより明らかにしようとした初期のものとして Verdoorn がいる。Verdoorn, P. J., "Marketing from the producer's Point of View," *Journal of Marketing*, 20(3), pp. 221-235, 1956.

（5）市場を経由しないマーケティングに対して，当然ながらも，反論が寄せられた。例えば，Luck がそうである。Luck. D. J., "Broadening the Concept of Marketing-Too Far," *Journal of Marketing*, 33(3), pp. 53-55, 1969.

（6）もちろん，ここでいう経済学的アプローチとは，いわゆる近代経済学によるものだけを指しているわけではない。

（7）こうした Kotler の見解に対して，竹田［1985］は，日本企業による米国市場への参入とその成功は「そのときあった日本製品自体があたる商品であったからにほかならない」（132頁）として，その偶然性を主張している。

（村松　潤一）

第2章

サービス研究における
北欧学派のアプローチ

1. はじめに

　北欧学派の代表的研究者には，ハンケン経済大学の Christian Grönroos 教授，ストックホルム大学の Evert Gummesson 教授，カールスタード大学の Bo Edvardsson 教授，ハンケン経済大学の Tore Standvik 教授を挙げることができる（Gummerus and von Koskull［2015］）。彼らは，現在の北欧学派の基礎をつくった研究者たちである。また，彼らの多くの学術的成果をみても明らかなように，北欧学派は，マーケティング研究や実務に対して多大な影響を与えてきた。特に Christian Grönroos 教授は北欧学派創設者の 1 人であり，現在も第一線で研究活動を続けている。それでは，なぜ北欧学派は，北米を中心に発展してきたマーケティング研究において，その存在感を示すことができたのであろうか。北欧学派が誕生して30年以上になるが，その研究アプローチや方法論的基礎についてまとめたものはほとんど見当たらない（Gummesson and Grönroos［2012］）。

　以上のような問題意識にもとづき，本章の目的をサービス研究における北欧学派の考え方を明らかにすることにおく。本章の構成は以下の通りである。次節では，Christian Grönroos 教授の一連の研究について概観する。続く第 3 節では，北欧学派の研究姿勢やアプローチについて確認する。そして，第 4 節では北欧学派の中心的研究機関である CERS（Centre for Relationship Marketing and Service Management）の取り組みについてみていく。それらの過程をつうじて，北欧学派について理解を深めることが可能となる。

2. Grönroos のサービス研究

　本節では，Gummesson 教授とサービスの北欧学派を命名した Grönroos 教授に焦点をあて，彼の一連の研究について概観する。Grönroos 教授の研究領域はサービス・マーケティングやリレーションシップ・マーケティングを中心に，サービス品質やマーケティング・コミュニケーション等がある。それらの領域において議論されてきた概念やフレームワークの詳細については，第 3 章以降でレビューしていくこととし，ここでは，彼が「なぜ」「どのように」その研究領域や概念に注目することとなったのかという研究の過程を中心に記述していく。

2-1　研究の出発点と背景

　Grönroos の最初の主な研究関心は，サービス・マーケティングであった。彼は，ハンケン経済大学の博士課程に在籍していた1976年にサービス企業のマーケティングに関する研究に着手している（Grönroos［2017a］）。彼は，サービス企業に伝統的マーケティングモデルや概念を適用することは困難であり，新たなアプローチが必要であると考えた。この問題意識に大きな影響を与えたのが，Rathmell［1974］である。Rathmell［1974］は，サービス企業の生産プロセスと顧客の消費プロセスは重なっているため，既存のマーケティングの用語や概念をサービス企業にあてはめようとすることは不適切であると指摘した。この主張は，Grönroos が新たなサービス・マーケティング理論を構築する上での学術的基盤となっている（Grönroos［2017a］）。1979年に，Grönroos は，サービス・マーケティングで博士号を取得し，その学位論文は北欧の国々において教科書として使用されている。その論文では，実証的なケーススタディを通して，伝統的な消費財ベースのマーケティングの概念やモデルが，サービス企業にはフィットしないことが示され，既存モデルの延長や拡張ではなく，それらとは全く異なるプロセスベースの考え方を反映したサービス・マーケティングのフレームワークが提示される（Grönroos, von Koskull and Gummerus［2015］；Gummesson and Grönroos［2012］）。このような研究アプローチは，理論や知識はサービ

という現象にフィットするよう開発されるべきであり，伝統的知識や既存モデルや概念にフィットするよう開発されるべきではないとする北欧学派の信条に反映されることとなる（Grönroos［2017a］）。

　以上のように，Grönroos は，1970年代の頃には，伝統的な有形財ベースのマーケティングとは異なる新たなサービス・マーケティングの開発に向けて取り組んでいたが，当時はサービスが経済統計からも先進国においてより大きな経済的セクターとなっていたにもかかわらず，経営学の領域ではサービスの研究は殆ど無かったという（Gummesson and Grönroos［2012］）。

　しかし，北欧諸国では，サービス・マーケティング研究や実践が，より早く進んだ。その理由は 2 つある。第 1 の理由は，北欧のサービス・マーケティング研究が，既存のマーケティング理論にそれほど制限されずに進められていたことである。さらに，第 2 の理由として，北欧では研究と実践が密接に結びついており，実務家たちは研究者たちに新たなサービス志向の概念や手法の開発を求めると同時に，研究者が開発した概念やツールが企業現場に持ち込まれ活用される中で，研究者と実務家たちが共同で，それらを修正していくことが可能であったことが挙げられる（Grönroos and Gummesson［1985］）。Grönroos は博士課程在籍時から，スウェーデンのホテルやレストランチェーンを経営する企業や，フィンランドのフェリー事業を営む企業と積極的に議論をおこない，そこで得られたアイデアは彼の博士論文やその後の理論構築の助けになっている。

2-2　サービス・マーケティング研究

　それでは，4 P モデルに代表される伝統的なマーケティングをベースとしない新たなサービス・マーケティングは，どのように構築されたのだろうか。

　サービス・マーケティングの初期の研究は，サービス企業に適した概念やフレームワーク開発のために「無形性」，「活動」，「生産と消費の同時性」というサービスの特徴に注目する（Gummesson and Grönroos［2012］）。3 番目の特徴の「生産と消費の同時性」は，企業のサービス提供と顧客のサービス消費が同じ時空間で発生することを意味する。したがって，顧客と直接的

なやり取りをおこなう現場従業員の行動が，顧客に提供されるサービスの質や顧客満足，企業成果に大きな影響を与えることとなる。そこで，Grönroos や Gummesson は，現場従業員の能力やモチベーションの向上もサービス・マーケティングが取り扱うべき領域であると考えた（Grönroos and Gummerus [2014]；Gummesson and Grönroos [2012]）。このように，彼らは，サービス・マーケティング研究に着手した1970年代当初から，従業員が重要な存在であることに注目し，インターナル・マーケティングという概念を提示した。その概念は，それ以降の研究にも大きく反映される（Grönroos and Gummesson [1985]）。

　また，Grönroos は，この「生産と消費の同時性」つまりサービスプロセスの消費は，サービス・マーケティング理論及び実務にとって最も重要であり必要不可欠な部分と考えた（Grönroos [1998]）。なぜなら，そのプロセスにおいて，顧客と従業員（または企業）が直接的な相互作用をおこない，顧客の価値を協働的に創造するからである（Grönroos [2007a]；Grönroos [2008]；Grönroos and Voima [2013]）。したがって，この相互作用及びそれに伴う資源を上手く管理することが，サービス・マーケティングの1つの目標となる。Grönroos は，顧客との相互作用プロセスにかかわるマーケティングをインタラクティブ・マーケティングと呼ぶ（Grönroos [1978]；Grönroos [1982a]；Gummesson and Grönroos [2012]）[1]。

　以上のことからもわかるように，Grönroos のサービス・マーケティングは，インターナル・マーケティングやインタラクティブ・マーケティングを含むより広い概念であるといえる。Grönroos [2015] は，サービスを，サービス従業員や物的リソース，デジタル及び物的システムといった多くのリソースとサービスユーザーが相互作用するプロセスであると述べる。したがって，サービス・マーケティングは，このプロセスを促進する活動となる。その目標を達成するためには，直接的相互作用を管理するだけでなく，相互作用をおこなう従業員の教育，そのプロセスで活用される様々なリソースの調達及び提供，顧客中心性を組織全体に浸透させることも重要になるであろう。そこで，Grönroos [1990c] [1994c] は，マーケティングは組織全体で取り組むべきものであると主張し，組織のマーケティング担当者やマー

ケティング部門のみが，その職務を遂行するといった伝統的な考え方から脱却する必要があると指摘する。そして，このサービス・マーケティングの部門横断的な側面を強調するために，Grönroos はサービス・マーケティングという用語をサービス・マネジメントにおき換えることが必要であると述べ，サービス・マネジメントという研究領域を示した[2]。

2-3　リレーションシップ・マーケティング研究

　前項では，Grönroos のサービス・マーケティングに対する研究上の関心や焦点について確認してきた。ここでは，リレーションシップ・マーケティング研究についてみていく。

　その研究のきっかけは，1983年の AMA カンファレンスでの Berry [1983] のプレゼンテーションである。Berry [1983] は，そこで「リレーションシップ・マーケティング」という用語を示し，リレーションシップの側面からサービス企業のマーケティング活動について議論する。Grönroos が，Berry のリレーションシップ・マーケティングの考え方に関心を持ったのは，当時の北欧学派の研究者たちが，リレーションシップ概念を提示こそしていなかったものの暗黙的にリレーションシップを顧客との相互作用プロセスの基盤として捉えていたからであった（Grönroos [1994b]；Grönroos [1999a]）[3]。そこで，Grönroos は，1980年代後半から本格的にリレーションシップ・マーケティング研究に取り組むこととなる。

　彼の問題意識は，サービス・マーケティング研究と同様に，伝統的なマーケティング・ミックス・アプローチに対する批判にもとづく。Grönroos [1990a] [1990b] は，リレーションシップ・アプローチのマーケティングとは，関係者の目的を合致させるために，顧客との関係性を構築し，維持し，発展させ営利化することであり，それは相互交換とプロミスの達成によってなされると定義した。すでに述べたように，Grönroos は，顧客と企業との様々な相互作用プロセスを通じて，顧客とのリレーションシップが深まるため，組織的対応が重要であると考えた。したがって，初期の研究では，サービス・マーケティング分野における北欧学派の研究蓄積を援用しながら，顧客中心主義の組織全体への浸透，直接的相互作用に携わる現場従業

員の育成，顧客へ提供するオファリングの最適な組み合わせといった活動から構成されるリレーションシップ・マーケティングの全体像を示そうとするものが多い（例えば，Grönroos［1994a］［1994b］）。

　さらに1990年代後半からは，リレーションシップ・マーケティングの精緻化に向かう。例えば，顧客のリレーションシップモードと企業戦略や組織的課題（Grönroos［1997］［1999b］），リレーションシップ・マーケティングにおけるプロセス（相互作用プロセス・対話プロセス・価値プロセス）マネジメント（Grönroos［1999a］），顧客とのリレーションシップの発展メカニズムの検討（Saaksjarvi, Gummerus and Grönroos［2007］）がある。

　このように，Grönroos は，リレーションシップ・マーケティング戦略に関するフレームワーク開発に取り組むわけであるが，その中心的基盤は北欧学派の中心的概念である企業と顧客の相互作用にある。

2-4　その他の研究領域

　また，マーケティング・コミュニケーションも Grönroos の研究トピックの1つである（Grönroos［2017a］）。彼は1990年代から2000年代にマーケティング・コミュニケーションに関する論文を発表する。一見すると，彼の主たる研究領域であるサービス・マーケティングやリレーションシップ・マーケティングとは関連が無いようにも思われる。しかし，Grönroos and Lindberg-Repo［1998］は，リレーションシップ・マーケティング文脈におけるコミュニケーションは，相互作用を通じた双方向のコミュニケーションプロセスであると主張する。顧客との関係性を構築し発展させる上で，顧客との直接的なコミュニケーションが欠かせないと考えたのである。そこで，彼らは伝統的なマーケティング・コミュニケーション活動と相互作用を通じた個別的なコミュニケーション活動を組み込んだコミュニケーションプロセスサークルを提示する（図表2-1）。この図には，直接的相互作用が，このサークルの中心に位置づけられ，現場従業員による販売活動や直接的なコミュニケーション活動だけでなく，広告宣伝活動といった伝統的コミュニケーション活動が統合的に展開されるプロセスを表している。それは，サービス・マーケティングやリレーションシップ・マーケティング分野における

図表 2 - 1　コミュニケーションプロセスサークル

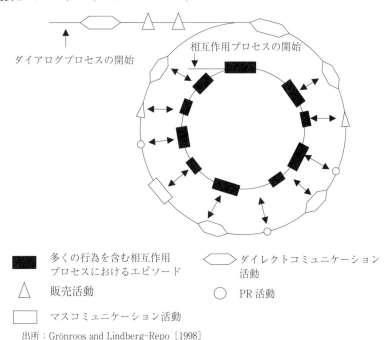

多くの行為を含む相互作用
プロセスにおけるエピソード

販売活動

マスコミュニケーション活動

ダイレクトコミュニケーション
活動

PR 活動

出所：Grönroos and Lindberg-Repo［1998］

知見をマーケティング・コミュニケーション分野に展開したものといえるで
あろう。2000年代には，メッセージの送り手視点ではなく，受け手，すなわ
ち顧客視点に切り替えた顧客駆動型統合マーケティング・コミュニケーショ
ンモデルを提示した（Finne and Grönroos［2017］）。このモデルには，相互
作用だけでなく顧客中心性を強調する北欧学派の研究スタイルが大きく反映
されている。

2-5　マーケティング論再構築の試み

　すでに述べたように，Grönroos の一連の研究は，既存の理論の修正では
なくサービスの現象にもとづく全く新しいマーケティング理論が必要である
という問題意識から生まれたものである。

　しかし，Grönroos は，北欧学派のサービス・マーケティング及びリレー

ションシップ・マーケティング研究が開発してきた概念やフレームワーク
は，その分野だけでなく一般的なマーケティング理論にも適用可能であると
考え，サービスの視点からマーケティング理論の再構築を試みる。それらの
研究は，2000年代初めから現在まで続いており，その代表的なキーワードと
考えられるのがプロミス・マネジメントとSロジックである。

　Grönroos は，Calonius［2006］のプロミス概念[4]に注目しプロミス・マネ
ジメントの考え方について議論する（Grönroos［2006a］；Grönroos
［2006b］；Grönroos［2009］）。プロミス・マネジメントは，プロミスメイキ
ング（making promise），プロミスキーピング（keeping promise），プロミ
スイネーブリング（enabling promise）からなる（Grönroos［2007a］；
Grönroos［2009］；Gummesson and Grönroos［2012］）。より具体的にいえ
ば，プロミスメイキングとは，コミュニケーションや価格設定といったマー
ケティング活動となる。これは4Pモデルに代表される伝統的なマーケティ
ングであり，価値提案と言い換えることもできる（Grönroos［2009］）。ま
たプロミスキーピングとは，プロミスを守ることであり，受注・配送，修理
やメンテナンス，コールセンターのアドバイスが含まれる。プロミスキーピ
ングの成功は，顧客と直接関係する現場従業員の能力などに大きく左右され
るため，インターナル・マーケティングが重要となる。さらにプロミスイ
ネーブリングは，プロミス達成のために，それにかかわる全ての要素を特定
し準備することを意味する（Grönroos［2009］）。例えば，プロミス達成を
サポートすることができるよう現場従業員だけでなく，それを補助するグッ
ズやITシステム，他の物的リソースや情報が必要であれば，それらを調達
したり開発したりすることがプロミスイネーブリングとなる。したがって，
それは，プロミスメイキング及びプロミスキーピングにとって必要不可欠な
部分となり，プロミスマネジメントを支える基盤となる（Grönroos
［2009］）。

　サービスのロジックに関する研究は，初期的研究（例えば Grönroos
［1982a］；Ravald and Grönroos［1996］）と2006年以降の広範囲な議論へと
発展するものに分類することができる（Strandvik［2013］）。特に，Vargo
and Lusch［2004］のサービス・ドミナント・ロジック（以下 S-D ロジッ

ク）が世界的な議論へ発展する中で，Grönroos は，S ロジックと S-D ロジックの類似点と相違点を整理しつつ，マネジリアルな視点を有する S ロジックがマーケティングのロジックとして，どのように有効であるのかについて一連の研究で検討する（Grönroos [2006a]；Grönroos [2006b]；Grönroos [2008]；Grönroos and Gummerus [2014]；Grönroos and Ravald [2011]；Grönroos and Voima [2013]）。この S ロジックの一番の特徴は，顧客との相互作用を基盤としてロジックが構成されている点である。Grönroos [2006a] は，サービスのロジックを顧客の価値生成プロセスをサポートすることであると定義し，古くから北欧学派の中で議論されてきた相互作用プロセスの管理に注意を払うべきであると主張する。さらに Grönroos は，相互作用におけるサービスプロバイダーや顧客の役割（Grönroos [2008]；Grönroos and Ravald [2011]），共創及び価値創造（Grönroos [2011]；Grönroos and Ravald [2011]），ビジネスロジックとしての S ロジック（Grönroos and Gummerus [2014]），公共サービス機関へのロジック適用（Grönroos [2019]）等について積極的な議論を展開し，S ロジックの精緻化に取り組んでいる。

　プロミス・マネジメントや S ロジックの議論が，どのような点でマーケティング理論の再構築に向けた取り組みといえるのであろうか。簡単にいえば，それらを適用することにより，既存のマーケティング理論ではカバーできない事象を取り扱うことが可能になるからである。例えば，プロミス・マネジメントにおいて，主に既存のマーケティング理論で取り扱うのは価値提案であるプロミスメイキングのみであり，相互作用を通じたキーピング行為，組織横断的対応が必要となるイネーブリング行為は，既存のマーケティング理論の範囲外となる。その一方で，現在の企業活動やビジネス環境及びマーケティングパラダイムの重心は，相互作用や顧客との関係性，全社的マーケティングへシフトしている。そこで，Grönroos は，S ロジックやプロミスマネジメントの精緻化の議論を通じて，マーケティングの再定義を試みたのである（Grönroos [2006c]；Grönroos [2009]；Grönroos and Gummesson [2014]）。

3.　サービスの北欧学派

前節では，北欧学派の創始者，Grönroos 教授の研究を概観した。本節では北欧学派の誕生の経緯，研究に対する姿勢やアプローチ法についてみていく。

3-1　北欧学派誕生の背景

北欧学派という思想学派は，1982年の Grönroos と Gummesson との議論の中で生まれた。彼らは，主に今後の研究課題について検討するとともに，彼らの観点をいかに広めていくかという問題について話し合っている。Grönroos と Gummesson は，自分たちの研究は，グッズを中心とする主流のマーケティングからは外れており，北米の研究者たちは，彼らが主張するサービス・マーケティングの観点を真剣に取り上げることはないであろうと考えたという（Grönroos [2017a]）。なぜなら，彼らのフレームワークや研究アプローチは，既存のものとは大きく異なっていたからである。

また，サービス・マーケティングに対する当時の 2 人の関心は，少なからず異なっていたものの，彼らの研究アプローチや方法論は非常に似通っていた。そこで，彼らは，スウェーデンとフィンランドという遠く離れた 2 人の研究者ではあったが，自分たちは既存のマーケティングとは異なる独特な思想学派のメンバーでありムーブメントであると結論づける。そこで，経済学におけるストックホルム学派やコペンハーゲン学派という思想集団名から発想を得て，自分たちを「サービスの北欧学派」と名づけた（Grönroos [2017a]）。この北欧学派というブランド名は，北欧のサービス研究を国際的にする上で，非常に貢献することとなる。

3-2　研究姿勢

Grönroos, von Koskull and Gummerus [2015] は，北欧学派を代表する Gummesson 教授や Edvardsson 教授，Strandvik 教授にインタビューをおこない，北欧学派の特徴について整理する。その中で，研究姿勢についての最大の特徴は，研究エリアを自動的に排除しないことであると指摘し，北欧

学派のイデオロギーは全体的に現象をみていくことにあり，色々な観点から
現象を捉えることにあると述べる（Grönroos, von Koskull and Gummerus
[2015]）。このような特徴について，Grönroos [2017a] は，掘っていない
場所や穴があるとは誰も考えていなかった場所を掘ることにこそ意味がある
と表現する。

　そのインタビューにおいて，Gummesson は，北欧学派は様々なタイプの
アイデアや理論，研究方法を積極的に受け入れる姿勢を有すると述べる。こ
れは上述した研究エリアを自動的に排除しないことの延長にあると考えられ
るが，その主張の中で特に強調されるのは，自身が同意できないことに立ち
向かうことであり，既存の理論やフレームワーク，モデルや概念，支配的な
科学的アプローチや方法論に制限されないという点である（Grönroos, von
Koskull and Gummerus [2015] ; Gummesson and Grönroos [2012]）。同様
に，Strandvik も，北欧学派は古く確立された真実を疑い，また新しい真実
を疑い続けてきたと指摘する。このような姿勢は，ハンケン経済大学の研究
機関である CERS の「既存研究に挑戦しオリジナルで革新的な研究を行
い，単に新しいだけでなく別の視点を提供したり研究者の思考を変えたりす
る研究を発表する」という理念へ受け継がれていく。

　また，北欧学派の研究には，概念的に新しく革新的なものを追求すること
だけでなく，実世界に深く根ざしたものであることが求められる。つまり，
マネジャーが実践に活かすことができる優れた概念やツールを提供すること
に重点をおいている点も北欧学派の特徴の 1 つである（Gummesson
[2015] ; Kowalkowski [2015]）。このように，研究と実務との密接な関係を
強調するのは，Grönroos や Gummesson らが1970年代にサービス・マーケ
ティング研究に着手した際，研究者たちよりも実務家の方がサービス・マー
ケティング理論の開発に対してより関心が高かったこと，さらに，より優れ
た理論開発は，実践での理論検証によって支えられていることに，彼らがい
ち早く気づいたからである（Gummesson and Grönroos [2012]）。Strand-
vik and Heinonen [2015] は，顧客を中心とするパースペクティブであるカ
スタマー・ドミナント・ロジック（Customer-Dominant Logic）を開発する
過程において，C-D ロジックは単なる研究のアプローチではなく，経営者

にとって有効なパースペクティブを示すと指摘し実務に対する貢献を強調する。

3-3　研究アプローチ

　上記のような研究姿勢は，北欧学派の研究アプローチに大きく影響を与えることになる。サービス研究に対する北欧学派のアプローチと，主にアメリカ流のアプローチとの違いを示したものが図表2-2である。主流（アメリカ流）の研究が，出発点としてマーケティングミックスやセグメンテーション，マーケティング機能といった既存のマーケティングモデルや概念をサービス財のマーケティング研究に取り入れるのに対し，北欧学派のアプローチは異なる。その出発点は，マーケティング文脈における現象としてのサービスである（Grönroos［2007a］）。繰り返しになるが，主流の研究がサービスを既存のマーケティングモデルにどのようにフィットさせるのか問うのに対し，北欧学派の研究は，サービス・マーケティングに対する理解をサポートする概念やモデルをどのように捉えるべきかを問うため，企業の実践を注意深くみつめることが重視される。

　また，北欧学派の思想は，サービスやリレーションシップ・マーケティング分野と，それらに関連する領域での研究方法についての土台であり統一的

図表2-2　主流（アメリカ流）のアプローチと北欧学派のアプローチの比較

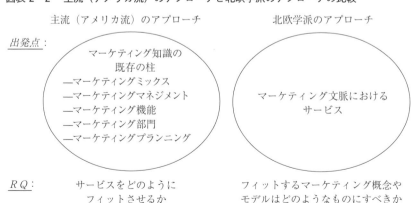

出所：Grönroos［2007a］，Gummesson and Grönroos［2012］

思考様式でもある（Grönroos［2017a］）。北欧学派の研究においては，探索的研究を通じてマーケティングの新たなフレームワークや概念が開発されると考えている。したがって，理論開発は理論検証よりも重要であるとする。なぜなら，理論が存在しなければ理論検証をおこなうことさえもできないからである（Grönroos, von Koskull and Gummerus［2015］）。

　そこで，量的サーベイ中心の従来型の研究アプローチではなく，複雑な現象を取り扱うことができる質的手法を採用する研究が多い。しかし，研究は，ある方法やルールに制約されることはない（Grönroos［2017a］；Kowalkowski［2015］）。このような北欧学派の姿勢は，量的研究を否定するものではなく，研究対象や研究目的により最適な手法を選択するという意味である。

　また，Gummesson は，複雑で変化の激しいマーケティング事象を取り扱う我々の研究においては，既存理論や定式化されたデータにもとづくのではなく，現実世界により深く根ざした一般理論を必要としていると指摘する。そして，そのような理論は，様々な現象の特定状況をよりよく理解することができるシングルケーススタディによって生成可能であると主張する（Gummesson［2015］）。したがって，多くの北欧学派の研究は，演繹的アプローチではなく帰納的アプローチを用いる。

4. 北欧学派を牽引する研究組織（CERS）

　本節では，ハンケン経済大学（Hanken School of Economics）のマーケティング部門の研究センターである CERS（Centre for Relationship Marketing and Service Management）について記述する。設立当初から CERS は，北欧学派の発展に寄与し重要な役割を担っている（Heinonen［2015］）。すでに述べたように，Grönroos や Strandvik も CERS のメンバーであり，彼らは現在も CERS で研究活動を続けている。

4-1　CERS の目的と活動
　CERS は1994年にハンケン経済大学のマーケティング部門の研究者たちに

よって設立された。そのメンバーには，C. Grönroos を中心に，M. Holm-lund，V. Liljander，K. Storbacka，T. Strandvik らが含まれる。CERS の
ディレクターは，1994年から2001年まで Strandvik 教授，2001年から2010年
までは Grönroos 教授，2010年以降は Heinonen 教授が務めている（Heinon-en［2015］）[5]。CERS は，ハンケン経済大学の研究施設としてつくられた
が，2010年以降はマーケティング部門の研究所として再編されている。以下
は，CERS の戦略ミッションとして策定されたものであり，現在の CERS 活
動の基礎となっている。

　　「ビジネス思想や行動を改善することを目的にリレーションシップ・
　　マーケティングとサービス・マネジメント領域において知的リーダーシッ
　　プを発揮すること」

　CERS の目的は，リレーションシップ・マーケティングとサービス・マネ
ジメントの領域で最先端の学術的研究をおこない国際的に影響力のあるポジ
ションを確立し維持すること，学術的コミュニティと実務家からなる共同
フォーラムをつくることである。CERS には大学教員，ポスドク研究員，博
士課程学生，関連する研究者たちが在籍し，多くの学術論文や博士論文が
CERS から発表されている。例えば，1994年の CERS 設立の際には，リレー
ションシップ・マーケティングに関する博士論文が発表され，その領域の代
表的研究となっている。また CERS の多くの研究者たちは，IMP（Industri-al Marketing and Purchasing Group）の産業財マーケティング研究おける
相互作用やネットワークアプローチに対する貢献者であることもよく知られ
ている。そして，顧客リレーションシップや，サービス，価値，顧客経験と
いう研究トピックを開拓したのも CERS に所属する研究者たちである（Hei-nonen［2015］）。
　また，企業とのパートナーシッププログラムも CERS の活動の1つとな
る。それは，学術的コミュニティと実務家からなる共同フォーラムである。
パートナー企業は，CERS とのコラボレーションをつうじてリレーション
シップ・マーケティングやサービス・マーケティングに関する最先端の学術

成果に触れ実務に活かすことができるツールを獲得し，逆に，CERS の研究者たちは企業が抱えている実務課題を把握しアイデアを得ることが可能になる。これは，CERS とパートナー企業共同で実施されるセミナーやワークショップ等を通じたディスカッションをつうじておこなわれる。

4-2　CERS の研究エリア

すでに指摘したように，CERS の研究は，サービス及びリレーションシップ・マーケティングにおいて伝統があり，サービスを軸に研究が展開されてきた。さらに，顧客経験，ブランディング，持続可能性といった多様な研究トピックを取り扱う（Heinonen［2015］）。これは「研究エリアや既存の概念・規範に制限されず，探索的研究をつうじてサービスに対する新たなフレームワークを開発する」（Grönroos［2017a］；Grönroos, von Koskull and Gummerus［2015］）という北欧学派の伝統にもとづいているが，CERS において実行される多くの研究は，図表 2 - 3 が示すように 5 つの側面で表す

図表 2 - 3　CERS の研究エリア

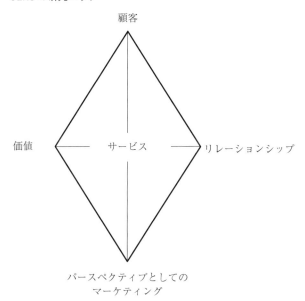

出所：Heinonen［2015］

ことができる（Heinonen［2015］）。

　サービスは重要な研究課題であるため中央に配置される。さらに現在の研究は，その多くが消費プロセスや顧客視点に焦点をあてるため，顧客も重要なキーワードとなる。また価値やリレーションシップは多様な研究の核となる。さらに，ひし形の底は，研究の基盤を意味しており，CERS の研究は，単なる機能としてのマーケティングではなくパースペクティブとしてのマーケティングの考え方に支えられている（Heinonen［2015］）。CERS におけるマーケティングやビジネスロジックの研究は，上記の 5 つの側面を組み合わせたものであり，多様な研究が展開される。

4-3　CERS の研究キーワード

　Heinonen［2015］は，CERS が取り扱ってきた主なテーマを分析するために，1994年から2014年の期間に CERS で発表された全博士論文タイトルのキーワードから，関心領域をまとめている。図表 2 - 4 は，論文テーマにおける頻出度合いを文字の大きさで示したものである。その度合いが高い程，文字サイズは大きくなっている。

　図をみればわかるように，顧客（Customer）というキーワードが最も使用され，次いで価値（Value）及びサービス（Service）となっている。これは，サービスと顧客との関係を重視する北欧学派の研究伝統（Strandvik and Heinonen［2015］）と重なる。

図表 2 - 4　CERS における博士論文テーマの頻出語

出所：Heinonen［2015］

　さらに Heinonen［2015］は，CERS での研究の特徴を描くために CERS に所属する研究者たちが発表した論文成果のレビューをおこなった。その具体的な手順は，データを 2 期間（第 1 期：1994年から2004年，第 2 期：2005年から2014年）に分け，それぞれの期間において高頻度で引用された論文（第 1 期18本，第 2 期17本）の頻出語を分析した（図表 2 - 5 及び図表 2 - 6）。第 1 期においては，マーケティング（marketing）が最も重要なキーワードとして現れ，続いてリレーションシップ（relationship）やサービス（service 及び services），ロイヤルティ（loyalty）と品質（quality）が重要な概念となる。

　しかし，第 1 期とは異なり，第 2 期ではサービス（service）が最も影響力ある概念として出現し，新たに価値（value）が現れる。また創造（creation）や共創（co-creation）も強調される。これは CERS の研究において，価値がどのように創造（または共創）されるのかに関する議論が多くなされるようになったことを示していると考えられる。この期にロジック（logic）という語も現れる。この期には，S-D ロジックに関する議論への貢献として，CERS 研究者による S ロジック（Grönroos［2006a］；Grönroos ［2006b］；Grönroos［2008］；Grönroos and Gummerus［2014］）やカスタマー・ドミナント・ロジック（Heinonen et al.［2010］；Heinonen and Strandvik［2015］）といったマーケティングロジックに関する研究成果が多く発表されたからであろう。

図表 2 - 5　第 1 期（1994-2004年）に最も引用された論文の頻出語

出所：Heinonen［2015］

図表2-6　第2期（2005-2014年）に最も引用された論文の頻出語

出所：Heinonen［2015］

5. おわりに

　本章では，サービス研究における北欧学派の考え方を明らかにするために，Grönroos教授の一連の研究について確認するとともに，北欧学派の研究アプローチ及びCERSの活動や研究テーマについて整理した。

　GrönroosやGummessonは，伝統的なマーケティング理論の修正ではなく，サービスの現象から理論開発を試み，パートタイム・マーケターに代表される多くの独特な概念やフレームワークを提示してきた。このような既存の枠にとらわれず実践的な理論を構築しようとする姿勢は，北欧学派の重要な特徴の1つである。

　また，北欧学派の研究エリアやテーマは，サービスを中心として顧客や価値，リレーションシップ，顧客経験，ブランド等へと広がっている。特に，近年では，価値創造プロセスに関する研究が増えている。価値創造はマーケティングの核となる概念の1つであることを考えれば，今後も北欧学派が，マーケティング研究や実践に対して大きな影響を与え続けることが期待されるであろう。

注

（1）インタラクティブ・マーケティングは，顧客が知覚するサービス品質に大きな影響を与えるが，サービス品質の知覚モデルについて十分な検討がなされていなかったため，Grönroos はモデル開発に取り組み，サービス品質は機能的品質と技術的品質から構成されることを明らかにした（例えば Grönroos [1984]）。

（2）Normann の著書 *Service Management*（1984）は，サービス・マネジメントという言葉を普及させた国際的にも有名な本である。彼は，顧客とプロバイダー間のサービス・エンカウンターやインタラクションに言及しながら「真実の瞬間」というメタファーを紹介した。Normann の語彙は，北欧学派のそれとは少し異なる。また，彼の出発点は企業戦略，組織理論，マネジメントであったが中身や考えは北欧学派と似ている（Gummesson and Grönroos [2012]）。

（3）産業財マーケティング分野における IMP グループやサービス・マーケティング分野における北欧学派の考え方では，「顧客リレーションシップを強調」し「マーケティング実践に注目」するという特徴を有する（Grönroos [1990a] [1990b]）。

（4）プロミスとは，多かれ少なかれ明確に表現された宣言または保証であり，それは他の主体または自分自身に対してなされる。またそれは，将来に関して，ある特定行為をおこなうかまたはやめるか，またはある特定のものを与えるか控えるかを述べたものである（Calonius [2006], p. 422）。

（5）Heinonen が不在の2011-2013年は，A. Helkkula がその代理を務める。

（大藪 亮）

第**3**章

サービス・マーケティング

1. はじめに

　北欧学派のサービス・マーケティング研究は，北米で発展したサービス・マーケティング研究と異なる着眼点を持つ。中でも代表的な研究者であるGrönroos は，殆どのマーケティング研究者が物質的な商品を対象に研究していた時から，サービスの存在に着目していた。サービス・マーケティング研究の関心が「サービス品質」や「顧客満足」に集中しているとき，彼は演繹的な議論を展開し，サービス・マーケティングの理論モデルを構築するに至ったのである。

　Fisk［2013］によれば，初期のサービス・マーケティング研究において，こうした本質を問う検討は Grönroos のほか Lovelock も試みていたというが，Grönroos は「サービスとは何か」から，「サービスの知覚」，そして「サービス・マーケティングへの言及」に至るまで，幅広く独自の視点を示したところに特徴がある。

　そこで本章では，北欧学派が主張するサービスの本質を確認し，サービス・マーケティングの概念をどのように思考し，理論モデルを示したのかを明らかにする。

2. サービスの特徴

2-1　サービスの捉え方

　北欧学派が検討するサービスの関心は，顧客に向けられた物質的な消費財でないさまざまな活動（アクティビティ）に向けられている。サービスは企業活動において絶えず存在するものであり，顧客との関係において機能して

いるにもかかわらず，このことからマーケティングを論じていないのではないか。こうした問題意識にもとづいて，検討が進められている。この検討に必要な視点を，一貫して示してきた研究者こそ Grönroos だといえる。

　北欧学派の代表的な研究者である Grönroos は，1970年代からサービス・マーケティング研究を展開する。彼は当初から，伝統的な消費財ベースのマーケティング・コンセプトが，サービスの検討には馴染まないことを示していた。従来の伝統的なマーケティング機能とは別に，企業と顧客との間に生じる相互作用に関連するインタラクティブ・マーケティングの機能を区別して検討していたのである（Gummesson and Grönroos [2012]）。Grönroos [2007b；2015] は，1990年代に一般化した定義を，以下のように紹介している。

「サービスとは，顧客とサービス従業員の間の相互作用，あるいは商品の物理的資源やサービス・プロバイダのシステムとの相互作用によって，おおむね行われる一連の大小無形の活動で構成されるプロセスであり，顧客の問題のソリューションとして提供されている」（[2007b] p. 52；[2015] p. 48.）

　この定義で重要なのは，プロセスとともにサービスが成立することを明示したことである。また，そのプロセスは相互作用によって形成され，製品やシステムもプロセスによって機能するということ，そして，それは顧客が抱える問題のソリューションとして提供されることに言及している点にも特徴がある。

2-2　プロセスを重視する理由

　Grönroos が取引よりもプロセスを重視したのは，商品の販売とサービスの提供で，問題意識が異なるからである。Grönroos [1977] はこの問題を説明するために，商品とサービスが連続体として存在していることが複雑であるとしたうえで，そこに2種類のサービスが存在すると指摘する。それは，商品あるいは純粋なサービスと，商品の使用を可能にするサービスの2つであり，後者にこそサービス・マーケティングの視点が必要だと指摘する

（pp. 176-177）。

　なぜ彼は後者に注目したのか。それは，前者が商品の販売手段として位置づけられ，売上を競うための方法としてみなされるからである（Grönroos [1977] p. 177）。それゆえ彼が重視するサービスは，売買に作用する性質に限らない。このことを象徴するように，彼はサービスと市場を直接結びつけて論じるのではなく，むしろ顧客とのコミュニケーションの概念を広げるものであると考えている（pp. 180-182）。

　顧客とのさまざまなコミュニケーションをサービスとすれば，それは物質的な消費財の積極的な利活用にも結びつき，購買のプロセスとして機能する。ほかにも，再購買につながる接点の獲得に結びつき，顧客との関係改善につながる可能性がある（Grönroos [1983b]）。サービスは取引の目的というよりもプロセスであると考え，それはサービス・プロバイダーと利用者との間に存在するのであり，両者の関係の中で機能するものである。何より，利用者にとって有用でなければサービスは意味がない。したがって，利用者の認識とともにサービスが機能するといえる。こうして，企業と顧客との間に存在する最重要の課題の1つであることを示そうとしたのである。

2-3　プロセスの諸側面の検討

　前項で触れた Grönroos のいうサービスのプロセスは，サービス・プロバイダーと消費者との関係における様々な性質を持つ対話である。Grönroos [1983a] によれば，サービスは活動であり，買い手はサービスによってパフォーマンスを得るので，サービスの生産プロセスとも接触するという。このプロセスはサービスの評価につながるとともに，顧客との安定的な関係の確立をもたらす。こうしてビジネスが機能する。このとき，プロバイダーである企業がサービスを生産し，受け手である顧客がサービスを消費する。つまり，サービスのプロセスは，生産と消費の重複によって生じるのであり，そのプロセスは顧客によっても認識されるのである。そこで本項では「生産プロセスと消費プロセス」「プロセスとサービスの知覚品質」の2つの視点に注目し，プロセスの視点の進展を確認する。

（1）生産プロセスと消費プロセス

　企業はサービスを生産する立場にある。このサービスを理解するうえで，Grönroos［2015］はサービス活動のプロセスの性質が重要であると指摘する（p. 50）。具体的には，多くの資源，例えばサービスを提供する人のほか物質的な消費財のほか物理的資源，情報，システム，インフラストラクチャなど，一連の活動で構成されるプロセスであり，顧客との直接的なやり取りによって利用されることで問題が解決し，顧客にとっての価値が生まれる。

　サービスの品質マネジメントやマーケティングは，顧客を交えたプロセスにおける資源の用意やプロセス形成に必要な時間と場所でおこなわれる必要があり，これらを生産プロセスと捉えることができる。ただし，顧客が関与する部分の管理はできず，それもプロセスの一部であるため，結果としてネガティブな経験を含むこともある。顧客もサービスのプロセスの中に存在する。つまり，顧客もサービス生産の資源であり，プロセスに参加することで生産プロセスが成立する。

　顧客までが生産プロセスに参加するとはどういった理解にもとづくのだろうか。一般に，物質的な消費財の消費は，生産と同時ではない。事前に生産されたものを消費することになる。それゆえマーケティングは，乖離する生産と消費の間で機能するといえる。また，顧客は物質的な消費財という成果物を消費することになる。しかしながら，サービスの場合は同じように説明できない。サービスは生産と消費が同時におこなわれ，同じ時空間に存在するものである。むしろ，顧客はサービスが生まれるプロセスを認識しながら，共同生産者としてプロセスに参加する（Grönroos［2015］p. 53）。つま

図表3－1　成果の消費とプロセスの消費

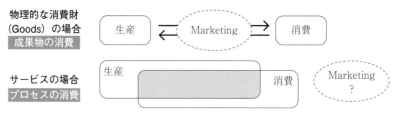

出所：Grönroos［2015］p. 54.

り，物質的な消費財の消費は「成果物の消費」なのに対し，サービスの消費
は「プロセスの消費」として違いを説明できる（図表3‐1）。サービスは，
生産と消費が乖離しないため，物質的な消費財と同じ視点でマーケティング
を論じることはできないのである。

（2）プロセスとサービスの知覚品質

　ところで，顧客はサービスをいつ評価するのだろう。企業が良い評価の獲
得を目標にして，様々なサービスを利用前に準備したところで，顧客は利用
後にしかサービスの良さを認識できない。サービスの消費プロセスを抜きに
して評価はできないのである。さらに，サービスがプロセスとして示される
以上，一連のまとまりが知覚されることで，その品質は捉えられる（図表
3‐2）。知覚されたサービスが経験としてまとまりを持ったときに「サービ
スの内容」は結果として認識され，サービスのプロセスは「サービスの方
法」を反映する。

　サービスがもたらす企業活動への貢献を明確にしようとすれば，サービス
の内容に関心を向けざるを得ない。これを「技術的品質」とし，そこに結果
があると考える一方で，より重要なのは結果をもたらすプロセスである。こ

図表3‐2　サービスの知覚品質と機能的品質，技術的品質

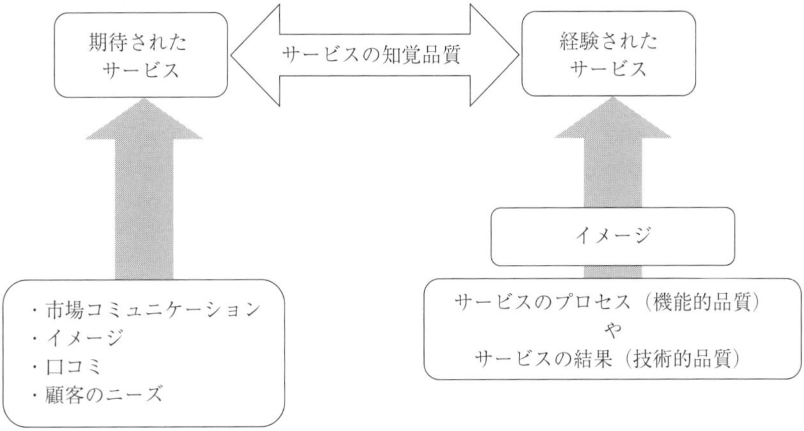

出所：Grönroos［1998］筆者修正

れを「機能的品質」とするならば，さまざまな方法による探究が意味を持つ。むしろ機能的品質がプロセスの検討において重要である。

　こうして Grönroos［1998］は，サービスの成果とサービス・プロセスのアイデアを，プロセス消費の関連する概念とともに発展させた。優れたサービスは技術的に説明できるかもしれない。しかし，顧客ごとに提供するサービスが異なり，プロセスも多様であることを考えれば，プロセスがどのように機能し成立しているかが重要である。Grönroos がサービスの知覚品質を検討する際に，技術的品質と機能的品質という 2 つの視点を用いたのは，プロセスへの注目を重視したからである。それは，物質的な消費財のマーケティングがプロセスの視点を持たず，さまざまなサービスの機能を言及せずにいることへの異議でもあった（Fisk［2013］）。しかし，それらは現在，サービス・マーケティングの考え方の基礎となっており，さらに関係性マーケティングや品質の検討に必要な視点を提供している。

2-4　小　括

　Grönroos［1977］は，サービスが顧客に知覚されることで利活用に結びつくことに着目した。それはプロセスとして位置づけられ，購買もその中でおこなわれるとした。この主張は，サービスが取引の目的というよりもプロセスであるとする考え方にもとづいている。また，この指摘は，マーケティングがキャンペーンといった一時的な取り組みに留まるものではなく，継続的な対話であることを意味している。さらにマーケティングは，顧客操作のための戦略や説得の手段ではなく，顧客にとって価値のある活動を支援することにつながるという考え方をもたらす（Kristensson［2013］）。40年以上前からこうした議論を展開したところに，Grönroos の先見性が認められる。しかしながら，これをサービス・マーケティングとして示すのは，その後のことである。そこで次節では，サービス・マーケティングへの言及がどのようになされたのかについて確認する。

3. サービス・マーケティングの論理的基盤

　Grönroos は，サービス・プロセスの視点を核としながら顧客との関係を重視する。これは，サービス・マーケティングという分野を確立する原動力になり，大きな特徴となっていく。ただし，ここまでの見解は，組織において顧客と接点を有するサービス・セクターの従事者の問題のようでもある。しかしながら，これまで組織におけるサービス・セクターの位置づけは示されていない。サービス・プロセスに含まれる資源との接続の言及もない。何より，サービス・プロセスが有効となるプランニングを示唆していない。そこで本節では，組織が注力すべきサービスのプロセスにもとづくマーケティングが，どのように検討されていったのかについて確認する。

3-1　サービス・セクターの重視

　組織において，サービスのプロセスを認識して行動するのは，顧客との接点を有するサービス・セクターの従事者である。彼らこそサービス活動の担い手であり，多くの資源を駆使してプロセスを形成する。このサービス・セクターの従事者が顧客と接点を持ち，連続した関係を意識して行動することで顧客との相互作用を確立する。だからこそ，直接的なやりとりによってサービスが利用され，ソリューションがみつかるといったインタラクティブな機能を持つのである。

　こうしたサービス・セクターの役割は，物質的な消費財の企画や販売を担うマーケティング部門とは異なる機能を担うものであり，組織におけるサービス・セクターの適切な位置づけが求められる。1980年代初頭の Grönroos の研究には，こうした指摘がみられる。

3-2　サービス・マーケティングと組織

　Grönroos［1980］は，物質的な消費財の提供を前提とする組織と，サービス・セクターが機能する組織で，マーケティングの位置づけが異なることについて説明した。彼は，サービス・セクターを有する組織全体のマーケティング活動が，物質的な消費財の提供を想定する組織のマーケティング部

門よりも，はるかに広範であると指摘した。そのうえで，マーケティング部門はマーケティング活動全体に対し，限定的な役割しか担っていないと批判したのである。

　では，サービス・セクターを有する組織全体のマーケティング活動とは，どのようなものか。Grönroos［1983a］は物質的な消費財のマス・マーケティングと対比しながら，サービス・セクターが双方向性を持ったマーケティング機能を担うものであるとする。

　物質的な消費財のマーケティングは市場を静的に捉え，対象を広く想定するのに対し，サービス・セクターにおいては，消費者の一般的な活動を捉える必要があり，それは動的なものである。マーケティング計画に反映される視点も自ずと異なる。広告や価格設定が消費財のマーケティング活動だとすれば，サービス・セクターにおけるマーケティングは，より広範に売り手と買い手の相互作用をマネジメントする必要がある。それは，インタラクティブ・マーケティング活動と呼ぶべきものである。図表3-1のうち生産プロセスと消費プロセスが重複する箇所は，まさに双方向性を持つマーケティング活動を象徴している。実際には多くのマーケティング活動において，双方向性のある活動が機能しているにもかかわらず，この部分を見逃したまま顧客との関係が構築できるものではない。

　Grönroos がこう指摘するのは，サービス・セクターでは，双方向性を持ったマーケティング機能を担い，連続するプロセスにおいて消費者の意見を聞くこともあるからである。より重要な消費者の意見は，生産の手段や資源にも影響を与える。こうしたサービス・セクターにおけるインタラクティブ・マーケティング機能は，技術などの資源マネジメントにおいても活かされるべきである。

　図表3-3にあるように，インタラクティブ・マーケティング機能は，マス・マーケティング機能と異なるだけでなく，資源のマネジメントに影響を与える。サービス・セクターは物質的な消費財のセクターより機能の依存が高いだけでなく，戦略的・戦術的にマーケティング部門で何をすべきかを示すことができる。顧客との連続した関係を重視する企業にとって，インタラクティブ・マーケティング機能が大きな意味を持っており，それはトップ・

図表 3 - 3　サービス組織におけるサービス・セクターとインタラクティブ・マーケティング機能

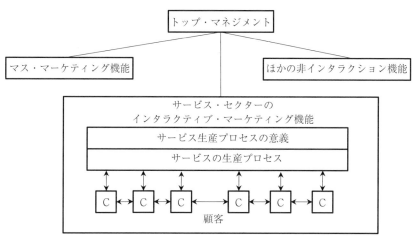

出所：Grönroos［1983a］より筆者修正

マネジメントの責任において実行されるべきだといえる。つまり，サービス・セクターは単なる機能の一部を担うだけでなく，トップ・マネジメントの意思決定に強い影響を与える。そればかりか，企業組織として責任ある対応が求められるのである。

3-3　インタラクティブ・マーケティング機能と資源

　インタラクティブ・マーケティング機能の目的は，買い手と売り手の相互作用に含まれる資源をマネジメントすることである。資源の特定や望ましいマネジメントの推進は，労働集約的で非合理とされるサービス産業の問題解決に寄与する可能性がある。なぜなら，属人的な責任が強いられているサービス・セクターの状況があまりにも理解されず，生産性の低さといった指摘によって軽視されてしまう，ジレンマからの脱却に寄与する視点を持っているからである。サービス・セクターの役割を明確化することで，セグメンテーション・ターゲティング・ポジショニングといった視点が，実効性を持つに至ることを説明できる。Grönroos［1982a］は，インタラクティブ・マーケティングがきちんと機能することで，ターゲット顧客のニーズの見当

がつくはずであるとし，図表3-4の理解を求めている。

　この図において重要なのは，サービス・セクターにおける顧客との相互作用であり，プロセスによって生じる機能的品質である。ここにもGrönroos［1977］が示した2種類のサービスの存在の視点が関連している。サービスを商品あるいは純粋なサービスといった静態的な存在として捉えたのでは，資源もまた技術的品質だけを意識する可能性がある。しかし，それでは顧客が不満を感じることにもなる。むしろ，サービスによる顧客との相互作用は継続し，サービスの諸活動がプロセスとして機能する必要があり，そのために物的・技術的資源が用意されるべきである。彼は，サービスの諸活動がプロセスとして機能する視点が技術的品質とは異なることを指摘し，これを機能的品質であるとした。また，顧客によって知覚されるサービスの品質は，その両方である。この意味において，インタラクティブ・マーケティングは不可欠なのである。それゆえ，インタラクティブ・マーケティングを中心とした，資源のプランニングを示すことも可能になる。

　Grönroosは，プロセスを核としたサービスの検討を蓄積しながら，独自の概念が持つ意味を新たに説明した。その結果，インタラクティブ・マーケティングや資源，品質の関係を説明し得たのである。

図表3-4　インタラクティブ・マーケティング資源のプランニング

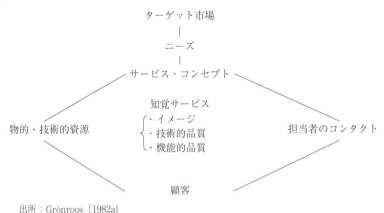

出所：Grönroos［1982a］

3-4　小　括

　本節では，北欧学派がサービス・プロセスの視点により顧客との関係を捉え，検討を重ねた結果，インタラクティブ・マーケティングを整理するに至ったことを確認した。そもそも，購買や消費のプロセスを前提としてサービスが創出されることを，どのように捉えるべきか。Grönroos は，物質的な消費財の販売を前提とした組織のマーケティングが想定していない，サービス・セクターが果たす役割の発見から，組織や資源，そしてプランニングに言及したのである。そこからインタラクティブ・マーケティングの概念を導出することで，サービス・マーケティングの論理的基盤を示すことができたといえる。

4.　サービス・マーケティングの理論

　前節で，サービス・マーケティングの論理的基盤となる考え方に触れた。ところが，ここまでの検討においてサービス・マーケティングの概念は示されていない。それは，マーケティングという用語がサービス・マーケティング研究者の間で曖昧に用いられているからである。マーケティングへの期待自体が，通常用いられる予算編成システムやフォローアップの手順の中に組み込まれ，短期的な成果が要求されることで，マーケティング活動は，近視眼的な計画の中に実装される傾向があったからである（Grönroos［1983d］）。サービス・マーケティングを理論化するうえでは，長期的な実行を促進するものであるべきであり，マーケティングによる組織内部への提案が必要となる。そのためには，さまざまな研究成果との接続や横断的な理解による，サービス・マーケティング理論の構築が必要と考えた Grönroos は，この取り組みに着手したのである。

　そこで本節では，企業が実行するマーケティング活動を捉える視点の生成がどのように推進されたのかについて検討する。

4-1　サービス・マーケティング理論の構築

（1）サービス・マーケティング・モデル

　サービス・ビジネスやサービスを主眼とする組織が適用するマーケティング理論とは，どのようなものだろうか。Grönroos［1982a］は，サービス・マーケティングの理論に必要な資源についての認識を，フレンチ学派の Eiglier and Langeard［1975］に求めている。ただし，ここでは顧客がサービスのプロセスに参加し，資源を積極的に活用することを踏まえる必要がある。つまり，インタラクティブ・マーケティングの中に資源を計画しなければならない。彼は，資源計画に必要な 5 つの変数（サービス・コンセプト，サービスのアクセシビリティ，従業員と顧客の双方向のコミュニケーション，補助サービス，消費者の影響）を設定して，サービス展開を主眼とする組織には，これらの要素が重要であるとした。これがサービス・マーケティング・モデルである（図表 3 - 5 ）。

　このモデルの大きな特徴は，顧客とサービス・プロバイダーとの関係を捉える点であり，そのためにインタラクティブ・マーケティングにおける 5 つの変数を示したことにある。もっとも，ここに製品の概念がないばかりか，McCarthy［1960］が示した 4 Ps のうち，価格やプロモーションなどはインタラクティブ・マーケティングの外側に布置されている。このことにより，

図表 3 - 5　サービス・マーケティング・モデル

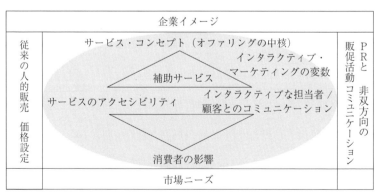

出所：Grönroos［1982a］より筆者加筆

物質的な消費財を前提とした従来のマーケティング理論は，サービス組織の
マーケティング機能の一部にしか適用できないことが，あらためて強調され
る。これは，インタラクティブ・マーケティングの活動が極めて重要である
ことを示したのでもある。

（2）サービス・マーケティング・トライアングル

　Grönroos［1982a］はサービス・マーケティング・モデルを示したうえ
で，従来のマーケティング理論が，サービス組織のマーケティング機能の一
部にしか適用できないことを強調した。しかし，これはサービス・マーケ
ティングの概念を包括的に示したものではない。こうした問題意識から，新
たに示されたモデルが，サービス・マーケティング・トライアングルである
（図表3-6）。

　サービス・プロセスに向けて企業が努力するのは，顧客の価値創造のサ
ポートにおいてである。そのために，価値をサポートする資源を活用するこ
とで，企業は顧客に対し何らかの役割を果たさなければならない。図表

図表3-6　サービス・マーケティング・トライアングル

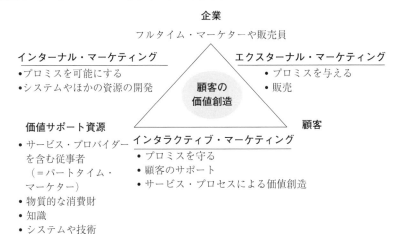

出所：Grönroos［2015］p. 58. より筆者加筆

　3-6中のプロミスとは，顧客の期待に応える約束であり，図表3-2中の「期待されたサービス」に作用する企業活動によって提示される[1]。「経験されたサービス」も同様である。図表3-6において重要なのは，このプロミスを果たす役割を企業が担い，それはフルタイム・マーケターやサービス・プロバイダーの職責であるとした点にある。ここでいうフルタイム・マーケターやパートタイム・マーケターの概念は，Gummesson［1987b］によって示されたものである。

　Grönroos［2015］によれば，マーケティングは組織のどこにでもあり，マーケティング部門の専任担当者（フルタイム・マーケター）だけが担う機能ではないとする。それは，顧客との接点を有するサービス・プロバイダーや，資産の運用，財務，ロジスティクスなどを，インタラクティブ・マーケティングの資源として扱う必要があるからである。このインタラクティブ・マーケティングのプロセスにおいて役割を果たす担当者こそ，パートタイム・マーケターである。そのうえで，優れたサービス品質や価値のサポートが可能になれば，フルタイム・マーケターの負担は軽くなるとし，組織におけるパートタイム・マーケターの貢献の重要性を指摘している（pp. 382-384.）。組織全体のマーケティングに責任を持つのはCEOやマーケティング・ディレクターなどのフルタイム・マーケターだが，マーケティング活動全体のプロセスには，様々なパートタイム・マーケターの活動が含まれる。サービスを中心とする組織において，パートタイム・マーケターは顧客の価値のサポートにおいて重要な役割を果たすといえる。このことを説明するうえで，サービス・マーケティング・トライアングルは有効であった。

　前掲のサービス・マーケティング・モデルでは，インタラクティブ・マーケティングだけの議論であったのが，このサービス・マーケティング・トライアングルではそれに留まらない。この視点はKotlerにも採用されることで，広く知られるようになっているが（Kotler［1994］），それは北欧学派の貢献によるものである。

4-2　戦略としてのサービス・マーケティング

　すでに確認したように，サービス・マーケティングを論じるうえで，既存

図表 3 - 7　顧客リレーションシップ・ライフサイクル

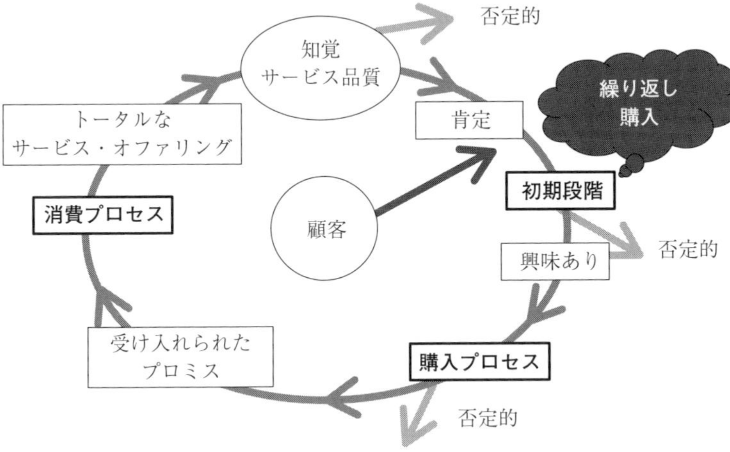

知覚
サービス品質

否定的

繰り返し
購入

トータルな
サービス・オファリング

肯定

消費プロセス

初期段階

顧客

否定的

受け入れられた
プロミス

興味あり

購入プロセス

否定的

出所：Grönroos［1983c］p. 70

附表（図表 3 - 8）　顧客リレーションシップ・ライフサイクルの 3 つの段階における
　　　　　　　　　　マーケティング目標とやり取り

フェーズ	マーケティング目標	適用されるマーケティング・プロセス
初期段階	興味の創造	エクスターナル・マーケティング
購入プロセス	一般的な関心を売り上げに変える（最初の購入，プロミスを与える）	エクスターナル・マーケティングとインタラクティブ・マーケティング活動に支えられた販売
消費プロセス	永続的な顧客関係を通じて，再販売，クロス販売を創造する（プロミスを守る）	インタラクティブ・マーケティングのやり取り

出所：Grönroos［1983c］

のマーケティング・ミックスの議論は，顧客との関係におけるライフサイク
ルの様々な段階で，関係に現れるすべての資源や活動をカバーしないことが
多い（Grönroos［1983c］）。伝統的なマーケティングとは異なる新たなアプ
ローチを示すためには，顧客との関係を確立し維持するための様々なやり取

りを通じて，目的が達成されるプロセスを示す必要がある。このとき，顧客との長期的な関係が重要になる（Gummesson［1987a］）。

　ところが，サービス・マーケティング・モデル（図表3-5）にせよ，サービス・マーケティング・トライアングル（図表3-6）にせよ，顧客との長期的な関係の明示は必ずしも十分でない。この問題に対応するのが，顧客リレーションシップ・ライフサイクルへの着目である（図表3-7）。さらに，図表3-7に示された3つのフェーズに対応するマーケティングが附表である。ここに表れているとおり，サービス・マーケティングは，顧客との関係性を前提とした戦略的な位置づけとして，機能することが期待される。サービスは顧客との長期の関係によって繰り返し知覚されるものであり，再販売を可能にするほか，長期の関係を確立する戦略的な手段としても有効である。

　ここで重要なのは，サービス・マーケティングがマーケティング戦略として機能するとはいえ，それはエクスターナル・マーケティングやインタラクティブ・マーケティングによって，より明確に説明される点である。このようにしてプロセスを核としたサービスは，長期の関係を確立する戦略として意識することができるようになり，マーケティング活動としての妥当性を高めることに成功したのである。

4-3　小　括

　Grönroos が示したサービス・マーケティングの概念は，自身の主張の蓄積だけでなく，そこにはフレンチ学派の Eiglier and Langeard［1975］や，同じ北欧学派の Gummesson［1987a］などの貢献も含まれる。組織，資源への言及だけでなく，顧客との接点という最前線のみの議論を越えた検討によって，サービス・マーケティングの理論形成が可能になったのである。

　この理論を理解するうえでは，インタラクティブ・マーケティングとエクスターナル・マーケティングとを区別することも重要である。特に，顧客との接点で活躍するサービス・プロバイダーは，サービス提供を担う単純な機能でなく，パートタイム・マーケターであり，マーケティング活動全体のプロセスとして貢献するとした考え方は，注目すべきである。こうした Grönroos の主張は，サービス・エンカウンターの研究にも大きな影響を及ぼした。

　さらに，インタラクティブ・マーケティングは，インターナル・マーケティングと密接に関連している。顧客への高品質で効果的なサービス提供のためには，従業員自身が所属する企業のビジョンのほか，サービスを実行するうえでのプロミスを自覚する必要がある。自らが提供しているサービスを信じるために，インターナル・マーケティングが重要であり，総じてサービス・マーケティング・トライアングルが成り立つのである。これは，その後のサービス・マネジメントのフレームワークに強く反映されることとなった。

　サービス・マーケティングが，従来のマーケティング・コンセプトに示されているよりも広い視点を持つことは，多くの研究者に共有されるという結果につながった。そのことは現在，サービス・マーケティングの考え方の基礎となっている（Bitner［2013］）。

5. おわりに

　本章では，主に Grönroos の初期の研究にもとづき，サービス・マーケティング研究の過程を整理した。伝統的なマーケティング研究が，消費財の取引や交換を前提とする時代において，彼はサービスの視点でマーケティングを捉えようとした。その多くが独創的であり，品質，関係性マーケティング，そしてサービス・マーケティングにおける先駆的な研究だったことは明らかである。北欧学派における Grönroos の貢献は絶大で，現在に至るまで幅広い影響力を持っている。

　その Grönroos は，取引よりもプロセスを重視し，サービスの内容でなく，その方法に関心を寄せ，プロセスという機能がもたらす幅広い意義を研究の対象とすることで，サービス・マーケティングの理論構築を可能にした。とりわけ理論化の過程で，顧客との接点を持つサービス・セクターの従事者は，単なるサービス提供に留まらず，（パートタイム）マーケターであるとされ，さらにインタラクティブ・マーケティングの重要性にも言及され

ている。Bitner［2013］は，彼のこうした示唆が，サービス・エンカウンターに続く多くの研究に刺激を与えたほか，インターナル・マーケティングやサービス・プロフィット・チェーンにも反映されているとする。

　Grönroos は顧客との相互作用それ自体を，市場性を持つものとはいわず，むしろ企業活動の中で見落とされがちなサービスの存在に着目する。それによって，サービスがどのように機能しているのかを説明し，戦略的に有効なあり方を示している。北欧学派によるサービス・マーケティングの含意によって，顧客を的確に理解し動態的に適応していくこと，あるいは，企業の提案を最適化し安定的に関係性を構築することで，円滑な企業活動の確立が期待される。優秀なサービス・プロバイダーや従事者はマーケターであり，彼らが様々な知見を獲得することで，企業と顧客の双方にとってベネフィットが生じる。その先には，サービス・プロセスを消費する顧客の豊かな日常の確立が広がっている。こうした思想にもとづく研究の展開こそ，北欧学派の大きな特徴なのである。

注
（1）プロミスは Calonius［1986］；［1988］によって示されたもので，サービス提供の前提であり，成果と因果関係にあるものである。プロミスの実行におけるマーケティングの役割は重要で，プロミスを可能にする組織でなければならない（Bitner［1995］）。つまりプロミスは，サービス・プロバイダーだけが自覚するものではなく，企業という組織によって示されるものであり，これら全体で推進されるサービスの諸活動の動機ともいうべきものだといえる。

　　　　　　　　　　　　　　　　　　　　　　　　　　　（今村　一真）

第4章

サービス・マネジメント

1. はじめに

　前章では，サービス・マーケティングについて，北欧学派特有のその概念及び内容について議論した。「サービス・マネジメント（service management）」と表現される研究アプローチがマーケティング学界あるいは実務界に登場したのは，Normann［1984］によるサービス組織のマネジメント問題を扱った著書に端を発する。そのアプローチは研究者や学派の思想によって異なる点はみられるが，本章でも引き続き北欧学派の視点から捉えるサービス・マネジメントの原理とアプローチについて論じる。

　本章では，まず次節からマーケティング研究における北欧学派や北米学派の研究者がサービスに焦点をあてて研究をはじめる経済状況の変化，すなわちサービス経済化について説明する。サービス経済の概念の捉え方の違いが両学派のサービス研究の岐路を分かつことになったと考えられる。さらに，第3節では，その岐路にて北欧学派が選び歩みを進めたサービス・マネジメント研究におけるサービス・ビジネスの概念について触れる。Grönroos が言及する「サービス競争」時代において企業は「サービス・ノウハウ」の開発・向上しうるマネジメント戦略をもって生き抜かねばならない。そして，そのサービス・マネジメント戦略を羅針盤として企業活動がおこなわれるが，その指針を定めるビジネス・ミッションを顧客志向に向けなければならない。第4節では，北欧学派のサービス・マネジメント原理について説明するが，その原理は顧客志向や関係性や価値共創といった概念を柱に持つＳロジックの基礎となる。Ｓロジックを正しく適用することは，近年，日本の製造業で進むサービス・ビジネス化のマネジメントにも有益なヒントを与えてくれるだろう。

2. サービス経済化

　1980年代には，欧米諸国における GNP に占めるサービス産業ならびに当該産業に従事する労働者の割合が大半を占め，時代はサービス経済（あるいは社会）をむかえたといわれる。わが国でも，ペティ＝クラークの法則に従うかのごとく，1970年代に製造業によって達成された高度経済成長の時代を脱し，いまや GDP における第3次産業の割合ならびに当該産業に従事する就業人口の割合はともに7割を超え，実質的にサービス産業が現代の日本経済の中枢であるかのようにみえる。しかしながら，その数値データは政府の産業分類に則した経済構造の変遷を写しているにすぎず，Grönroos [1988] が主張する「サービス競争（service competition）」時代の幕開けは，サービス産業の台頭によるものではない。彼をはじめとする北欧学派によるサービス概念は，企業の所属産業やその中核事業の種別を問わない（Grönroos [2007a]）。すなわち，彼らの思想によると，サービスは「顧客価値を創造するソリューションのための機能的プロセス（Grönroos [2007b] p. 52)」といった一種の現象として捉えられ，それは企業や人びとの営みの中に常に存在してきたのである。要するに，企業が，製造業であれサービス業であれ，事業活動をつうじて社会や消費者（顧客）に対して，求められる価値創造に携わる事象は古来よりみられてきた。

　産業構造のサービス経済化によって，「サービス」に対する実務家と研究者の関心がさらに高まったことも事実である。しかしながら，P. Kotler をはじめとする北米のマーケティング研究者によるサービス研究は，従来のマーケティング理論の「サービス財」への転用であり，有形財から無形財へとそのアプローチの焦点を移しただけである。すなわち，経済構造の変化に準じたマーケティング・アプローチは，新しい市場競争のシチュエーションに適応しておらず，Shostack [1977] によってサービス企業における従来のマーケティング・アプローチの有用性に対する疑問が呈され，北欧出身の Grönroos と Gummesson が開発する独自のサービス概念にもとづく研究アプローチが生まれた。

3. サービス・ビジネス化

　企業は市場や消費者が価値を形成していくプロセスに関与し，その実現を可能ならしめるべく行動をとる組織として社会に存在している。Grönroos［1988］は，「今日，製造業のなかの企業の多くは，自社のトータル・オファリングの不可欠部分として多様なサービスを提供しなければならない（p. 10）」と主張する。すなわち，サービスを一種の市場提供物ではなく価値創造の現象として捉えるとき，産業分類に関係なく事業体はその現象の発生装置となるので，あらゆる企業はサービス・ビジネスといっても過言ではないだろう。

3-1　サービス・ノウハウの適用

　近年，日本の製造業においても「サービタイゼーション（servitization）」というビジネスモデルが注目を集めている。これはメーカーが利用者とのインタラクションをつうじて自社製品の保守や活用方法のアドバイスや製品カスタマイズ等のサービスを提供し，新たな付加価値を生み出す手段となる。製造業のサービス・ビジネス化については，サービス経済下の競争に関するGrönroos［1988］の議論の中でも触れられている[1]。また，彼は当該論文でサービス経済の概念とそのシチュエーションについて次のような説明を加えている。

　　「サービス経済あるいはサービス社会の概念は，情報経済（情報社会）と代替する概念として用いられる。情報量や情報のアクセスは加速度的に増加していることは事実であり，それは今後も続いていく。しかしながら，これは経済における構造上の変化ではなく，サービスの重要性とその規模の拡大を指していうのだ。したがって，構造的な感覚から情報経済について論じるのは正しいとはいえない。他方，サービス経済の概念は現実的な変化を表現しているものである（p. 9）」

　サービス経済（社会）は情報経済（社会）の発展とともに台頭してきてお

り，実際に近年の AI や IoT の活用事例からもサービス・ビジネス化に情報
技術がツールとして役立っていることは明らかである。その一方で Grön-
roos［1988］は，新しい市場競争で優位性を築くには「サービス・ノウハウ
（service know-how）」の獲得が必須と主張する。それは製造業が持たない
未知のノウハウであり，本質的なサービス・ビジネス化を実現するうえで不
可欠な"見えざる資産"となる。サービス・ノウハウとは，企業と顧客との
関係性を構築しマネジメントする指針であり，以下の5つのルールから構成
される（Grönroos［1988］pp. 5 -10）。

① 顧客との関係性を強めて安定的な収益基盤と競争優位の確立のため，良
　　好で永続的な顧客とのコンタクトを創造・維持できる人的資源への全般
　　的なアプローチをおこなう。
② 顧客とのインタラクションを持つ従業員による需要分析をおこなう。
③ 顧客とのインタラクションを持つ従業員による品質管理をおこなう。
④ マーケティング部門の従業員だけではなく，全員がマーケターとして
　　マーケティングをおこなう。
⑤ 顧客との関係性を構築していく中で，接客従業員に対して高品質のサー
　　ビス提供を支援したり動機づけるリーダーシップやマネジメント行動を
　　とる。また，そのための構造や技術をもって組織的サポートをおこな
　　う。

　また，Grönroos［2007b］は，サービス・ビジネス化を促進する要因につ
いて，「顧客は企業から提供される技術的ソリューション以上の価値を求め
るようになっており，そのような顧客の欲求が競争によって高められたり多
様化する中，企業は他社よりも有益な価値提供を追求すべく，サービスの重
要性を認識するようになっている。そして，インターネットや ICT の発展
にともない，企業と顧客間の新しいサービスをつうじた相互作用と関係性が
開発されることによって，企業はコアソリューションの価値を高めることが
できるようになっている（p. 11）」という現代の状況に言及している。

3-2　顧客ライフサイクルへのサポート

　サービスはその本質として顧客志向性を持つし，もしそうでなければ，顧客が求める価値創造は充分に起こりえない。したがって，企業は，当該サービスを必要とする顧客の活動プロセス，すなわち「顧客ライフサイクル（customer lifecycle）」に対応した包括的なサポートをおこなわなければならない。その両者のプロセスの連関を描いたモデルを「カスタマーチェーン（customer chain）」という（図表 4 - 1 ）。一連のカスタマーチェーンに適合した顧客マネジメントのアプローチは，全社的かつ顧客志向的な方法をもって価値創造を達成する。その中で提供者と顧客間に発生する相互作用が適切かつ快適なものとして顧客に知覚されると，関係性構築に不可欠な信頼が生まれる。このようなサービス固有のリレーショナルな性質は，Ｓロジックの重要な柱の 1 つとなっているが，1980年代から北欧学派以外にも多くの研究者によってサービス・マーケティングならびに生産財マーケティングの領域で「リレーションシップ・マーケティング」研究がなされてきた（第 7 章参照）。

図表 4 - 1　カスタマーチェーン：顧客ライフサイクルと提供者サポートの連関

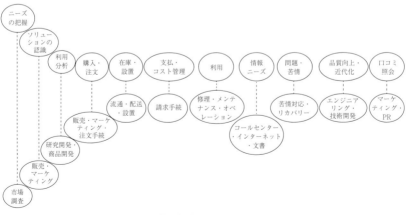

出所：Grönroos［2007b］p. 439より筆者作成

3-3　マネジメント戦略の転換

　企業が自社の方針やマネジメント・アプローチをサービス・ビジネス化するには次の変革を要する（Grönroos［2007b］p. 443）。

・企業のミッションと戦略をサービス・パースペクティブから再定義する

　企業の各機能のプロセスは一連の顧客ライフサイクルに対応して統合されなければならない。サービス・ビジネスのミッションとは，高品質な生産物の提供ではなく，顧客の価値創造プロセスへの優良なサポートをおこなうことにあり，サービス戦略はそのロジックにもとづき策定されるべきだ。

・「生産物」をプロセスとして再定義する

　企業にとって製品は生産活動のアウトプットであるが，顧客にとっては価値創造のためのインプットとなる。サービスとはそのインプット資源をもちいて価値を創造するプロセスであり，企業はそのサポーターとなる。

・顧客との関係性における決定的な要素をサービス化する

　企業活動の資源やコンピテンシーを，顧客価値の創造プロセスをサポートするためのインプット要素として捉え，顧客との関係性を構築することにサービス化の本質をみる。

　サービス化されたビジネスミッションを遂行するとき，企業には顧客のライフサイクルに適応したサービス・オファリングが必要となる。その開発にあたっては「CSSモデル（Grönroos［2007b］）」がヒントとなる。まず，顧客が求める価値を定義し，最適なソリューションを決定する（概念化；Conceptualizing）。次に，概念化されたオファリングに必要な資源を決定し，効果性と効率性を考慮し，機能体系を設計する（システム化；Systematizing）。そして，システム化された資源やプロセスを顧客志向的な価値創造サポートとして統合・調整し機動させる（サービス化；Servicizing）。

　サービス・ビジネス化には，資源投資だけでなく，戦略の策定から業務の再開発に至る組織レベルの改革を要する。トップマネジメントを含む全従業員の思考や行動を変革し，サービス文化を持つ顧客志向型組織を構築するには，インターナル・マーケティング（第8章参照）の導入が必須となる。

4. サービス・マネジメント原理

　北欧学派は，サービスのマーケティング及びマネジメント研究をすすめるにあたり，従来のマーケティング研究の規範にとらわれることなく，学派独自のアプローチを確立してきた（第2章参照）。サービスという価値生産活動の主たるドライバーは顧客であり，彼らのサービス・プロセスにおける言動や態度もまたその結果に影響を与える大きな要因となりうる。

4-1　顧客との関係性のマネジメント哲学

　Grönroos［2000］はサービスについて，「顧客の抱える問題を解決することを目的として，顧客とサービス提供者（従業員），物財やその他の物的資源，システムやインフラ，そしてときに周囲の他の顧客との相互作用の中で発生する一連の行為から構成されるプロセス（p. 46）」と説明している。その定義によると，サービス企業は，顧客（あるいは市場）志向を中心に据えたマネジメント哲学に従い，マーケティングと全組織機能を統合すべきである。すなわち，マネジメント・アプローチを，従来のインサイドアウトの「マーケティング・マネジメント」から，顧客の価値創造をサポートする機能横断的なアウトサイドインの「市場志向的マネジメント（market orient-ed management）」へと転換する。よって，その概念の表現は自ずと「サービス・マーケティング」から「サービス・マネジメント」へと換えられる。そもそも，Grönroos［2007b］は「今日，顧客との永続的な関係を構築し，リピートビジネスを実現することが顧客獲得と同等以上に重要となるため，"マーケティング"という用語は（サービス競争における）顧客マネジメントを論じるには最適ではない（p. viii）」と述べており，つづけて「便宜上，"マーケティング"という表現は用いるが，それは組織マネジメントの一機能ではなく，"市場志向的マネジメント"のことを指す（p. viii）」と，従来のマーケティングと彼らのそれに対する思考の違いを説明する。すなわち，Sロジックにおいて顧客との関係性が中核を成している。Grönroos［2015］は，顧客との関係性のマネジメントに有効な指針となりうる次の10の原理を提示している（p. 46）。

① サービス提供者を除外した価値発生領域（カスタマー領域）において，顧客や利用者らは利用価値の形態で価値を創造する。それは，新しい資源に既存の資源を統合したり，事前に獲得した知識やスキルを適用することによって表出したり創造される。

② 顧客の価値創造プロセスにおいて，価値（利用価値）は累積過程で開発されたり，時折破壊される。

③ 価値（利用価値）は，顧客によって独自に，経験的に，その文脈をして，知覚され決定される。

④ 企業（サービス提供者）は，顧客を除外する価値発生領域（プロバイダー領域）において，基本的に価値のファシリテーターとなる。彼らは，顧客（利用者）に潜在的な価値を開発し提供する。

⑤ 価値発生プロセスにおいて，アクターによる直接的な相互作用から価値共創プラットフォームが構築されるとき，サービス提供者は顧客とともに価値を創造する機会を得る。

⑥ エコシステムにおいて，顧客は単独の価値創造プロセスに影響を及ぼしうる他者との社会的価値共創行動を引き起こす。

⑦ サービスは，物理的・精神的・仮想的に，あるいは所有欲を充足しうるように，顧客の日常的な活動をサポートする方法に従って資源を活用し，価値創造を促進する。

⑧ マーケティングが目指すべきは，ファシリテーターとしてサービスを用いて提供者を顧客のプロセスに結びつけ，アクター間の互恵的な価値創造を可能ならしめることである。

⑨ サービス提供者である企業は，価値提案によるプロミスメイキングに制限された存在ではない。

⑩ 共創プラットフォームにおける直接的な相互作用では，企業（サービス提供者）はインタラクティブ・マーケティングをつうじて顧客価値の充足に積極的に影響を与えられる。そうすることでプロミスは達成され顧客との関係性の構築と維持が促進される。すなわち，マーケティングは，主たるプロミスメイキング機能を越えて拡張される。

　これらの原理は顧客との関係性をマネジメントする，いわば，Ｓロジックの内容を概説するものであり，「関係性」に加え，「顧客志向（顧客中心）」，「利用価値」，「プロセス」，「価値創造（価値共創）」を重要な概念とする北欧学派の思想をあらわしている。

4-2　サービス・プロセス

　北欧学派は，顧客が事前に期待（予測）した価値が実現されていくプロセスをそのサービス利用の中で経験し，知覚及び受容していく現象（生産と消費の同時性）から，「利用価値（value-in-use）」という新しい価値概念を開発した。それは，従来のモノを対象にして開発されてきたマーケティングのアプローチでは触れられてこなかった未開拓領域，すなわち顧客の「消費プロセス」に踏み込んだことを意味する（Grönroos［2007a］）。

　図表 4 - 2 は，従来のマーケティング・パースペクティブとされるプロダクト志向（左：プロダクト・マーケティング・トライアングル）からプロセスの消費に特徴をみるサービス志向（右：サービス・マーケティング・トライアングル）への転換を示したものである。両者を対比すると，プロダクト・マーケティング・トライアングルの一角を担う「生産物」がサービス・マーケティング・トライアングルでは消失し，価値創造プロセスを支える資

図表 4 - 2　マーケティングにおけるプロダクト志向からサービス志向への転換

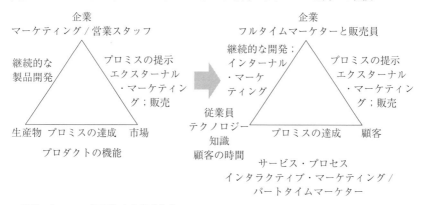

出所：Grönroos［1998］より筆者作成

　源におき換えられている。図中の生産物は，顧客が立ち入らないクローズド・プロセスでおこなわれる生産活動の「結果（output）」であり，顧客は消費プロセスにおいて既製品を消費する。したがって，従来のマーケティングは結果の消費の観念にもとづく（Grönroos［1998］）。他方，サービス・マーケティング・トライアングルでは，生産物は顧客とのプロミスを実現するためのプロセスに統合される一資源にすぎない。サービス・プロセスには適切なシステムや設備やテクノロジー等の資源から開発及び調整される「機能の束（bundle of features；Grönroos［1998］）」が含まれ，それらを提供者と顧客が協働する価値創造プロセスに加えたものが生産物にとってかわる「サービス・オファリング（service offering）」となる。そして，それは組織の全体的な問題として扱われなければならない。

　時代は逆行するが，Normann［1984］が開発した「サービス・マネジメント・システム（service management system）」の構成要素である「サービス・デリバリー・システム（service delivery system）」もまた，サービス・プロセスにおける資源のマネジメントに言及する（図表4-3）。それは

図表4-3　サービス・マネジメント・システム

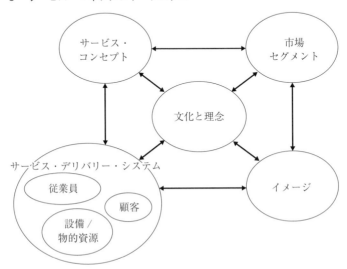

出所：Normann［1991］p. 46, p. 58より筆者作成

「従業員（personnel）」「顧客（client）」「設備と物的資源（equipment and physical tools）」の3要素から構成され，企業が提供するサービス・コンセプトに則った価値を実現すべく，開発・調整し機能させる。従業員は顧客との直接接触者のみに限定されず，バックオフィスで接客従業員をサポートするスタッフも含められるし，顧客は周囲の顧客や同伴者も含み，顧客間の存在やふるまいがそれぞれに影響を与えうる。また物的資源，いわゆる有形物のグッズはサービス活動に欠かせない。それは顧客が利用中のサービス経験を高めるイメージ形成，あるいは利用後の追憶の糸口として，またあるときには航空券や映画チケットのようにサービス利用の許可を保証するものとして利用される。この点において，サービスの生産性と価値向上のために，物的資源もサービス・プロセスに統合して適切に管理する必要があるといえる。

　原理的に，サービスは顧客との関係性を構築し強化するインパクトをもつ。新サービスの開発も競争力を高めるうえでは重要だが，企業は顧客との関係性のなかで物的構成要素をサービス要素へと変換しなければならない（Grönroos［1988］）。そのとき，サービス・ノウハウは両者間の関係性を築くための架け橋になる。

4-3　プロミスのマネジメント

　企業と顧客との関係性は「プロミス（promise）」を1つの形式的なきっかけとして形成される。Calonius［1986］はその概念について，他者や自身に対して未来を考慮してなされる明示的な宣言や保証と説明し，その内容は特定の行動の方法やオファリングに言及する。そして，Grönroos［2006c］はプロミスに焦点をあてたホリスティックな組織活動としての顧客志向的なマーケティングの定義を示した。すなわち，「マーケティングは，組織の機能やプロセスに顧客志向を浸透させ，価値提案をつうじてプロミスをつくりあげること，そのプロミスから形成された個々人の期待の充足を可能にすること，そして顧客の価値創造プロセスに対するサポートをつうじて期待を充足することに適応する。この観点から，マーケティングとは，企業と顧客あるいはその他の関係者のプロセスにおいて価値創造をサポートすることであ

る（p. 407）」。プロミスの実現が顧客との関係性の構築・維持の基本と考えると，リレーションシップ・マーケティングの一部としてプロミスのマネジメントは重要なアプローチとなる（Grönroos [2007a]）。そして，そのプロミスのマネジメントには次の 3 つの基本活動が含まれる（Grönroos [2009]）。

　まず，オファリングによって得られる価値を潜在顧客に伝達あるいは提案し期待を形成する「プロミスメイキング」である。新規顧客の獲得を目的とし，従来のマーケティングのアプローチが有効となる。

　顧客のプロミスによる期待を充足するためには，事前に「プロミスイネーブリング」をもって，価値創造のサポートを可能にする顧客志向的な組織とその資源の開発（設備，従業員，情報，システム，顧客等），そしてサービス・プロセスを設計しなければならない。このとき，従業員が顧客志向的行動に動機づけられ，顧客の価値創造のための相互作用プロセスを効果的かつ円滑に遂行しうる充分なスキルとモチベーションを要する。そのためにも企業のトップマネジメントはインターナル・マーケティングを組織に適用し，顧客志向型組織の構築を目指すべきである。

　そして 3 つ目の活動は，企業と顧客間の相互作用プロセスをつうじてプロミスを達成する「プロミスキーピング」である。顧客の期待は相互作用プロセスの中で充足される，つまりプロミスどおりの価値が創造されると考えられるため，インタラクティブ・マーケティング・アプローチがこのとき有効となる。

　マス・マーケティングに代わりリレーションシップ・マーケティングが台頭する現代にあって，企業にとってプロミスは顧客との関係性を築く手立てとなる。顧客は企業のオファリングを通して，自らの求める価値創造の機会を得ることができる一方で，企業はその達成を顧客と約束することができる。プロミスが果たされれば，顧客満足は充足され，企業は「顧客の精神のシェア（share of the customers heart and mind）」を獲得できる。だが，反対に企業側の過失によってプロミスが未達成あるいは失敗に終わってしまった場合，顧客はひょっとすると企業から騙されたと感じ，ネガティブな口コミを広めるかもしれない。だが，顧客自身も価値創造の一要素であり，自ら

も役割責任を背負い行動することが求められる。サービスの利用規則等によって顧客行動をある程度はコントロールできるが，両者はプロミスの内容をしっかりと確認したうえでパートナーとして認識しあい，必要十分なコミュニケーションをとり，協働していくことが望ましい。すなわち，両者はプロミスをつうじて価値の共創関係を結んでいるのだ。いうまでもなく，ビジネスやオファリングの性質によって，顧客と企業との適切な関係性は異なる。

5. 価値共創のマネジメント

　サービス・マネジメントとは，企業が顧客の消費プロセスにリレーションシップ・マーケティング及びインタラクティブ・マーケティングを擁して介入していくためのガイドラインであり，プロミスの実現と達成を目指すマネジメントに寄与する。北欧学派がＳロジックの柱とする価値共創とは，顧客の欲し求める期待価値（プロミス）の充足をサービス・プロセスにおいて提供者と受け手ならびに種々の資源やその他の関係者を含む相互作用をつうじて形成していく人為的協働現象と捉えられる。

5-1　価値と品質の概念的連関

　サービスとは，顧客の日常的な活動やプロセスに価値創造しうる方法をもっておこなわれる人為的行動であり，製造業にとってはサプライヤーやネットワークパートナーと共に顧客の価値生産プロセスに役立つオファリングを開発し実行することを意味する（Grönroos [2007b]）。ゆえに，サービスは価値創造のパースペクティブとなる（Edvardsson, Gustafsson & Roos [2005]）。

　「価値」とは曖昧だが，シンプルかつ現実的に捉えると "Being better off（より良くなること）" と表現される（Grönroos [2015]）。伝統的なマーケティング研究の観点から捉えられてきた価値の概念は「グッズ・ロジック（goods logic）」に従っている。その名が示すとおり，生産物そのものに価値が内在するという見解を持ち，商品との引き換えに顧客に請求される価額が

その価値として評価される。この論理による価値概念は「交換価値（value-in-exchange）」と呼ばれる。それに対して，北欧学派は，企業の中核的な市場提供物が何であれ，顧客がそのオファリングを利用することによって事前の期待に見合った価値を創造し獲得していくといった論理に則る。この考えに則った価値概念を「利用価値（value-in-use）」と呼ぶ。

　価値は，受け手によって主観的に認識され評価される。企業側の諸活動を主体としたバリューチェーンの概念は，顧客側の役割行動と価値認識を軽視する。「より良くなること」は，事前の期待と事後の経験といった時系列を追って顧客が知覚するのであるから，そのプロセスにおける顧客の存在と役割行動は提供者によってサポートされなければならない。その際のクオリティマネジメントの重要性も無視できない。一般的に，価値認識には商品の価額に見合った品質が保証されているか否かが影響を与えるが，それはサービスの品質評価にも基本的には当てはまる。だが，サービスの場合，無形性や不可逆性といった特性のために，グッズと同じように諸元等の数値データや材質表示を企業側が客観的な品質指標として消費者に示すことは難しい。サービス利用の対価は顧客にとって，その購入を決める数少ない品質の手がかりとして機能する。また，その他の手がかりとして知人やインターネットの口コミや企業情報，過去の同様の（あるいは比較可能な）サービスの利用経験がある。これらは市場や顧客にとっての「期待品質（expected quality）」を形成する。期待品質の向上には，伝統的なマーケティング・アプローチが有効とされる。企業は，顧客に対して提供サービスから得られる価値についてプロミスを示す。プロミスの内容によって形成された期待品質は，事後に「経験品質（experienced quality）」と比較され，もしその経験した内容が顧客にとって期待よりも低く評価されると，プロミスの違反とみなされる。当然，その場合の顧客価値も充足されない。経験品質に自信がなければ，誇大広告は控えた方が賢明である。

5-2　価値共創のプロセス

　価値共創の議論は，Vargo & Lusch［2004］が「サービス・ドミナント・ロジック（service-dominant logic；S-D ロジック）」を発表してから，サー

ビス研究に革新的なトピックをもたらしたが，彼らの主張は北欧学派の思想（S ロジック）に少なからず影響を受けているものの，両者の論調は異なる。Strandvik［2013］によると，S ロジックは主にマネジャーの観点から顧客マネジメントの成功に注目しているが，S-D ロジックは企業経営におけるマネジメントの問題にではなく，その観点は集合体及び社会システムへの関心に向けられる。つまり，S-D ロジックは主としてシステム中心的なロジックであるのに対して，S ロジックはマネジメント・ロジックなのである。両者のロジックはそれぞれに価値共創にアプローチしているものの，論点が異なる。図表 4 - 4 は，サービス研究に関係する各学派の思想の特徴を明示したものである。北欧学派の中でも Grönroos の研究は，アクターの関係性と相互作用をサービス・マネジメントの範囲として扱う。他方の S-D ロジックは IMP の思想に近く，アクターの価値共創のための相互作用について体系的な観点からアプローチしている。

　Grönroos［2015］は，マネジメントの観点から価値創造プロセスを観察する際，価値創造プロセス全体において“サービス提供者が為すこと”と

図表 4 - 4　サービスの研究とマネジメントの各学派の思想

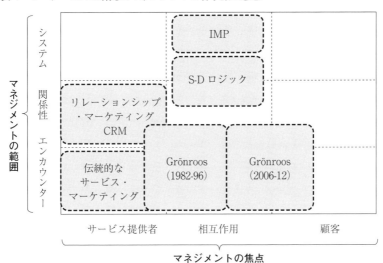

出所：Strandvik［2013］p. xxiii より筆者作成

図表4-5　価値発生プロセス：Sロジックによる価値の創造と共創

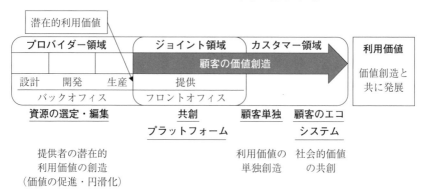

出所：Grönroos & Voima［2013］p. 136より筆者作成

　"顧客が為すこと"を明確に定義づけることの重要性を説き，Normann & Ramirez［1993］やVargo & Lusch［2004］の顧客と企業を常に価値の共同創造者として捉える見方を批判している。すなわち，企業と顧客は価値創造に関して常に協働関係にあるのではなく，図表4-5にあるように，当事者間の直接的な相互作用が生じる共創プラットフォーム上で価値共創プロセスが発生する。このとき顧客は価値創造の責任者となり，提供者は共創者としてプロセス参加を認められる。さらに，顧客はカスタマー領域にて利用価値の単独創造をおこない，ときにエコシステムをつうじてCtoCの関係性の中で社会的価値を共創する。その一方で企業は，プロバイダー領域にて顧客価値の創造をサポートする組織体制を整え，潜在的利用価値を内在するサービス・オファリングを開発及び調整し，ジョイント領域での包括的な価値共創サポートに備える。利用価値発生に到達するこの一連のプロセスを「価値領域（value sphere）」という。

6. おわりに

　本章は，Grönroosの思想とSロジックにもとづき，サービス・マネジメントへの北欧学派的アプローチについて概説した。彼らの捉えるサービス・

マネジメントとは，「的確に表現された概念ではないが（中略），サービス競争に直面した企業が持続的な競争優位を達成するために顧客との関係性の中でサービス要素を理解し，マネジメントするためのパースペクティブ（Grönroos［1994c］p. 5）」であり，すなわちそれは顧客との関係性をマネジメントするためのマネジメント哲学である（Grönroos［2015］）。

　北欧学派の思想には「関係性（relationship）」が中核的な観念として常にみられ，リレーションシップ・マーケティング・アプローチが研究フレームワークの一基盤として重視される（第7章）。その範囲は顧客や市場，取引先のみならず従業員や社会との関係性のマネジメントにまで展開されており，実際に顧客との価値共創関係を構築したり促進するには，さらにインタラクティブ・マーケティング・アプローチが有効となる。

　サービス競争下にある現代企業の多くは，包括的なサービス・オファリングを開発し，豊かな「真実の瞬間（moment of truth；Carlzon［1985］）」の経験の提供をつうじて顧客価値を高めていくことも大きな課題となる。また，顧客価値を向上しうる高品質のサービスには，従業員の高いモチベーションやスキルが求められるので，彼らを顧客志向的な行動へと動機づけるためのインターナル・マーケティング・アプローチが必要となる（第8章）。そして，そのマネジメント・アプローチが適切に実践されていくことによって，サービス文化が醸成され，その組織文化はメンバーにとっての顧客志向的な行動規範として浸透し，有効性と能率の高い組織と価値共創プロセスの実現可能性を高めるだろう。また，インターナル・マーケティングは職場環境整備に寄与する点において，従業員の組織コミットメントを強化することにも期待できる。

　近年，日本の企業経営においてもS-Dロジックをはじめとする価値共創の事例の報告やサービス・ビジネス化の議論が取り沙汰されて久しいが，Grönroos［2015］は「S-Dロジックは社会レベルのシステミック・アプローチであるがゆえに，価値共創について抽象的な議論に陥ってしまい，マネジメントの実践に適用しづらい（p. 14）」と批判している。しかしながら，実際の企業はオープンシステムであるために，市場や経済等の社会システムや国や世界が定める法制度や政策から対外的な影響を受ける。つまり，

Simon［1997］が述べるように，企業は環境における限定合理性のもとに意思決定をしながら，経営していかなければならない。北欧学派のSロジックはサービスという現象，すなわち価値創造のための相互作用プロセスのマネジメントに焦点をあてている。しかしながら，その現象は人為的・社会的・経済的なものであるから，当然ながら種々の制約を受けるにもかかわらず，Sロジックはその側面には言及していない。例えば，我々の身近にあるサービスの1つである医療サービスは，国の医療計画（政策）や医療法あるいは保険制度が制度的制約として医療提供者の意思決定に影響（制限）する。その制度が医療の質や平等性を向上あるいは保証する管理的側面もあるが，より先進的あるいは効果的な患者個人のニーズにマッチした医療提供の制約になっている面も無視できない。そのような制度的制約の影響を受ける代表的な事例として，第10章では日本の医療サービスに焦点をあて，大局的なロジックの必要性について論じる。

注
（1）Grönroos［2007b］は，企業におけるビジネス（製造業やサービス業の区別なく）のサービス化を進めることを"servicizing"と独自表現している。また，彼は皮肉にも製造業化が進むサービス企業に対してもサービス・ビジネス化の必要性を指摘している。

（蒲生　智哉）

第5章

サービス・ロジック

1. はじめに

　Grönroos が2006年に *Marketing Theory* 誌で "Adopting a Service Logic for Marketing" と題する論文を発表したことはSロジックを前面に出した議論の嚆矢になる。一方で，北欧学派の研究の中で，Sロジックの中心的考え方や概念についての議論は決して新しいものではない[1]。初期の研究は1980年代に遡ることができる（Strandvik［2013］）。1980年代から，顧客接点や企業―顧客間の相互作用の重要性が実務的に示されているにもかかわらず，マーケティング研究ではそれらを対象にしていなかった。このことを問題意識とし，新しいものに挑戦する精神に富む Grönroos は，企業と顧客の相互作用を基盤としてマーケティング理論の再構築を試み始めた。20年間余りをかけて蓄積されてきたサービス研究の知見を凝縮したのは2006年からスタートしたSロジックに関する一連の研究であるといっても過言ではない。

　2006年をスタートラインとして，Sロジックは新しい発展段階に入っている。その切っ掛けは，2004年に S-D ロジックが提唱されたことである（Vargo and Lusch［2004］）。S-D ロジックはグッズを中心とする研究の主流をサービスに転換させようとする画期的な議論であると評価されている。S-D ロジックを肯定的に捉え，その議論の推進に貢献しようとする Gummesson とは対照的に，Grönroos は S-D ロジックを批判的に捉え，北欧学派のサービス研究の独自性とマーケティング理論と実践への意義を強調し続けている。Grönroos［2006b］によると，1977年から S-D ロジックが提唱された2004年までの間，北欧学派のサービス・マーケティング研究とリレーションシップ研究では，サービス中心のコンセプトはすでに開発され，マーケティングの主流を転換させるサービスのロジックの可能性がずっと議論されてき

た（p. 317）。彼はこれらの研究成果の本質を整理し，S-Dロジックとの共通点と相違点を議論しながら，北欧学派のSロジックを提唱した。Sロジックは企業が顧客の価値創造を支援するプロセスを促進することを意味する（Grönroos [2006b]）。具体的には，3つの側面の意味がある。まず，Sロジックのもとで企業マーケティングのゴールは顧客の価値創造を支援することである。また，顧客の価値創造を支援するプロセスには様々なリソースの提供が伴っており，それらのリソースはサービスプロセスに埋め込まれている。そして，企業の役割はそのプロセスを促進することである。サービスは顧客の価値創造を支援するプロセスと定義されている。この意味で，Sロジックはサービスの実行方法の基盤的ロジック（考え方）と言い換えることができる。このようなSロジックは北欧学派のサービス研究の知見をすべてのビジネスに適用しようとするものである。集合的・システム的な視点に関心があるS-Dロジックとは異なり，Sロジックはマネジリアルなロジックであり，ビジネスに対する新しい戦略的思考法及び新しい運用的思考法であると主張される（Grönroos [2006b]；Grönroos and Voima [2013]；Strobacka [2013]）。このことは実践と理論の連結を重視してきた北欧学派の精神と一貫していると考えられる。このような背景で，2006年からのSロジックに関する研究はかなりS-Dロジックを意識しており，S-Dロジックとの相違点を見極めながら，自らの特徴を強調する点が印象的である。

　本章では，Sロジックは北欧学派のサービス・マーケティングとリレーションシップ・マーケティングからどのような影響を受けているかを検討する[2]。次に，Sロジックの基本的考え方を整理する。そして，Grönroosの議論が中心に形成しているSロジックの考え方はその後どのように発展していったかをレビューし，これからの研究課題を示す。

2. サービス・ロジックと北欧学派のサービス研究の接続

　北欧学派はサービス研究から発足したが，サービス・マーケティングの研究は当初から関係性を重視する伝統がある。故に，サービス・マーケティング研究とリレーションシップ・マーケティング研究では共通の関心とコンセ

プトが複数ある。本節では，Ｓロジックとそれらの研究の関係について整理
する。

2-1　サービス・マーケティングとの関連

　Ｓロジックとサービス・マーケティングの共通項は「プロセス」と「相互
作用」である。

　第２章ですでに述べたように，北欧学派のサービス・マーケティング研究
はサービス自体を研究対象としてきたため，有形のグッズとの比較を課題と
して取り上げていない。従って，無形性より，サービスにおけるプロセスの
本質を重視してきた（Grönroos［1978］；Gummesson［1979］）。サービスに
は生産と消費が同時に進行するプロセスの部分があり，サービス消費はプロ
セスの消費であり，そのプロセスが企業と顧客にとって開放的である（Grön-
roos［1998］；［2006b］；Grönroos［2008］；Grönroos and Voima［2013］）。
消費プロセスはマーケティングの効果を測るための対象領域であり，従来か
らサービス・マーケティングの研究対象である。Ｓロジックはサービスのプ
ロセスの本質から，マーケティング研究の範囲を消費プロセスに拡張してい
こうとしている。また，企業にとって，サービスのプロセスにおけるすべて
の要素が管理対象となることが強調され，プロセスの中で提供されるグッズ
に関する議論が展開されている（Grönroos［1998］）。そこから，北欧学派
のサービス・マーケティング研究は提供物としてのサービス要素に制限され
ていないことが窺える。このことは，その後，Ｓロジックの議論に発展して
いった重要な動因になると考えられる。

　Ｓロジックの思考ルーツとなる最初の論文では，サービス提供者と顧客の
相互作用の存在とその重要性を強調している（Grönroos［1982a］）。相互作
用はサービスの重要な側面であり，Ｓロジックの中心的概念の１つでもあ
る。サービスプロセスの中で生産と消費が同時進行する部分があり，そこに
は企業と顧客が相互作用をおこなう。相互作用はサービス業以外の企業に，
消費プロセスに直接的，積極的に入り込む可能性を示している。新しいマー
ケティング理論を構築する際に，相互作用のコンセプトを導入する必要があ
ると主張される（Grönroos［2007a］）。また，顧客の消費プロセスに影響を

与えるための唯一のプラットフォームは相互作用の存在であると明確に示されている（Grönroos and Strandvik［2008］）。この認識はSロジックのキーコンセプトである価値共創の捉え方の基盤になる。

2-2　リレーションシップ・マーケティングとの関連

　1980年代後半から1990年代にかけて，北欧学派は企業と顧客の関係性に研究の焦点をあてている。繰り返し購買を重視する一連の研究とは異なり，相互作用をリレーションシップ・マーケティングの基本的構成要素として位置づけ，相互作用をマネジメントできれば関係性が構築できると主張されている（Gummesson［2002］；Lovelock and Gummesson［2004］）。サービス・マーケティングは相互作用を特定の時間と空間においておこなわれるものとして捉えてきたが，関係性を重視する議論では，それを連続的なプロセスの中で経時的に捉えている（Ravald and Grönroos［1996］）。これらの知見を継承したSロジックの議論は顧客の価値創造プロセスを捉える時間軸を広げ，その中で企業が連続に影響を与えることができると主張している。企業と顧客の接点が増えている中で，企業は販売を最終目標にするのではなく，販売後においても顧客と相互作用することを求めるようになる。販売時点及び消費プロセスの最初段階には，企業と顧客の関係性が顕在化されておらず，それがその後の消費プロセスの段階につながり，継続的な接点の構築に貢献する場合，企業と顧客には真の関係性を築くことができる（Grönroos［2007a］）。それが顧客との関係構築には，交換という行為は最重要ではないことを意味している。その結果，交換を達成させることではなく，常に顧客のプロセスに関心を持ち，価値創造を支援するためのマーケティングを企業に考えさせ，Sロジックにおける顧客中心の本質の確立につながっていく。

3.　サービス・ロジックの基本的考え方

　Grönroos［2008］は，北欧学派のサービス・マーケティングとリレーションシップ・マーケティングの知見をベースに，Sロジックの本質を顧客視点とプロバイダー視点の2つの側面に要約している。

（1）顧客は日常のプラクティスにおいて，企業によって提供されるリソースと他のリソースを利用し，自らのスキルを適用することで，自らの価値を創造する（顧客サービス・ロジック）。

（2）グッズとサービスの利用において，顧客とインタラクティブな接点をつくることで，企業は顧客と一緒に顧客のための価値を共創する機会を開発することができる（プロバイダー・サービス・ロジック）。

　すなわち，Sロジックは多次元の性質を持つ。この考え方を具体的にビジネスレベルに落とす場合，顧客とプロバイダーである企業は少なくとも部分的に異なる目的を持つ主体であることを認識する必要がある（Grönroos [2011]）。本節では Grönroos の議論を中心とした研究論文10本を中心にレビューし，Sロジックにおける2つの本質の含意を整理する[3]。

3-1　顧客サービス・ロジック

　顧客サービス・ロジックは顧客の視点からみた価値創造のロジックである。北欧学派における顧客中心の思想が浸透されている。顧客は企業の提供物であるグッズあるいはサービス活動自身に主な関心を持っていない。彼らの関心はそれらの提供物をいかに自身の価値創造に利用できるかにある（Grönroos [2008]）。顧客にとって，グッズあるいはサービス活動が役に立つ場合のみ，価値がある。Grönroos は1996年から価値についてのより深い理解を目指し，価値が誰によって，いかに創造されるのかについて探求してきた（Barnes [2013]）。

（1）価値が誰によって創造されるのか

　価値の定義と捉え方はSロジックの基盤となる最初の論題である。Grönroos は顧客の価値を「セルフサービス（料理や ATM の利用）もしくはフルサービス（レストランでの食事，窓口での現金引き出し）の後に，顧客が以前よりも良いと感じること」と定義している（Grönroos [2008] p. 303）。このような価値は利用価値（value-in-use）と定義され，伝統的マーケティングの交換価値（value-in-exchange）の概念と対照的である。

　交換価値の概念において，価値は製品のデザイン・生産プロセスで企業に

よって決定され，製品に埋め込まれて交換を通して顧客にデリバリーするものである。交換価値を基盤とするグッズ中心の伝統的マーケティング研究はグッズの生産に焦点をあて，販売の消費プロセスに関心を持たない。しかしながら，顧客はどのようにグッズから価値を掴むかについて，交換価値のコンセプトはマーケティング理論を間違った方向に導く。この問題はマクロ経済からミクロ経済に転換する際，またマネジメントマーケティングがそれを援用した際に生じたと指摘される（Vargo and Lusch［2004］；Grönroos［2008］；Grönroos［2011］）。

　Ｓロジックでは，利用価値のコンセプトを用いて，それを 1 つの行為者が自らの価値創造プロセスにおいて様々なリソースを統合しながら創造されるものとして規定している。リソース（グッズ，サービス活動，情報等）が使用（利用）されるまで，利用価値が存在しない（Grönroos［2008］；Grönroos［2011］；Grönroos and Voima［2013］）。利用価値は，①顧客が価値の唯一の判断・創造者であること，②行動としての使用が必須条件であること，③企業と顧客（生産と消費）の役割が異なること（生産は潜在的価値の生成であり，消費は本当の価値の生成）を強調している（Gummesson［2007］；Grönroos［2011］）。

　Ｓロジックと同様に交換価値を批判する S-D ロジックでは，文脈価値（value-in-context）を提唱しており，顧客による価値判断が様々な文脈の中でおこなわれると主張される（Vargo and Lusch［2008］）。マーケティング研究における交換価値の概念を批判し，顧客が判断する価値をベースして議論することは，ＳロジックとS-D ロジックの共通点である。しかし，S-D ロジックの議論では文脈価値を交換価値の上位概念として位置づけ，交換価値は文脈価値に包含されると主張している。これに対して，Ｓロジックでは，使用価値と交換価値が二者択一の関係にあると指摘される。

　また，Ｓロジックの議論では，顧客が価値を創造する「行為」「行動」を重視している。文脈価値の概念が静態的であり，価値創造のダイナミックの本質を適切に説明できない限界があると批判的に捉えている（Grönroos and Ravald［2011］）。使用を通じた価値創造は文脈の影響を受けるという認識は勿論必要であるが，Ｓロジックでは価値について文脈より利用を重要視し

ている。

（2）価値がいかに創造されるのか

　Ｓロジックにおいて，顧客は唯一の価値創造者（value creator）である。顧客はいかに価値創造するかについては，Grönroos は次のように述べている。価値は顧客の日常の活動とプロセス，あるいは価値創造プロセス（例えば，顧客は購入したグッズを利用する）において創造される（Grönroos [2007b]）。この考え方の発展として，Grönroos and Voima（2013）は価値を３つの領域に分けて整理している。その中で，顧客の価値創造はジョイント領域と顧客領域においておこなわれるとしている。顧客領域はさらに企業がかかわる部分とかかわらない部分に分類することができる。これらの考え方にもとづいて，顧客の価値生成・創造領域を図表5-1のように，３つの部分に分けて整理している。

　ジョイント領域において，顧客は企業（プロバイダー）を自らの価値創造プロセスに取り込み，直接的な相互作用をおこなう。直接的な相互作用が価値創造にポジティブな影響を与え，企業（プロバイダー）と顧客が価値共創をおこなう（Grönroos and Voima [2013] p. 141）。一方で，企業と顧客の

図表5-1　顧客の価値生成・創造領域の構成

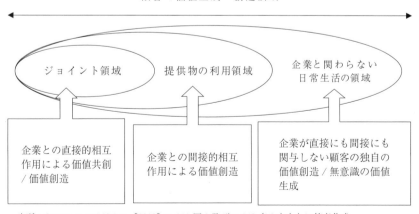

顧客の価値生成・創造領域

ジョイント領域

提供物の利用領域

企業と関わらない
日常生活の領域

企業との直接的相互
作用による価値共創
／価値創造

企業との間接的相互
作用による価値創造

企業が直接にも間接にも
関与しない顧客の独自の
価値創造／無意識の価値
生成

出所：Grönroos and Voima [2013] p. 141 図 3 及び p. 143 表 2 をもとに筆者作成

直接的な相互作用が価値共創の唯一の条件ではない。直接的な相互作用は顧客の価値創造に影響しない場合，ジョイント領域は価値共創がおこなわれない。さらに，直接的な相互作用が顧客の価値創造にネガティブな影響を与える際に価値が破壊される。ここでいう価値破壊は，顧客が価値を創造するプロセスの中で，リソースとしてのグッズやサービス活動がうまく機能しない場合，または企業が顧客の価値創造をポジティブな方向に導くことができなかった場合，価値創造のプロセスが中断されることを意味する。なお，顧客の価値創造に影響しない，あるいはネガティブな影響を与える相互作用は価値創造プロセスに含まない。

　提供物の利用領域において，顧客は企業（プロバイダー）の提供物のアウトプットを利用することで，企業（プロバイダー）が直接に関与しない形で価値を創造する。この領域は時間的にジョイント領域の後に存在する場合，顧客は企業との直接的な相互作用の結果をリソースとして利用して価値創造をおこなう。例えば，購入した洋服を着用した時に，購買時点に従業員が提供してくれた情報を活用すること，あるいはテーマパークから帰ってからパーク内で従業員との楽しい会話を思い出すことで，顧客がジョイント領域のアウトプットを利用して価値創造をおこなう。そして，提供物の利用領域はジョイント領域と時間的関連性がない可能性もある。

　企業とかかわらない日常生活の領域においては，顧客は企業（プロバイダー）と関係しない他のアクターのリソースを利用して価値を創造する（Grönroos and Voima［2013］pp. 142-144）。又は顧客自身さえ意識していないうちに価値が生成されることもある（Grönroos and Ravald［2011］；Grönroos［2011］）。特に2010年代の議論では，価値創造の範囲をもっと顧客の日常生活に接近して検討されている。企業は，グッズやサービス活動を利用する顧客の日常のプラクティスと価値生成プロセスを理解する必要がある（Grönroos［2008］）。このことはマーケティングの課題となり，第2項で述べるSロジックのもう1つの側面につながっている。

3-2　プロバイダー・サービス・ロジック

　プロバイダー・サービス・ロジックはビジネスとしてのロジックであり，

企業が顧客の日常のプラクティスにおける価値創造をサポートするために相互作用的なプロセスを促進することを意味している（Grönroos［2008］）。すなわち，顧客の価値創造プロセスを理解した上で，それに沿ってマーケティング活動を考案し実行する。文献レビューの結果，顧客中心の考え方と企業の能動性の強調がその特徴であることがわかった。本項では，図表5-1で示している顧客の価値生成・創造の3つの領域にGrönroos and Voima（2013）が定義したプロバイダー領域に対応して，Sロジックにもとづく企業（プロバイダー）がおこなうべきマーケティング活動を整理する。

プロバイダー領域においては，企業は顧客が価値創造プロセスで使用するリソース（グッズ，サービス活動，情報など）を用意することで価値創造を促進する。企業がコントロールする領域であるため，潜在的な価値（価値のプロミス）しか存在しない。この領域において，企業は顧客の日常のプラクティスに向けて新しいグッズやサービス活動とその提供方法を開発するマーケティングを展開すべきである（Grönroos［2008］；Grönroos and Voima［2013］；Grönroos and Gummerus［2014］）。

図表5-1に示されているジョイント領域において，顧客との直接的相互作用の質を高め，確実に価値共創を実現させるマーケティング活動をおこなう必要がある（Grönroos［2001］；Grönroos and Voima［2013］）。この際に，インタラクティブ・マーケティングやインターナル・マーケティングが重要な役割を果たす（Grönroos［2006b］；［2001］等）。質の高い直接的相互作用の副次的効果として，その後の提供物の利用領域（企業との直接的相互作用がない顧客の独自の価値創造領域）における使用価値の創造にポジティブな影響を与えることが挙げられる。なぜならば，サービスの文脈において，直接的相互作用が終わった後も，顧客がその結果をリソースとして価値創造プロセスに活用するからである（Grönroos and Voima［2013］）。ジョイント領域の効果的なマーケティング活動によって，企業は価値提案しかできない（Vargo and Lusch［2004］）ではなく，顧客の価値創造に直接に影響を与えることができる（価値共創）（Grönroos［2008］）。

提供物の利用領域では，企業はマーケティング努力によって，顧客と直接的な接点を構築することで直接的相互作用の可能性を創出することができる

(Grönroos［2008］；［2011］；Grönroos and Voima［2013］；Grönroos and Gummerus［2014］)。これまでグッズ中心のマーケティングが対象にしてこなかった消費プロセスに入り込んで直接的・積極的に関与する可能性を示すことはSロジックとグッズ・ロジックの最大の違いである。こうすることで，企業と顧客の価値共創のプラットフォームであるジョイント領域は拡大できる。

　企業と関わらない日常生活においては，基本的にマーケティング活動の展開が難しい。しかし，顧客を理解する範囲をこれまで企業が注目してこなかったプロセスに広げることが，顧客の価値創造をサポートするためのマーケティング活動の創出に有益の知見を与えることができる。このことについての北欧学派の他の研究者による発展的な議論を次の節でレビューする。

　企業にとって，Sロジックは企業の戦略的選択の問題である。Sロジックを企業のビジネスに導入するかどうかを判断する際に，最も重要なことは顧客を中心にして考えることである。顧客の価値創造プロセスにおいて，グッズの利用が十分である場合（企業に求めているのはグッズだけの場合），企業は伝統的なマーケティン活動を展開するのは適切であると主張される（Grönroos［2007a］；［2008］)。顧客の価値創造プロセスにもとづいてマーケティングを定義，展開することはSロジックの本質であると思われる。

　現実的に，情報技術の発展につれて，グッズ中心のマーケティングにおいても，サービスの特徴が表われており，企業と顧客の接点が増えているグッズ・ロジックは有益かつ十分機能できるガイドラインを提供できるとはいえない。これがグッズロジックと比較して，Sロジックが伝統的なグッズを中心とするビジネスに対して，より有用な知見を与えられる1つの理由である（Grönroos［2006b］)。Sロジックは今日のほとんどの製造業の文脈にも適応することができ，基盤ロジックとして確立する妥当性が十分あるとGrönroosが主張している。

4.　サービス・ロジック議論の発展

　Grönroos自身は理論研究を中心に研究を従事してきた。2006年からのS

ロジックの議論においてもマーケティング理論の再構築を目指して理論的な検討をおこなってきた。近年，Ｓロジックを様々な文脈に適用する論文が発表され，彼が意気投合した研究仲間や彼の研究の影響を強く受けている若手研究者が，Ｓロジックの議論を発展させている。

4-1　様々な文脈への適用

　Grönroos and Helle［2010］はＳロジックを製造業の BtoB 関係に適用する議論をおこなっている。彼らによると，BtoB 関係において，サプライヤーにとって，Ｓロジックを採用することは顧客企業のプラクティスに向けて自らの活動とプロセスを調節することを意味する。顧客企業の生産にグッズや技術など必要なリソースの影響だけでなく，関連するプロセスに対する包括的なサポートを提供することで，サプライヤーと顧客企業の双方は経済的利益を獲得することができる。そこで，共同の生産プロセスから生まれた金銭的利益の分配モデルを提示し，企業の財務データを用いてモデルの有効性を検証した。Grönroos and Helle［2010］の議論では，価値をサプライヤー及び顧客企業両方のものとして捉えており，BtoC の文脈とは大きく異なる。しかし，BtoB 文脈においてＳロジックの考え方を取り入れたサプライヤーと顧客企業は様々なベネフィットが得られることを実データで証明できており，産業財の議論に新しい視点を提示している。

　また，Davey and Grönroos［2019］はＳロジックの視点から専門知識の非対称性とリスクが高いヘルスケア・サービスについて議論し，サービス提供者と患者の補完的リテラシーは資源統合と価値共創の基盤であると主張している。彼らは57名の行為者（うち患者41名，サービス提供者11名）を対象に深層インタビュー調査をおこない，反復的解釈アプローチ（iterative hermeneutic approach）を用いてデータ分析をおこなった。その結果にもとづき，彼らは以下のことを結論づけた。サービス提供者が顧客の価値創造を適切にサポートする能力はサービス産出物に影響する。そのため，個々の患者のリソースと資源統合プラクティスについての洞察が必要不可欠である。また，患者はリソースを取得するだけではなく，リソースを転換して自身の日常のヘルス意思決定に活用し，価値共創の関係性における行為者の役割を動

態的に捉える。双方にとって，行為者のサービスリテラシーを補完するための共創プラクティスが必要である。これは，図表 5 - 1 で示しているジョイント領域における直接的な相互作用に関する詳しい議論である。

　そして，直近の研究成果として，Grönroos［2019］は S ロジックを公共サービスマネジメントに適用することを試みた。彼は高品質の公共サービスの提供には，民営化が唯一の選択肢ではないと主張した。また，彼はサービスマネジメントや S ロジックにもとづいて，PSO（Public Service Organization, 公共サービス組織）がサービス利用者中心，サービス中心の組織になるためのいくつかの提案をした。S ロジックの考え方で，公共サービスの文脈におけるサービスを「助ける（to help）」と定義しており，PSO はサービス利用者の目的達成に向けて，すべてのリソース，プロセス，コンピタンスを用いて，サービス利用者のプロセスをサポートする必要があると指摘される。

4-2　顧客視点の深化と発展

　顧客の価値創造プロセスを理解するための研究としては，Grönroos がいう「顧客の日常のプラクティス」をどの範囲で捉えるかについて様々な発展的議論がおこなわれている。代表的な議論としては，カスタマー・ドミナント・ロジック（C-D ロジック，Heinonen et al.［2010］）と生活世界における顧客経験の解明（Helkkula et al.［2012］）が挙げられる。

　C-D ロジックの議論では，顧客の価値創造の範囲を顧客の生活全般に拡張して捉えるべきであると主張される。Heinonen らによると，企業にとって，顧客がいかに企業の提供物を自らの活動システムに統合するかを理解する必要がある。それ故，提供物ではなく，顧客を分析の中心におくべきであり，顧客を理解するための時空間を過去，将来，前の経験と後の経験に拡張して捉える必要があると主張される。

　Helkkula et al.［2012］は経験としての価値のシステマティックの特徴を強調し，顧客の生活世界（lifeworld）の文脈において顧客の経験を理解する必要があると主張している。彼女らによると，顧客の経験は個人的の経時的，反復的なプロセスであり，顧客の生活世界はサービス提供者の影響領域

よりはるかに広いのである。25名の顧客を対象に実施した深層インタビュー調査の結果にもとづき，価値は顧客自身の過去，現在の経験から生まれるだけではなく，他の人の経験にもとづいて架空的経験から生成する場合もあるとし，CtoC の相互作用の重要性を示している。

　また，使用価値のコンセプトに暗示されているように，S ロジックでは行動者としての顧客が重要視されている。顧客の行動側面に焦点をあてている北欧学派の若手研究者は S ロジックの影響を強く受け，カスタマープラクティス（Kokman ［2006］）とカスタマーアクティビティ（Mickelsson ［2013］［2014］）の概念を提示している。前者では，行動の主体である顧客を強調しており，価値は顧客の日常的なプラクティスに埋め込まれていると主張していることに対して，後者は価値創造者としての顧客の役割にフォーカスし，価値創造を目的とする顧客の行動を検討している。特に，カスタマーアクティビティの研究では，特定の企業と関連する CA のモデルと企業と関連しない CA モデルに分けて理論構築を進めており，マネジリアルレベルの実証研究に落とし込むために有用な分析視点を提供している。

　これらの研究の共通点は，顧客の価値創造プロセスを広く捉え，そこから得た知見をサービス提供に活用しようとすることである。

5. おわりに

　S ロジックの議論は企業と顧客の二者間関係に焦点をあてている。ロジックとしてのサービスの理論的検討とサービスの基盤でビジネスをおこなうための実務的な提案の両方が重視されている。前述したように，Grönroos 自身は理論研究を中心に従事してきたが，S ロジックの議論を発展される一連の研究では，実証研究が少なくない。複雑な顧客価値創造プロセスの解明を研究課題にしている研究は，ほとんど質的研究手法を採用している。具体的には，理論構築や精緻化を目的に，複数インタビュー調査のデータを解釈的アプローチで分析手法を用いている。

　一方で，S ロジックの議論はマーケティングのロジックとして，企業を対象とする実証研究はまだみあたらない状況にある。本書の第 2 部では，企業

を対象とする事例研究のアプローチでＳロジックの議論を発展させる試み
をおこなう。

注

（1）Ｓロジックの言葉を初めて用いたのは Normann［2001］である。彼は提供物（offer-
　　ing）の焦点をアウトプットから価値創造プロセスへとシフトする必要があると指摘
　　し，そのもとで企業がビジネスのロジックを変えなければならないと主張してい
　　る。Norman のＳロジックに関する議論は顧客の価値創造を起点にするというとこ
　　ろが Grönroos と一致しているが，価値創造における顧客の役割について彼と違う捉
　　え方をしている。Normann の考えでは，顧客が企業の価値提案を利用し自らの価値
　　を企業と共創する場合に限って価値が生成する（Normann and Ramirez［1993］）。
　　一方で，Grönroos は企業とかかわらなくても顧客が独自に価値創造することができ
　　ると主張する。Normann は2003年に逝去されており，本章は，Grönroos を代表と
　　するＳロジックの研究を中心に議論を展開する。

（2）2007年に現代的マーケティングセオリーの再構築を目的とし，この時点まで Grön-
　　roos 自身の研究をまとめた論文集が出版された。この論文集は，3 部構成になって
　　おり，1 部と 2 部はそれぞれサービス・マーケティングとリレーションシップ・
　　マーケティングの代表的な論文を載せている。第 3 部では，以上の研究成果を踏ま
　　えた上でＳロジックの考え方を示している。ここから，Ｓロジックは北欧学派のＳ
　　マーケティング研究とリレーションシップ・マーケティング研究から強く影響を受
　　けていることがわかった。

（3）Ｓロジックに関するレビュー論文リスト（出版年代順）

　　Grönroos, C.［2006a］"What can a Service Logic Offer Marketing Theory?," in
　　　　Lusch, R. F. and Vargo, S. L.（eds.）, *Toward a Service-Dominant Logic of Mar-*
　　　　keting : Dialog, Debate, and Directions, M. E. Sharpe, New York, NY.

　　Grönroos, C.［2006b］"Adopting a Service Logic for Marketing," *Marketing Theo-*
　　　　ry, Vol. 6 No. 3, pp. 317-33.

　　Grönroos, C.［2007］"*Towards a Contemporary Marketing Theory*," in Grönroos
　　　　（2007）*In Search of a New Logic for Marketing : Foundations of Contemporary*
　　　　Theory, pp. 193-218, John Wiley & Sons Limited.

　　Grönroos, C.［2008］"Service Logic Revisited : Who Creates Value? And Who
　　　　Co-creates?," *European Business Review*, Vol. 20, No. 4, pp. 298-314.

　　Grönroos, C.［2011］"Value Co-creation in Service Logic : A Critical Analysis,"
　　　　Marketing Theory, Vol. 11 No. 3, pp. 279-301.

　　Grönroos, C. and Ravald, A.［2011］"Service as Business Logic : Implications for
　　　　Value Creation and Marketing," *Journal of Service Management*, Vol. 22, No. 1,
　　　　pp. 5-22.

　　Grönroos, C. and Voima, P.［2013］"Critical Service Logic : Making Sense of Value
　　　　Creation and Co-creation," *Journal of the Academy of Marketing Science*, Vol. 41,

No. 2, pp. 133-150.

Grönroos, C. and Gummerus, J. [2014] "The Service Revolution and its Marketing Implications : Service Logic vs Service-Dominant Logic," *Managing Service Quality*, Vol. 24, No 3 , pp206-229.

Grönroos, C., Strandivik, T., and Heinonen, K. [2015] "Value Co-Creation : Critical Reflections," in Gummerus, J., and von Loskull, C. (eds.) T*he Nordic School : Service Marketing and Management for the Future*, CERS Hanken School of Economics, pp. 69-81.

Grönroos, C. [2017] "On Value and Value Creation in Service : A Management Perspective," *Journal of Creating Value*, Vol. 3, No. 2, pp. 125-141.

（張 婧）

第**6**章

サービス・クオリティ

1. はじめに

　品質という言葉は，マーケティングの研究論文，専門書だけでなく，サービスをおこなっている実務でも使われることがよくある。製品のように実体があるものに関しては，製造過程を経た製品にどの程度のばらつきがあるのか，製品の精度がどの程度良いのかを議論することが多く見受けられる。サービスでも実務や一般の啓蒙書などでは，例えば，いつでも同じような質の高いサービスを提供しているか，提供する人によらずその質は安定しているか，細かいところまで行き届いているか，など様々な意味で用いられる。

　製品における定義をみると，「使用中の製品が顧客の期待を満たす程度を決定するエンジニアリングと製造の複合製品特性」（Feigenbaum［1961］，p. 13），「使用に対する適合性」（Juran［1973］，p. 6）といったように，顧客のニーズや使用にいかに合っているか，を問うものである。

　企業がマーケティングをおこなう際には，製品やサービスそのものよりもむしろ，顧客にどのように認識されているかが重要であり，顧客がそれをどう感じるのかが重要な議論となる。つまり，顧客が何を期待し，製品やサービスをどのように評価するかを理解することが重要となる。

　サービス品質について考えるならば，企業がそれを開発し競争力のあるものにするためには，まずサービス品質は顧客にどのように知覚されるのかを定義し，どのようにサービス品質は影響を受けるのか，サービス品質に影響を与えるリソースや活動はどのようなものかを決定する必要がある（Grönroos［1982b］）。

　本章では北欧学派がサービス品質をどのように捉えているかを明らかにし，製品品質との統合及び知覚品質と大きなかかわりを持つ，近年の期待マ

ネジメントの研究について述べる。最後にこれまでの研究を踏まえ，サービス品質研究における課題を明らかにする。

2. サービス品質とマーケティングにおける重要性

　サービスは製品と異なり，顧客が生産と消費のプロセスにリソースとして入り込む。従ってサービスエンカウンターで企業と顧客が接点を持ち，インタラクティブなプロセスが生まれる。このサービスエンカウンターにおいて顧客にネガティブな印象を与えると，多くの場合顧客はサービスに満足しない（Grönroos［1992］）。このサービス・エンカウンターは顧客との関係性を築く上で極めて重要なものであり，他の伝統的なマーケティングである，広告，宣伝などがいかにうまくいこうが，サービス・エンカウンターでの経験が良くないと顧客は戻ってこない。Grönroos［1992］は「顧客がサービス・エンカウンターをどのように知覚するか，言い換えればサービス・エンカウンターで提供されるサービス品質をどのように感じるかが決定的なマーケティングインパクトとなる」（p. 28）と指摘しており，顧客がサービス・エンカウンターでサービスをどのように知覚するかをサービス品質と定義している。

3. 知覚サービス品質

3-1　製品の期待と評価の概念

　Grönroos はサービス品質を考えるにあたり，製品に関する消費者行動論の議論を踏まえて，サービス品質はどのように知覚されるのかに関して理論構築をおこなっている。消費者行動論や心理学の分野では，製品を購入する際購入する製品を使う際の，つまり，将来のパフォーマンスに関する期待が形成される。そして，事前に抱いた期待に対して製品の品質が顧客によって比べられる（Swan and Comb［1976］）。期待と製品のパフォーマンスの評価に関しては非常に多くの実験的な研究がおこなわれている（Cardozo［1965］，Anderson［1973］，Olshavsky and Miller［1972］，Swan and

Comb［1976］，Oliver［1977］など）。顧客が製品に期待していたことより
も，実際にそのパフォーマンスが低ければ，顧客の満足度は低い（Cardozo
［1965］）。逆に顧客の期待に一致あるいは上回った時は，品質の評価は高く
なる。期待が同じであれば，製品のパフォーマンスが高い方が評価は高くな
る（Oliver［1977］）。このように製品の品質は製品そのもの良し悪しだけで
決定されるものではなく，顧客の期待が大きく左右する。エクスターナル・
マーケティングとして企業は顧客に向け，プロモーション活動をおこなう
が，そこでの誇大表現や逆に控えめに表現しすぎることも期待に影響を与え
（Anderson［1973］），同じ製品のパフォーマンスのものに対する評価は大き
く変わってくることが実験的に実証されている（Olashavsky and Miller
［1972］）。誇大広告により，実際に提供できるサービスよりも過剰な期待を
抱かせることは，顧客の評価を実際に下げることになる。

3-2　サービスの知覚品質

　上記の製品について顧客の期待と評価の研究を踏まえ，Grönroos［1982b］
はサービス品質に関して知覚品質という概念を用いている。サービスの知覚
品質とは，顧客のサービスに対する期待と顧客が受け取ったと知覚したサー
ビスを比較するという評価プロセスの結果である（図表 6-1）。BtoB の企
業において，うまくサービスを提供したことがある，あるいはサービスを提
供している企業は頻繁に，再購入してもらえる企業である（Johnston and
Bonama［1981］）という事実を踏まえて，Grönroos はこの知覚サービス品
質を重要なものと捉えている。

図表 6-1　知覚サービス品質

期待される
サービス

知覚サービス品質

知覚される
サービス

出典：Grönroos［1982b］p. 24

3-3　技術品質と機能品質

　サービス品質は顧客に知覚されたものであるという解釈であるが，企業から何を顧客が受け取ったのかは明らかにサービス品質に重要なものである（Grönroos［1982b］）。例えば，ホテルでは部屋やベッドが提供され一晩過ごすことができるし，レストランであれば料理が提供されお腹が満たされ，電車であれば動く電車に乗って移動でき，散髪屋では好みの髪型に整髪してもらえる。これらのことは，顧客がサービスをそもそも依頼する時の大きな目的であり，もしこれらのことが実現されなければ顧客は大きな不満を持つ。これらは技術品質と呼ばれ，かなり客観的に顧客に評価される（Grönroos［1982b］）。

　一方でこれらはサービスを提供する企業と顧客との相互作用によっておこなわれるため，企業の接点を担う従業員がどのように振る舞うかは重要なこととなる。レストランの接客担当や散髪屋の理容師などの振る舞いや服装，雰囲気など，接点を担う従業員に関することは顧客の評価に影響を与える。この品質は顧客がどのようにサービスを受け取るかにかかわるものであり，機能品質と呼ばれる（Grönroos［1982b］）。技術品質が客観的に評価されるのに対して，機能品質は顧客の主観によって評価される。顧客はどのようにサービスを受けるか，生産と消費のプロセスの同時性をどのように経験するかに影響されるため，この品質はプロセスの機能的品質あるいはプロセス品質とも呼ばれる（Grönroos［2001］）。

　技術品質に関しては，今日多くの企業で大きな差はなく，競争優位を築くことは難しく，そのため機能品質が他社に対する競争優位を左右する要素として非常に重要となる。物質的な製品の消費が結果消費と記述でき，サービスの消費はプロセス消費と特徴づけられる（Grönroos［1998］）といっているように，プロセスこそサービス業の本質であり，それが企業の競争力を決めてしまうといってもいい過ぎではないであろう。

　（Grönroos［1982b］）は実際にサービス企業への調査により，伝統的なマーケティングでおこなわれている広告やマスコミでの告知よりも，顧客との日々の接触の方が重要であり，企業イメージはその中で形成されるという認識を企業が持っていることを示している。この売り手と買い手の相互作用

図表 6 - 2　技術品質と機能品質

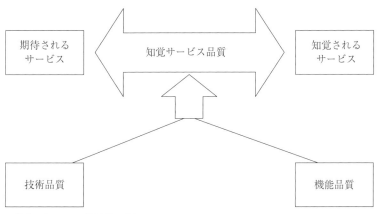

期待される
サービス

知覚サービス品質

知覚される
サービス

技術品質

機能品質

出典：Grönroos［1984］p. 24

　のマネジメントを，伝統的マーケティングの機能を補完するものとして，サービス企業のインタラクティブマーケティング機能と定義している（Grönroos［1978］）。

　以上の技術品質と機能品質の概念は，知覚品質の拠り所としていた製品の期待と知覚に取り上げられている製品の器械的なパフォーマンスと表現的パフォーマンス（Swan and Combs［1976］）をもとに，Grönroos［1982b］によってサービス品質でも同様な2つの品質概念として用いられている。製品における器械的パフォーマンスは満たされても顧客には当然と考えられ，満たされないと不満に感じられる。一方表現的パフォーマンスは満たされなくても不満は感じられず，満たされると満足を感じる。つまり，一軸上にあるのではなく，不満にかかわる要因としての機械的パフォーマンス，満足にかかわる表現的パフォーマンスの2次元の概念である。日本でも狩野他［1984］が魅力品質とあたり前品質として取り上げている。そして，サービス業において技術的品質は企業間であまり差はみられず，企業間の差を生み出すのは，機能的品質である。この点に関しては，Grönroos［1982］は調査により確認している。また，サービス企業の顧客は伝統的なマーケティング活動よりも，企業と顧客の相互作用のマネジメントを重要であると考えている。

3-4　企業イメージと知覚品質

　顧客が抱く企業イメージは，サービスを提供する企業にとってブランドの名前などと切り離すことはできないものであり，知覚サービス品質にとって非常に重要である（Grönroos［1982b］）。顧客は通常サービスを提供する企業に関するエクスターナル・マーケティングだけでなく，企業のサービスを受けるという経験を通しても，その企業のイメージを形成する。そして，技術品質やサービス品質を通して顧客の期待に影響を与える。これら2つの品質以外に，広告，宣伝活動，価格づけなどの伝統的なマーケティングと伝統，イデオロギー，口コミなどの外部要因に分けられる（図表6-3）。

　Grönroos が企業のイメージを品質概念に加えたのには理由がある。顧客はサービス企業と連続した接点を持つことが多く，過去の経験とサービス企業のすべての知覚をそれぞれに持ち込むため，サービス品質モデルにはダイナミックな側面が必要であると考えたからである（Grönroos［2001］）。技術的品質と機能的品質が静的であるのに対して，イメージの要素は動的な要素をモデルに加えることになる（Grönroos［1993］）。

図表6-3　知覚サービス品質と企業イメージ

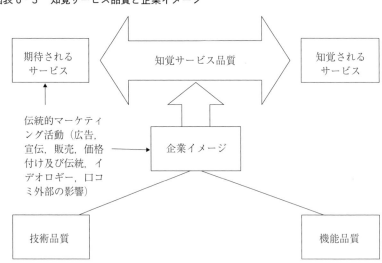

出典：Grönroos［1982b］p. 28

3-5　知覚品質のマネジメント

　以上の議論を踏まえると，知覚品質のマネジメントでは顧客が期待するサービスと知覚するサービスをできるだけ一致させる必要があり，それによって顧客は満足する（Grönroos [1982b]）。そのためには，まず伝統的マーケティングの活動や口コミ，伝統，イデオロギーといったプロミスは最終的に知覚されるサービスとかけ離れたものであってはならない。そして，技術品質と機能品質がどのように形成され，これらが顧客にどうやって知覚されるのかを理解する必要がある（図表6-4）。

　すでにサービス企業からサービスを提供されている顧客にとっては，伝統的マーケティングによるプロミスはあまり重要ではない。潜在顧客に対しては，この伝統的マーケティングのプロミスは大きな力を持っているが，口コミも重要なものとされ，多くのサービス企業が伝統的なマーケティング活動

図表6-4　知覚サービス品質のマネジメント

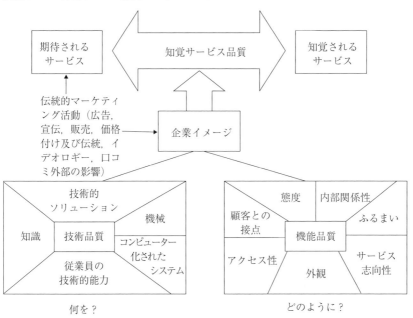

出典：Grönroos [1982b] p.35

よりも口コミのインパクトの方が大きいと考えている（Grönroos［1978］）。

4. 製品の品質との統合の試み

　Grönroos は Gummesson と共に，サービス業の品質と Gummesson の製造業アプローチの品質の統合を試みている（Gummesson and Grönroos ［1988］）。

4-1　Gummesson の製造業からの4Qモデル

　製造業において顧客が認識する品質は設計品質，製造品質，納入品質，関係性品質の4つからなる（Gummesson and Grönroos［1988］）。

　設計品質には製品やシステムが，顧客が必要とする機能を実行するように設計されており，信頼性があり，壊れず，維持が容易であることが含まれる。ここには製造業の設計者だけでなく，マーケティング部門においても正しい顧客のニーズにもとづく正しい仕様，市場の苦情のフィードバックなどが設計品質とかかわっており，アフターサービスでの修理やメンテナンスな

図表6-5　Gummesson の4Qモデル

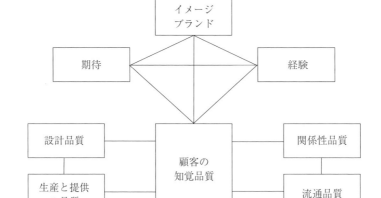

出典：Gummesson［1993］p. 229

ども影響を与える。

　生産品質とは工場で設計者の仕様通りに製品を製造することである。設計部門は正確な仕様書や完全な文書，購買部門は構成部品，マーケティング部門及び販売部門は正確な予測や顧客からのフィードバックという面からかかわりを持ち，人事部門も熟練した労働者を提供するという点で生産品質を支えている。

　流通品質は品質とは捉えられていない場合も見受けられるが，時間通りに届く，正しい製品，損傷がない，正しい文書，運搬の効果的な取り扱いなどデリバリープロセスに含まれるものが，その対象となる。

　関係性品質は顧客との関係性に関するものであるが，流通品質とともにサービスマネジメントとマーケティングにおける開発及びネットワークや相互作用によって強く影響を受ける（図表6-5）。

4-2　サービス品質と製品品質の統合の試み

　2つのモデルは，品質は客観的に決まるものではなく顧客の知覚にもとづくという点においては共通している。しかし，Grönroos のモデルが顧客の知覚の機能的及び技術的という顧客の経験に関する品質の2つの側面を区別するのに対して，Gummesson のモデルは設計，生産，流通，関係性という品質を生み出す源にもとづいたものである（Gummesson and Grönroos [1988]）。図表6-6は Grönroos と Gummesson の品質を統合したモデルであるが，暫定的と表現しているように，切り口の異なるものをそのまま統合しており，サービスと製品の品質を十分に統合しているとはいい難い。例えば，製品においては生産と流通は分離されているが，サービスにおいては生産と流通は切り離すことができない。このモデルにおいては，Grönroos が顧客の視点から捉えたサービスの結果に関する技術品質とプロセスにおける機能品質という要素と，Gummesson が提唱している企業の業務区分である設計，生産，流通，関係性といった企業側主体で記述されたものの混在である。当然顧客の視点と企業の仕事の視点では相容れないものがあっても当然である。

　製品の品質は製造業において徹底的に研究され，製品そのものの品質のマ

図表 6 - 6　Grönroos-Gummesson の品質モデル

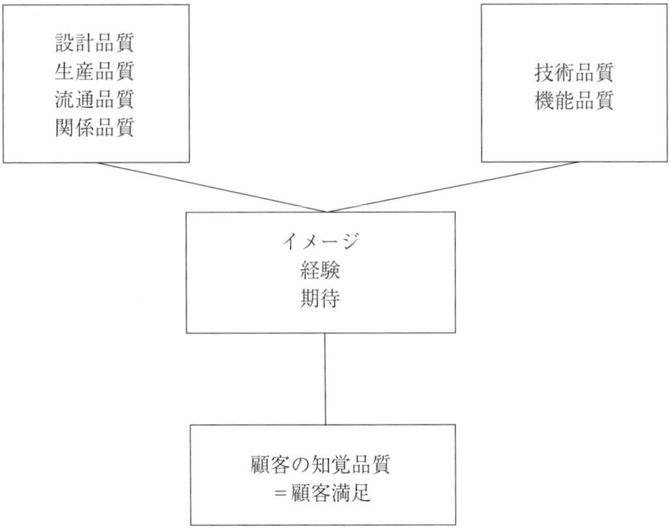

```
┌──────────────┐                    ┌──────────────┐
│  設計品質     │                    │              │
│  生産品質     │                    │   技術品質    │
│  流通品質     │                    │   機能品質    │
│  関係品質     │                    │              │
└──────────────┘                    └──────────────┘
         \                            /
          \                          /
        ┌────────────────────┐
        │      イメージ        │
        │      経験           │
        │      期待           │
        └────────────────────┘
                  │
        ┌────────────────────┐
        │    顧客の知覚品質     │
        │    ＝顧客満足        │
        └────────────────────┘
```

出典：Gummesson and Grönroos［1988］, p. 84

ネジメントは進んでいるという側面は確かにある。しかしながら，品質にかかわる要素の統合という側面にとらわれるよりも，そもそもの根本概念の部分をＧロジックからＳロジックへと転換し，製品の位置づけそのものを価値創造のための資源の一部と捉えるなどしない限りは，両者の品質モデルの統合は困難ではないかと思われる。

5. 期待のマネジメント

　第 3 節で述べたように知覚サービス品質は，サービスに対する期待と結果の比較によって形成される。期待そのものは，顧客それぞれで異なり，また顧客に対しておこなったプロミスと同じわけではないため，期待をそのまま遂行する必要があるわけではないが，期待のマネジメントは見過ごすことはできない（Grönroos［2009］）。もしプロバイダーが過剰なプロミスをおこなったとしたら，期待が高くなりすぎ，顧客は品質が低いと知覚するであろう。

図表 6-7　顧客期待のマネジメントに関するフレームワーク

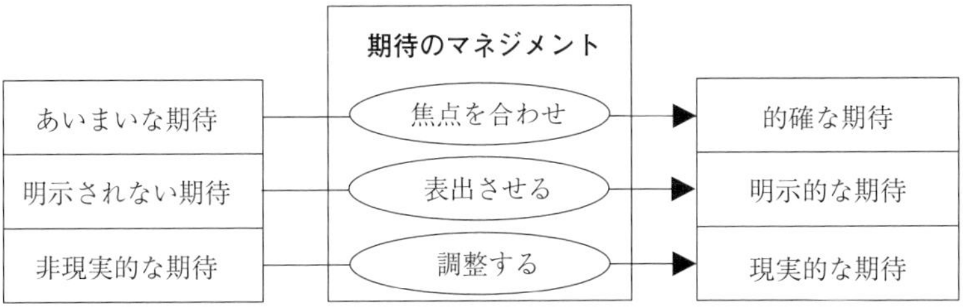

出典：Ojasalo［2001］, p. 206

　過剰なプロミスはいとも簡単に多くの品質開発プロセスを壊してしまうため，マーケッターはエクスターナル・マーケティングのキャンペーンや活動を考えるのは慎重になる必要がある（Grönroos［2015］）。

　Ojasalo［2001］はプロフェショナルサービスおける 3 つの期待とそれらのマネジメントの実態を明らかにした（図表 6-7）。1 つ目として，顧客は自分自身でもはっきりとせず，あいまいな期待を持っていることがある。自分自身でもはっきりしないが，サービスを受け，期待にそぐわなかった場合に不十分であると感じるが正確な理由はわからない。あいまいな期待に対して，企業と顧客は一緒になってどの問題を解決するかを明確に認識し，ニーズを定義し，期待の焦点をあてていく。あいまいな期待に焦点を合わせると長期的品質が向上する。

　2 つ目は特性などがあたり前のため客が積極的にそれについて考えないため，サービスプロバイダーに伝えないことで生じる明示されない期待である。これはそれが満たされない時に明らかになる。企業と顧客の長い相互作用の後に顧客がいくつかのサービスの特徴を自明の事実としてみなし始めることがある。これにより期待が明示的から明示されないものに変化する。

　3 つ目は顧客が実現困難な非現実的な期待を持っていることである。顧客が満たされない期待がある時失望するため，サービスの開始前に非現実的な期待を調整して現実的なものにする必要がある。

　これらの期待のマネジメントは長期的な品質と顧客満足を達成する可能性を高める。

6. 知覚サービス品質モデルの課題

6-1　知覚サービス品質の測定に関する課題

　知覚サービス品質のモデル化は，どのように顧客が認知するかという点からマネジメントするという点までを明らかにしているように思われるが，問題がないわけではない。期待の測定の問題である。

　知覚サービス品質は一致／不一致概念にもとづいており，特に期待の測定に関して主に以下の 3 点が問題として挙げられている（Grönroos［1993］）。

1．期待がサービスを経験した後，あるいは経験と同時に測定された場合，測定されたものは経験のバイアスがすでにかかったものであり，純粋な期待ではない。

2．サービスを経験する前に期待を測定したとしても，それはサービスの経験と比較する期待とは異なっている可能性があるため，事前に期待を測定することには意味がない。サービス・エンカウンターでの顧客の経験により，顧客の期待が変えられる可能性がある。そして変更された期待が顧客の実際の品質の知覚を決定するために経験と比較するものである。

3．期待を測定し，次に経験を測定すると，経験の中に期待も含まれているので期待を 2 度測定したことになる。

　これらに対しては，Cronin and Taylor［1992］などが示すように，顧客のサービス品質を評価する際には，経験を測定することが近似値ではあるが有効な手段であり，逆に期待を独立して測定することには意味がないと捉えている（Grönroos［1993］）。サービス品質を測定する方法を開発するにあたり，顧客の期待を独立して測定することは不可能なため，期待に対する一致／不一致の概念を置き換える必要がある。これまでの研究を踏まえ，顧客の経験のみにもとづいて測定モデルを開発することは有効な手段となると考えられる。ただし，現在の期待と経験を比較するモデルは，学術の面と実際の管理の面から依然有効である。期待を適正に醸成し，サービス提供の結果ともにそのプロセスを重要視した行動をすることで品質が向上する。

　Grönroos［2001］はのちに，知覚サービス品質について，サービスの技術的，機能的品質という言葉の代わりにサービスの技術的，機能的特徴とい

う言葉を使うべきであったかもしれないと述べている。製品は事前に企業が価値を決め，顧客のニーズを満たすために事前に生産されるが，サービスではそれと異なり，製品のニーズを満たすものに相当するものは消費プロセスで徐々に現れるため，生産と消費は同時におこなわれ，そのプロセスそのものがサービスである。このように全く異なるものであるにもかかわらず，用語は，生産プロセス，生産性，消費，品質などサービスの本質にはなじまない，製造業の概念にもとづいたものを使用したのである。

6-2　動的モデル

大きな課題の2つ目は，動的モデルの開発である。企業のイメージを知覚品質に取り入れることで動的な視点を取り入れると述べているが，イメージについてほとんど明らかになっていないといっても過言ではない。サービスは相互作用をおこないながら進行していくため，期待が常に一定で変化しないということはなく，そのプロセスを通して常に評価は変化し続ける。そしてそれがまた，次への期待を形成してゆくため，動的モデルが必要である。

6-3　企業イメージの具体化

3つ目は知覚品質モデルで仮定されている，品質の経験に対する企業イメージのフィルタリングの影響については，何がどのように影響するのかその詳細は未だブラックボックスである。そのイメージの効果については，例えば，企業に対して良いイメージがあれば，期待したような成果が得られない場合でも評価はあまり悪くならないだろうと述べているが（Grönroos [2001]），詳細については研究されていない。

6-4　サービス業と製造業との統合理論

4つ目は昨今サービス業と製造業の間の境界があまり明確ではなく，ますますその傾向は高まっているため，サービス品質と製品品質は独立したものではなく，統合するモデルを開発する必要がある。Gummesson と Grönroos は統合をおこなっているが，未だ顧客と企業という異なる軸での統一理論のため，同一視点での解釈にもとづいた理論構築が必要である。　　（清野　聡）

第7章

リレーションシップ・マーケティング

1. はじめに

　本章では，リレーションシップ・マーケティング研究を概観した後，中核概念である関係性や相互作用についてあらためて考察し，本研究領域における北欧学派の理論的貢献を明らかにする。この学派の思想的特徴として，サービスと関係性のコンテクストでは，マーケティングの決定は包括的マネジメント及びその他のビジネス機能のマネジメントとは切り離すことができないとの認識がある（Grönroos, [2007b]）。それも要因として，リレーションシップ・マーケティングの理論体系が形作られる過程で，サービス志向を基盤としたアプローチが1つの大きな流れとなった。

　もちろん，30年以上に及ぶリレーションシップ・マーケティングの歴史には，北欧学派以外にもいくつかのアプローチが存在する。ただし，ここでの目的は，それらの是非を細かに検証することではない。北欧学派のスタンスが質的研究を重視しての概念開発であること，さらにサービスにかかる諸研究で蓄積された事象にもとづくものであることを勘案すれば，同派によるアプローチがもっともリレーションシップ・マーケティングの本質に関与してきたいのではないかと考えられる。それゆえ，サービス・マーケティングにもとづく発想を中心軸とし，リレーションシップ・マーケティングの体系化における北欧学派の影響を包括的に整理したい。

　ここでは，まず次節で，時代背景にも触れながらリレーションシップ・マーケティングを概観する。続く第3節では，先行研究で論じられてきたいくつかの定義を確認した後，関係性にもとづいてマーケティングへアプローチすることの意義や目的について考える。第4節では，先行研究におけるリレーションシップ構造に関するモデルを取り上げ，それらの基本的考え方や

特徴を確認した後，モデル化の限界と問題点を指摘する。そして第 5 節では，リレーションシップ・マーケティングの最重要概念である相互作用について，Grönroos の提示したモデルを引用し，北欧学派によるアプローチの是非を検討する。

2. リレーションシップ・マーケティングの概観

2-1　理論の端緒

　邦訳では一般に「関係性マーケティング」とされるリレーションシップ・マーケティング（Relationship Marketing）だが，この名称は1983年に開催された AMA：American Marketing Association のサービス・マーケティングの会合で初めて使われた。ここでサービス・マーケティング研究の文脈から，その概念が主張されたものである（Berry［1983］）。この事実から明らかなように，リレーションシップ・マーケティングの原点はサービス研究にあり，以来，サービスの特徴である「生産と消費の不可分性」や「相互作用的なプロセス」「取引の継続性」等にもとづいてリレーションシップ・マーケティングの理論化を図るという流れが生じた。

　したがって，初期のリレーションシップ・マーケティング研究では，しばしばサービス概念をどう捉えるかがテーマとなった。第 3 章でも説明されているように，サービス・マーケティングの研究では，伝統的にサービス財と物財の差異が何かを明らかにすることで，オリジナリティとそこに固有のマネジメントの問題を指摘してきた（小野［2002］）。また，概念についてはサービス・マーケティングの独自性を暗示するコンセプトが多数提案され，それらはリレーションシップ・マーケティングを独立した研究領域とする上での基盤となっている。

　この点，サービス・マーケティングとリレーションシップ・マーケティングという 2 つの研究領域の共通部分もしくは役割分担が問われることとなる。稲垣［2003］は「関係性マーケティングは，サービス財のマーケティングが研究される過程で生まれた（p. 398）」と指摘した上で，両理論領域の包摂関係は，研究者それぞれの理論に対する定義が多様であることを反映し

て，異なるものであると述べている。すなわち，関係性マーケティングの一部にサービス・マーケティングが含まれると捉える見解があり，逆に，サービス・マーケティングの一部に関係性マーケティングが含まれる，とする考え方もあるのである。

2-2　誕生の背景

　次に，リレーションシップ・マーケティングが誕生した背景について確認する。リレーションシップ・マーケティングが対象とする領域では，研究初期においては，産業財取引における関係的取引の存在を指摘することや，その概念モデルの提示などが注目された（e.g. Dwyer, Schrr and Oh [1987], Morgan and Hunt [1994]）。その後，顧客志向の度合いが高まるのに合わせ，関係性にかかる，さまざまな概念化が進められることになる。ただし，この時期の研究については，リレーションシップ概念を厳格に検討するというよりはレトリックによってなされている（Möller and Halinen [2000]）といった指摘のように，定義としての明解さを伴うものが少なかったと評される。

　なお，誕生の背景要因として，しばしば市場の成熟化がいわれる。経済が右肩上がりの成長軌道を描く時代ではなくなり，マーケティングにおいても，市場維持や市場の縮小均衡への対応が求められるようになった。結果として「既存顧客をいかに維持するか？」がテーマとなる中，リレーションシップ・マーケティングへの注目度が増したものである。現在でも，生産技術の一層の進歩と製品のコモディティ化等により販売収益性の低下が顕著になっている。これらが背景にあることは疑いないものの，ここでは北欧学派のレビューを中心として，サービスの在り方を巡る議論からリレーションシップ・マーケティングが生じたという理論の変遷に的を絞ることとしたい。

2-3　研究の潮流

　リレーションシップ・マーケティング研究に複数の潮流があることは，周知の事実である。そのうち最も一般的なのは，図表7-1に示すようにビジ

図表7-1　リレーションシップ・マーケティングの潮流

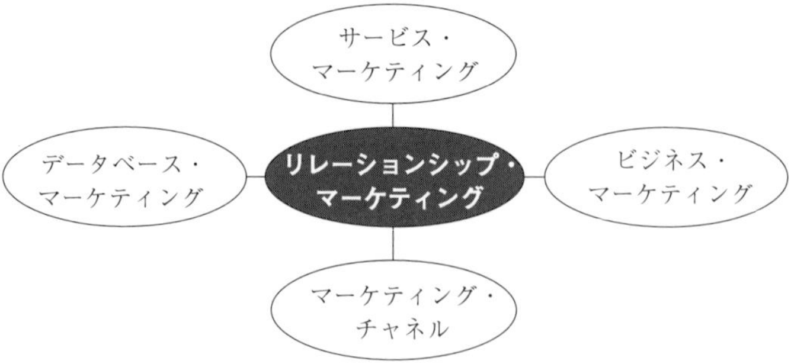

Möller and Halinen［2000］p. 32より筆者作成

ネス・マーケティング論，マーケティング・チャネル論，サービス・マーケ
ティング論，データベース・マーケティング論の4つで捉えるというもので
ある（Möller and Halinen［2000］）。この他にも，発展した地域によってリ
レーションシップ・マーケティングが異なる様相をみせている点に注目し北
米アプローチ，UK アプローチ，欧州アプローチ，IMP[(1)]アプローチでの識
別（Payne［2000］），さらには北米アプローチ，アングロ・オーストラリア
ン・アプローチ，ノルディック・アプローチ，IMP アプローチでの識別も
ある（渡辺［1997］）。

　以上のように，類型化の方法は「研究対象領域」「研究が発展した地域」
と異なるものの，その内容にはある程度の共通性があるという。そのうちの
サービス・マーケティング研究は，ノルディック・アプローチやアングロ・
オーストラリアン・アプローチにおいて研究されることが多かった。また，
各アプローチは互いに排他的ではなく，異なるアプローチに属する研究者同
士の交流も盛んであるという（久保田［2012］）。

　総じていえば，これらのアプローチは，それぞれ異なるスタンスを保ちつ
つも，完全に独立するのではなく，部分的には重複している。理論的にも内
容的にも異なる流れが混在し，しかもそれらが複雑に影響を及ぼしあってい
るのである。このように全体状況を俯瞰すれば，サービス・マーケティング
研究からリレーションシップ・マーケティングに至る流れが，決して特異な
ものではなかったことがわかる。それはある意味で蓋然性を伴ってもおり，

ここにも北欧学派の特徴をみて取ることができよう。

3. 関係性によるアプローチ

3-1 関係性の本質

本節では，マーケティング研究において，当事者間の関係性を焦点にしてアプローチすることの意味や意義を考える。ここでは，まず関係性の本質についてみてみたい。Kotler［1984］は初期のマーケティング研究の代表的なテキストである"Marketing Management"において「取引は交換の基本単位である（p. 8)」と指摘している。もっとも，この記述は同著第8版までであり，1997年に刊行された第9版からは見当たらない。これはリレーションシップ・マーケティングが注目され始めた時期とほぼ一致する（久保田［2012]）。では，この間の状況変化とはどのようなものであったのだろう。

それ以前のマーケティングは，取引によって成り立つ「交換」を中心としたものであった。つまりマーケティングとは，まず交換という行為の集合体を認識し，その円滑な実現を目指す方法論として形作られてきたといえよう。しかし，現実問題として，相手との関係が深いか浅いかによって交換の様相も異なってくる。これは交換がおこなわれている背景に必ず関係が存在していること，それが交換活動全体に影響を及ぼしていることを意味する。つまり，取引だけに注目していたのでは，交換のすべてを説明できないということである。

Grönroos（2007b）によると，交換のためのマーケティングは，不特定多数を対象とするマス・マーケットの考え方にもとづいているという。その目標は，競合している製品・サービスではなく，自社のものを顧客に選択させることである。これはマーケターと顧客との間に競争心をたやすく生じさせ，顧客は購入意思を持たないことがその出発点となる。対称的に，リレーションシップ・マーケティングでは，提供者と顧客の相互作用における価値創造にもとづき，顧客が求める価値を創造するために協働が必要となる。

このようなマーケティング観は，交換を中心としたそれとは大きく異なるものである。それを示したのが図表7-2で，ここでの交換は「金銭」と

図表7-2　マーケティング・プロセスにおける交換と関係性の観点の対比

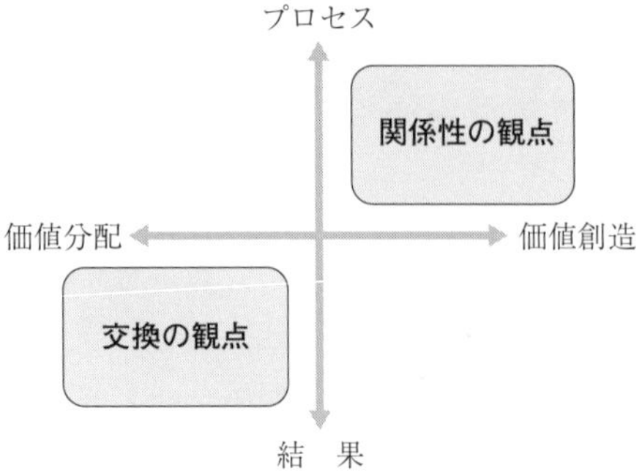

Grönroos［2007b］p. 24より筆者作成(2)

「製品あるいはサービスによる価値」との間であることを意味している。そして，価値分配と結果とを企図したものである点で，第3象限に布置される。これに対し関係性の観点では，顧客と提供者（サービス提供者あるいは製品の製造業者）にとっての価値を創造するために協働することが基本となる。それゆえ交換とは対極の第1象限に位置づけられた。ここから明らかなように，交換によるマーケティング観と，関係性によるマーケティング観とは，そのプロセスをまったく異にしたものであり，ここに関係性の本質が表象されているといえよう。

3-2　関係性の定義

　前項では，マーケティング観にもとづき関係性の本質について確認した。それでは，そのような本質を伴うリレーションシップ・マーケティングは，どのように定義すべきものなのだろうか。ごく単純に「顧客との長期・継続的な関係を目指したマーケティング活動」と表現しても誤りではない。しかし，売り手・買い手という行為者同士の関係性をより明確にするのであれば，「顧客との間に『リレーションシップ』と呼ばれる，友好的で，持続的かつ安定的な結びつきを構築することで，長期的にみて好ましい成果を実現しようとする，売り手の活動」ということになる。（久保田［2012］p. 3）

　その一方，Grönroosは，マーケティングにおける関係性の定義として次

のように述べている。「マーケティングは，関係者の目的を合致させるために，顧客との関係性（長期的な関係性を必ずしも常に必要とするものではない）を構築し，維持し，発展させ営利化することである。これは相互の交換と誓約の達成によってなされる」（Grönroos［2007a］p. 98）。

　これは自身の過去の研究を含む関係性についての議論をまとめたもので，あくまでマーケティング全体における関係性の在り方を規定したものである。数あるマーケティング理論のうち，リレーションシップ・マーケティングについてのみの定義ではない。ここでの意図はマーケティングにおける関係性を捉え直すことにあったのであり，これがパラダイムシフトと評されるゆえんでもある。しかし，その後もリレーションシップ・マーケティング研究においては，様ざまな概念定義が試みられてきた。これはひとえに関係性概念の複雑さや多義性によるものと思われる。

　なお，上述の Grönroos による定義には何点かの補足がある。そのうちの顧客との長期的関係性については，マーケティングの主たる目的が顧客との永続的な関係性の構築にあることを示唆したものである。さらに彼は，長期的な観点は有益なマーケティングに極めて重要なものであって，顧客との関係性の営利化（commercializing the customer relationships）は物財やサービス材，その両者からなるシステムの取引における費用対便益率が，少なくとも最後には向上するという結果につながるとも述べている。関係性についての議論が観念論に陥りがちであるとの批判がある中で，Grönroos が早い段階から収益面のマネジメントに言及していることは興味深い。

3-3　関係性に拠ることの意義

　リレーションシップ・マーケティングが，その本質である関係性において，従来の交換によるマーケティングとは異なるマーケティング観に拠るものであることはみてきたとおりである。しかし，だからといって，他のマーケティング理論と相反するものだとはいえないであろう。ここではリレーションシップ・マーケティングと他のマーケティング理論との間柄に着目し，関係性の持つ意義について考えてみたい。

　Möller and Halinen［2000］によると，リレーションシップ・マーケティ

ングが伝統的なマーケティング・マネジメントに置き換わったり，それを陳
腐化させたりといった主張は誤りである。それらの理論は特有の交換行動に
関するもので，独自の理論的な核を持っており，それぞれの知識内容に適合
した課題に対して，補完的な形で適用され得るからである。Grönroos
[2007a] も，関係性を定義することは，マーケティングを構成する従来の要
素（例えば，広告や販売，価格設定，商品コンセプト等）が，以前に比べ重
要でなくなっていることを意味するものではないという。それは，他にも重
要なものがあることを示すためのものである。そして，マーケティングをお
こなうにあたっては，何を決定するかではなく，優れたマーケティング活動
を開発し実行する方法に基礎をおいているとも述べている。

　以上のような認識は，関係性が伝統的なマーケティングを否定したもので
はないことを物語っている。この点を確認するために，リレーションシッ
プ・マーケティングと，従来からのいわゆる顧客満足型マーケティングとの
違いについて考えてみたい。顧客満足型マーケティングは，顧客に提供され
る製品やサービスの質を向上させることで満足度ならびに心理的ロイヤル
ティを高め，顧客の再購買や水晶行動を誘発することを企図する。これに対
してリレーションシップ・マーケティングでは，売り手と買い手との間にリ
レーションシップという構成概念を仮定し，その質を高めることで，関係に
対する顧客の長期指向性や協調性向を強化しようとするものである（久保田
[2012]）。

　このように両者の着眼点は大きく異なるものの，既存顧客を重視し，長期
的な交換関係を目指したものという意味では大差ない。もし，リレーション
シップ・マーケティングが，顧客との長期・継続的な関係構築のみを目指し
たものであれば，これまでいわれてきたような複雑さや理解の難しさといっ
た側面はあまり取りざたされず，その後の発展も限られたものになっていた
であろう。

　しかし，現実には多数のモデル化が試みられ（次節参照），加えて北欧学
派によるサービス・マーケティング由来のアプローチもなされた。このこと
は，研究対象としても企業実務のマネジメントにおいても，それだけリレー
ションシップにかかるニーズが大きいことを意味している。この点にこそ，

リレーションシップ・マーケティングの意義を求められるのではなかろうか。

4. リレーションシップのモデル化

4-1　モデル化にかかる基本的考え方

　かつて Bagozzi［1995］は，少数の基本的なリレーションシップの明確化から開始し，それらを統合することで概念をより幅広いものにしていくことが実り多い結果をもたらすと指摘している。この言葉に象徴されるように，1990年代には多くの研究者が，概念操作やモデル化によってリレーションシップを構造面から明らかにしようとした。本節ではその代表的なものを取り上げ，モデル化の実相を検証したい。

　まず，人がリレーションシップに携わるのは，それが何らかの目的を達成する手段であると考えるからである（Bagozzi［1995］）。そのようなリレーションシップの中心にあるのはリレーショナルな絆（relational bonds）だが，売り手・買い手のリレーションシップは，双方による信頼関係だけによって支えられるのではなく，当事者によるリレーションシップへの明確なコミットメントがあって，はじめて現実的に維持される（Dwyer, Schurr and Oh 1987）。もっとも，公式的で構造的な絆はそこまで必要なわけではなく，むしろ交換における公平性や交換相手との一体感等によりもたらされる双務的なコミットメントがより重要であるという（Anderson and Weitz［1989］）。

　一方，BtoB におけるリレーションシップでは，コミュニケーションが協働志向を強め，それにより信頼が高まることで満足の向上につながっているとう研究がある（Anderson and Narus［1990］）。さらに，売り手・買い手の協調性と依存性がともに高いレベルにある場合，報酬や威嚇を用いて相手に何かを強制する「直接的な影響戦略」よりは，相手の知覚を変化させ誘導する「間接的な影響戦略」の方が有効である（Frazier and Summers［1984］）。また，売り手・買い手の依存性が中程度であれば，約束や威嚇，法的訴訟といった強制的な影響戦略ではなく，情報交換やディスカッショ

ン，要望といった非強制的な影響戦略が奏功するという（Fraizer and Rody
［1991］）。

4-2　取引コストへの着眼

　Anderson and Narus ［1990］によれば，BtoB の場面でのリレーション
シップ継続には，取引特定的投資が担保（pledge）として有効である。さら
に相手がコミットしていると知覚すると，自らもコミットする傾向が強ま
る。Heide and John ［1990］は，これを取引コストの面から捉え，取引特定
的投資や不確実性の高まりはコスト上昇をもたらす要因であるとした。そし
て買い手による取引特定的投資も，売り手の取引特定的投資も，共同行動に
対しては直接的及び間接的に作用するという（図表7-3）。

　さらに Pilling, Crosby and Jackson ［1994］は，取引コストにかかるモデ
ル全体を「取引の規定要因」「取引コスト」「リレーションシップの規定要
因」という3つの局面に分けて捉え，取引コストを中心とした要因がリレー
ションシップにどのような影響を及ぼすかを調べた。その結果，取引コスト
の高まりがリレーションシップ志向を強めることが明らかになったという。

図表7-3　取引特定的投資と不確実性のモデル

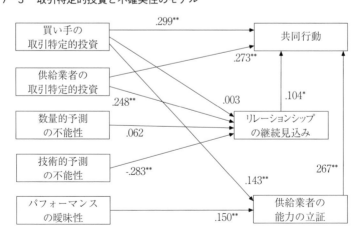

*p ＜ .10　**p ＜ .05

出所：Heide and John ［1990］より筆者作成

このように取引コストは，それがある特定の取引相手に特有の状況に伴う不確実性に起因するものでない限り，リレーションシップ志向を大きく左右するものである。もっとも，取引特定的投資は必ずしもリレーションシップの構築に結びつくものではないとの指摘もある。一方的な取引特定的投資は，売り手と買い手の相対的パワー・バランスを崩し，これが協働性向などのリレーションシップに悪影響を及ぼすからである（Heide and John [1988]）。しかし，仮にそうだとしても，取引コストを中心として，それに関連する概念を配したモデルが，フレームとしては非常に明快なものであることは確かであろう。

4-3　モデル化の問題点

ここまでみてきたように，リレーションシップ構造をモデル化した研究は，主として BtoB での適用を想定したもの（あるいは BtoB の場面での実証研究にもとづくもの）であり，取引コストを始めリレーションシップに関連する様々な概念が用いられている。ほぼ共通していえることは，①リレーションシップに対する多くの下位概念を登場させ，リレーションシップの全体構造を明らかにしようとしたものであること，②その結果，モデルとしてのわかりやすさや説明力につながっていること，③しかし，そのモデルが考案されたのが特定の領域であるため汎用性に欠けること，である。

例えば，Dabholkar, Johnston and Cathey [1994] は，売り手・買い手の利益を最大化しようとする行動のうち短期的視点のものを協調的（cooperative），長期的視点によるものを協力的（coordinative）と捉えた。その上で売り手・買い手の協力的な行動は，スイッチング・コストが高いという条件のもと，両者の相対的パワーが均衡していれば実現するとしている。これは実証された現象ではあるが，条件や前提を満たさない行動がいかなるものかは判然としない。

下位概念自体が不明確な場合もある。Heide and John（1992）は，リレーションシップに関する規範（norm）が，買い手の統制力に影響を及ぼしていることを明らかにした。ここでいう規範とは，意思決定集団によって少なくとも部分的に共有されている行動期待である。しかし，リレーションシッ

プの本質を明らかにする上では，かえって複雑さが増していることは否めないであろう。

　これらに象徴されるように，リレーションシップ概念をモデル化したものには，定義としての明解さを伴うものがあまりみられないという。この点，久保田［2001］が，概念そのものについての整理は十分になされてこなかったと指摘するとおりであり，リレーションシップには捉えどころのない面もある。第2節では，リレーションシップ概念の検討がレトリックによってなされているという評価を紹介したが，この時期の先行研究におけるモデル化の試みは，結果として，多くの課題が残るものであったといえよう。

5. 関係と相互作用

5-1　主体間関係

　リレーションシップ・マーケティングにおけるもっとも中心的な存在は，いうまでもなくリレーションシップである。そして，リレーションシップを単に「関係性」と訳するのみでは理論の核心に迫れないことは，ここまでみてきたとおりである。Håkansson and Snehota［1995］も，リレーションシップ概念をつかみどころのないものにしているのは，それを単なる関係として考えることができないからだと述べている。本節では，相互作用を軸にして当事者間の関係を整理し，もって北欧学派の捉えるリレーションシップとは何かについて考えてみたい。

　Gummesson［1996］によれば，マーケティングへの関係性アプローチは，生産物ではなく顧客のプロセス，つまり顧客の内的な価値発生プロセスをマーケティングの中心に据えたものである。そして，生産物の交換が取引マーケティングの中核であるのと同じように，相互作用プロセスのマネジメントはリレーションシップ・マーケティングの中核であるという。それゆえ，相互作用は生産物の見方を変える概念となるわけだが，この相互作用もまた明瞭に説明することが難しいものであるとされる。

　その一方，久保田［2012］は，マーケティングにおける関係を分析するためのアプローチとして，相互作用・構造・類似性の3つを見出すことができ

るとしている。ここでいう相互作用アプローチとは，対象となる物事の相互
作用に着目したもので，そこでは物事の間のやり取りの結果や成果，あるい
はやり取りに影響を及ぼす要因や環境が検討される。さらに相互作用アプ
ローチには2つの特徴がある。第1に，分析対象同士は何らかの形で結びつ
いていると仮定することであり（結合性の仮定），第2には，分析対象の属
性の違いに着目することである。

　以上から明らかなように，相互作用は，関係の在り方における1つの形態
である。リレーションシップ・マーケティングにおける当事者間の関係は相
互作用を持つものであることが前提（または要件）であり，さらにいえば
「関係」という言葉を「相互作用」とおき換えて用い得るものでもある。こ
のことは Håkansson and Snehota［1995］による「リレーションシップは相
互作用プロセスの結果であり，そこでは当事者らの間に結合が発達し，これ
が相互志向性ならびにコミットメントを作り出す（p. 26）」という指摘とも
符合する。

5-2　相互作用

　リレーションシップを捉えるのに相互作用をもってすることを，ここでは
相互作用アプローチと位置づける。このアプローチの特色は，まず対象とな
る物事の相互作用に着目し，そこでのやり取りや結果・成果，やり取りに影
響を及ぼす要因や環境を検討するというものである。その要点は，分析対象
同士は何らかの形で結びついているという仮定と，分析対象はそれぞれ異な
る属性を持つと考え，その違いへの着目である。

　Grönroos［2007a］は関係性における相互作用をプロセスとして捉え，そ
れを行為・エピソード・シークエンスの3段階で整理した。行為は相互作用
における分析の最小単位であり，相互作用のあらゆる種類の要素に関連した
ものである。この行為はエピソードという小規模な統一体を形成し，すべて
のエピソードは一連の行為を含む。さらに相関関係を持つエピソードは，次
の分析レベルであるシークエンスを形成する。シークエンスには捉えにくい
面もあるが，時間の経過やキャンペーン，プロジェクト等をつうじて定義さ
れるという。そして最終的かつ最も広範なレベルの関係性が説明されるので

図表 7 - 4   関係性の中の相互作用レベル

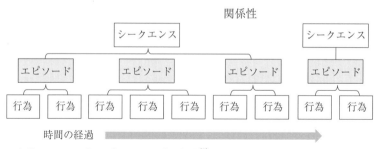

出所：Grönroos［2007a］p. 155より筆者作成[3]

ある。このような構造を図示すると図表 7 - 4 のようになる。相互作用が
シークエンス以下の 3 段階になっているほか，左右に時間軸が設定され，時
間の経過とともに積み重ねられた行為がやがて関係性を構築していくことを
表している。

　以上をレストランでの食事に例えるなら，シークエンスが，そのレストラ
ンへの 1 度の訪問の間に起こることのすべてである。そして，メニューを示
したり特別料理を勧めたりといった行為が合わさって「注文を受ける」とい
うエピソードが成り立ち，金額を提示したり現金を受け取るといった行為で
「支払い」もエピソードになる。これらが一定の満足度につながれば，顧客
はいずれレストランを再訪する。こうしてシークエンスが繰り返された結
果，レストランと顧客との間に信頼関係が出来あがることになる。

　Grönroos によれば，このようにプロセスを異なる集合レベルで捉えて階
層区分することは，相互作用を分析するための精巧な道具となる。そして関
係性の構築におけるあらゆる種類の要素が特定され，それらを正しい見方で
捉えることができるという。このモデルを，前節で取り上げたいくつかの構
造についてのモデル（以降，構造モデルと呼称）と比較すると，その違いは
一目瞭然である。構造モデルは，リレーションシップ以外にも複数の変数や
因子を想定し，それらの総和として関係性の実像を説明しようとしている。
これに対し図表 7 - 4 の相互作用のモデルは，関係性が形成されるプロセス
を 3 階層のモデルにしたものである。そこには時間軸も設定されている。

　両者は，リレーションシップ概念の明確化という目的こそ共通している
が，その方法論は全く異なる。構造モデルには狭義の「リレーションシッ
プ」概念も含めさまざまな下位概念（取引特定的投資，協同性向など）が登
場するが，これらを巧みに組み合わせ，いわば帰納法的にリレーションシッ
プが規定されていく。その一方，相互作用のモデルは演繹法的なアプローチ
であり，行為やエピソードという観測された事実の結果としてリレーション
シップの存在が説明される。

　これら 2 つを比較して良否を判断することがここでの目的ではない。しか
しながら，構造のモデル化を企図した研究にはピンポイント的なものが多
く，内容が精緻であるわりにリレーションシップ・マーケティングの全体像
が次第に不明確なものとなってしまったのも事実である（久保田［2012］）。
それゆえ相互作用をプロセスとして捉えた Grönroos によるアプローチが注
目されるわけだが，整合性や有用性が本格検証されるのはこれからのことで
あろう。ここでは以上のような評価を確認するに留めおきたい。

6. おわりに

　本章では，誕生から30年以上が経過するリレーションシップ・マーケティ
ングの歴史における北欧学派の理論的貢献について考えた。元来，サービ
ス・マーケティングの研究領域では，無形性，生産・消費の不可分性，さら
には相互作用プロセスといったサービス財の特徴が，交換目的のマーケティ
ング理論では希薄であった顧客との関係構築に色濃く反映していた。そのた
め，リレーションシップ・マーケティングの理論体系が形作られる過程で，
サービス志向を基盤としたアプローチが 1 つの大きな流れとなったものであ
る。

　北欧学派の思想的特徴として，サービスと関係性のコンテクストにおいて
は，マーケティングの決定は包括的マネジメント及びその他のビジネス機能
のマネジメントとは切り離すことができないという認識がある。これに加え
て，同派のスタンスが質的研究を重視しての概念開発であることや，サービ
スにかかる諸研究で蓄積された事象に裏打ちされたものであることを勘案す

れば，北欧学派のアプローチがリレーションシップ・マーケティングの本質にもっとも接近したものであることに疑いはない。ここでは Grönroos による概念モデル「関係性の中の相互作用レベル」を他と比較・検証することで，そのことが象徴的に確認された。

注

（1）IMP：Industrial Marketing and Purchasing

（2）ここで Grönroos は Sheth and Parvatiyar によるレポート *International Business Review*, 1995, 4(4), p. 400を引用して本図を提示している。

（3）ここで Grönroos は Holmlund, M. [1997], *Perceived Quarity in Business Relationship*, Hanken Sweish School of Economics Finland / CERS, Helsingfors. を引用して本図を提示している。

（村上　真理）

第8章

インターナル・マーケティング

1. はじめに

　本章では多様な研究で使用されているインターナル・マーケティングの概念について，北欧学派の先行研究にもとづいて考察する。インターナル・マーケティングの源流はサービス・マーケティングである。インターナル・マーケティングの概念は1970年代からサービス・マーケティング研究の中で登場している。その後，サービス・マネジメント，産業財マーケティングそして関係性マーケティング研究の中で登場している（Voima and Grönroos [1999]）。

　北欧学派はサービスを提供する企業が外部顧客（external customer）を対象とするエクスターナル・マーケティングを実施する前に，従業員に向けたインターナル・マーケティングが必要であることを提示した。そこでは，社員を内部顧客（internal customer）として扱う必要性が強調されている。このように，サービスは特性上従業員が顧客と相互作用しながら商品を提供する性質があるため，自然に焦点を組織内部へあてて発展してきた経緯がある。

　サービス・マーケティングから出現したインターナル・マーケティングはマーケティング研究のみならず経営学などの分野へ影響を与えていった。インターナル・マーケティングを構成する重要概念は内部市場と内部顧客，真実の瞬間，サービス・エンカウンター，パートタイム・マーケター，エンパワメント，イネーブリングなどである。

　そこで，本章では，第2節でインターナル・マーケティングの流れを北欧学派の代表者である Grönroos と Gummesson の文献を中心に整理する。第3節では，インターナル・マーケティングの主要概念について検討する。第

4節ではトップ・マネジメントの視点からインターナル・マーケティングの果たす役割について考察する。最後に，インターナル・マーケティングの考え方がこれからのマーケティングにどんな貢献ができるかそしてどんな課題があるかについて提示する。

2. インターナル・マーケティングの流れ

2-1　初期のサービス・マーケティング研究

　1970年代からサービス・マーケティング研究は北欧を中心に進展した。サービス財は活動であり，プロセスである。北欧のサービスを対象とした研究はプロセスこそがサービス財の主要かつ最も特異な性質であると考えた。したがって，北欧学派は考察の焦点を財の交換よりも主体間の相互作用や関係性にあてて進展してきた経緯がある。サービス・プロセスはサービス生産やサービス提供と呼ばれサービスの消費は生産と同時にプロセスの中で発生する。必然的に，北欧のサービス財を対象とした研究者はサービス生産やサービス提供を担う従業員や組織に焦点をあてた。そして，サービス・マーケティング研究は組織内部へ向けたインターナル・マーケティングへの関心を伴いながら発展した（Grönroos［2007a］邦訳7頁）。

　Grönroos［1978］は，サービス企業ではほとんどの従業員がマーケティング業務に携わることから，彼らの行動は会社の成功に大きく影響を与える。したがって，サービス企業はインターナル・マーケティングのタスクを認識していることが大切である。しかし，Grönroos は従業員に対するインターナル・マーケティング・プロセスの管理が重要であることが十分認識されていないと指摘している（pp. 593-594）。サービス商品は顧客と従業員が相互作用しながら生産され消費されるので，伝統的なマーケティング・ミックスの考え方が通用しないことがその理由である。

　そこで，サービス・マーケティング研究は，1970年代から企業内部を内部市場として捉えて従業員を顧客と同様に扱うための内部顧客の概念を考案した。内部サービスは企業内部で従業員へ向けて実施され，外部顧客と同様に顧客志向的方法で提供される必要があるため，内部顧客に対してマーケティ

ングを外部顧客と同様に実施することを強調した。サービス・プロセスを対象にした研究では顧客エンカウンターの従業員が顧客に対して実施するインタラクティブ・マーケティングが重要であることを提示している。企業がサービス・プロセスで，顧客の知覚品質を高めるためには顧客接点従業員（customer contact employee）に対してマーケティングを実施する必要があるからである。

　このような経緯からサービス・マーケティング研究の中でインターナル・マーケティングの概念は1980年代から注目されてきた。そして，サービス・マネジメントや産業財マーケティングの研究へ影響を与えた。

2-2　サービス・マネジメント，産業財マーケティング

　1980年代からインターナル・マーケティングの概念はサービス・マネジメントや産業財マーケティングの研究分野で登場している。1985年には北欧学派の考え方をまとめた論文集の中で代表者の Grönroos と Gummesson がインターナル・マーケティングの重要性について指摘している。

　Normann［1991］はコンサルタント会社の経営をとおしてサービス企業のマネジメントについて考察した。Normann はサービスを扱う企業の経営をシステム的な視点で検討して，組織と全体との関係性について言及している。Normann は組織と全体との関係性の視点から，レストラン，小売業，航空会社のサービス品質を対象として考察することで，良い循環と悪い循環のサービス・マネジメント・システムを提示している。そして，企業内の主たる態度と基準が，顧客と接触する真実の瞬間において求められる態度と基準と互いに一致していることが重要であることを指摘した。サービス企業の良い循環は真実の瞬間のミクロの循環，内部的サービス循環，マクロの循環の３つのレベルでの関係で説明できることを導出した（邦訳269-285頁）。

　産業財マーケティングにおいてもインターナル・マーケティングの重要性が導出された（Grönroos and Gummesson［1985］）。産業財マーケティングは伝統的マーケティング・ミックスとサービス・マーケティングの新しい概念を合併させるべきだと主張している。産業財マーケティングの研究者はサービス・マーケティングに1970年代の半ばから関心を寄せている。イン

ターナル・マーケティングについての研究成果がスウェーデンやフィンランドでいくつか発表されたが，他国の学会から関心を集めることに失敗した。その後，北欧学派が設立されてインターナル・マーケティング研究がアメリカ，フランスそしてイギリスで開始された（Gummesson［1985］）。

　インターナル・マーケティングは外部を対象としたマーケティング理論を企業の従業員個人である内部市場に適応した新しいコンセプトである。サービス企業の研究ではすべてのスタッフが企業のミッションを十分に理解して，戦略的に顧客と相互作用する従業員に対する支援機能が重要であることを理解する必要がある。このような経緯から産業財マーケティングのサービスを対象とする新しい概念や理論は北欧の研究者によって展開された（Gummesson［1985］）。

　Gummesson はエクスターナル・マーケティングの方法を企業の内部の従業員に適応するインターナル・マーケティングが重要になること，そして，インターナル・マーケティングはサービス・マーケティングだけでなく産業財マーケティングでも適応されることを提示した。

2-3　多様な研究の系譜〜関係性マーケティング，関係性志向，ネットワーク組織など

　1980年代に入ると，関係性マーケティングなどの研究が登場して，サービス・マーケティング研究の概念を採用し相互に影響を受けながら進展した。さらに，ネットワークを対象とした研究で企業内，企業間関係のパートナーシップや協働の説明にも活用されるようになった。

　1990年代に入ると関係性マーケティングが多くの国で注目され始めた。関係性マーケティングでの組織的課題の中心はインターナル・マーケティングであった。組織的課題ではマーケティング部門（フルタイム・マーケター）の外側で仕事をするパートタイム・マーケターの重要性が指摘された（Grönroos［2007a］邦訳160頁）。

　Gummesson は，北欧学派で Grönroos とならぶリーダーである。Gummesson はマーケティングの研究や実務において多様な視点から，リレーションシップ，ネットワーク，インタラクションが注目されてきたが，これ

らの考察は断片的な指摘や考察で留まっていることから全体的なフレームワークや理論での体系的な研究が足りないと指摘した。

　産業財マーケティングのネットワーク・アプローチでは売り手と買い手のリレーションシップにおいて最終的に形成されるパートナー基盤が全体的ネットワークの一部として包含される。したがって，企業にとっては外部顧客に対するリレーションシップのために企業内部の内部顧客間の関係性が重要となる。

　インターナル・マーケティングは外部へのマーケティングのために開発されたマーケティングを内部市場の従業員に適応することである。インターナル・マーケティングは従業員だけに対象を限っておこなうこともできるがネットワーク全体に到達する必要がある（Gummesson ［2002］邦訳243-249頁）。

3. インターナル・マーケティングの主要概念

3-1　内部市場と内部顧客

　インターナル・マーケティングは企業が従業員に対しておこなうマーケティングである。インターナル・マーケティングは従業員が内的な市場であること，すなわち内部市場のコンセプトを提示した。企業がこの内部市場として捉える従業員に対して売り込むことができなければ，最終的な外部市場の顧客に対して成功することは期待できない。

　インターナル・マーケティングはエクスターナル・マーケティングならびにインタラクティブ・マーケティングの成功のための前提となる活動である。インターナル・マーケティングの目的は顧客志向の従業員を確保して維持することである。企業は物財やサービス財を外部市場に向けて打ち出す前に，内部市場の従業員に向けて売り込まなければならない。企業が内部市場に対するインターナル・マーケティングに成功しないと外部市場に対する組織的なオペレーションが成功しない可能性がある（Grönroos ［2007a］邦訳122頁）。

　品質面では接客従業員の礼儀正しく，柔軟かつ総合的なサービス志向，な

らびに顧客志向的方法で行動する意志と能力が極めて重要である。したがっ
て，従業員，接客スタッフ，マネジャーやその他の従業員の部門はサービス
提供者の内部市場として考慮されなければならない。継続的かつ戦略的に裏
打ちされたインターナル・マーケティングは品質開発やマネジメント計画に
必要である（Grönroos ［2007b］邦訳107頁）。

　従来，顧客は企業の外部に存在する人々や組織である外部顧客として看做
されてきた。企業が顧客に対して提示したプロミス（誓約）を実行するため
には顧客と接触する企業の従業員や部門に対してその企業内の他の従業員や
部門からサポートする必要がある。企業が顧客に対してプロミスの実行をす
るためにはサービス・エンカウンターの社員を内部顧客として捉えて内部
サービスを提供しなければならない。

　しかし，多くの企業は内部サービス機能を提供している従業員はただの同
僚として扱ってしまうことが多い。企業内では内部サービスの提供者は，
サービス・エンカウンターの社員が内部顧客でもある。サービス・プロセス
において最終的なアウトプットは外部の最終顧客によって受け取られ認識さ
れる外部サービスである。つまり，満足している顧客はサービス・プロセス
の中のサービス・エンカウンターの社員も含まれる。さらに，顧客に良い
サービスを提供するためにはネットワーク・パートナー間などの企業間関係
やその企業内の従業員との関係も重要になる（Grönroos ［2007b］邦訳301
頁）。このように，企業がエクスターナル・マーケティングで提示したプロ
ミスの実行を通して顧客の期待と同じ成果を上げるためにはインターナル・
マーケティングが重要になる。

3-2　真実の瞬間，サービス・エンカウンター

　顧客と従業員との間の相互作用はサービス・エンカウンター，もしくは真
実の瞬間と呼ばれる。このエンカウンターは製造業，サービス業を問わずあ
らゆるタイプの企業において重要になってきている。Carlzon ［1985］は，
経験的な調査からスカンジナビア航空会社のサービス戦略について考察し
た。そして，サービス戦略には旅客機や設備などの有形資産だけではなく顧
客に直接接する最前線の従業員が提供するサービスの質が一番重要であるこ

とを導出した。Carlzon は，顧客本位の企業になるには最前線の従業員がさ
まざまな場面で変わらなければならない。その変革を率先して促すのは経営
者の役割である。従業員が自信をもって職責を引き受け，手際良く任務を遂
行できるような環境をつくることが真のリーダーの役割だと指摘した。そし
て，経営者は従業員とのコミュニケーションを密にして自社のビジョンを伝
え，そのビジョン実現のために従業員が何を必要としているかに耳を傾ける
必要があると述べた。経営者は問題分析，資源管理，最前線の従業員をサ
ポートする職務を中間管理職に委ねる。最前線の従業員は顧客一人ひとりの
ニーズと問題に対応する権限を与えなければならない（邦訳 9 頁）。さら
に，Carlzon は顧客と接する従業員の行動が決定的であるとして「真実の瞬
間（moments of truth）」が重要だと提示した。

　サービス品質がモノとは違いサービス・エンカウンターを担う社員の行動
に依存することから，従業員満足という概念が登場した。やる気のない能力
が低い社員からサービス提供を受ける場合とやる気のある動機づけが強く，
能力が高い社員からサービス提供を受ける場合では顧客の評価が違うことに
なる。

　サービスは主観的に顧客とサービス提供者との相互作用プロセスで実施さ
れる。これらの活動は売り手と買い手の相互作用やサービス・エンカウン
ターと呼ばれる。サービスの全体品質は顧客が受け取る「ものごと
（what）」と顧客がそれを受け取るための「方法（how）」で認識される。こ
れらは，サービス・エンカウンターの顧客とサービス提供者との相互作用で
主観的に判断される（Grönroos［2007b］邦訳62頁）。

3-3　パートタイム・マーケター

　Gummesson［2002］はマーケティングに携わる従業員をマーケターと呼
ぶなら，それには専任のフルタイム・マーケターとパートタイム・マーケ
ターの 2 種類があると述べた。フルタイム・マーケターとはマーケティング
及び販売業務，そして社外のマーケティング・サービス業者に所属する従業
員を指す。パートタイム・マーケターは企業のマーケティングに影響を与え
る社内外のすべての人々のことを指す。パートタイム・マーケターのコンセ

プトはマーケティング活動の責任が専門のマーケティングや販売部門だけではないことを提示している（邦訳83-89頁）。

　パートタイム・マーケターは自らのマーケティング業務に対する顧客志向の心構えができていなければならない。顧客にプロミスを提供するためにはフルタイム・マーケター以外の従業員のサポートが必要である。インターナル・マーケティングは従業員がパートタイム・マーケターとして真剣にサービス提供にかかわるために自覚を促し，そのための情報が提供され，動機づけられることを目的として実施される。

　これは，接客従業員やバック・オフィスの従業員だけではなく，スーパーバイザー，ミドル・マネジャー，トップ・マネジャーも同様である。企業はエクスターナル・マーケティングをとおして顧客とプロミスの締結をする。そして，インターナル・マーケティングはプロミスを実行して顧客の期待を充足させるために従業員に対して顧客志向の重要性を浸透させるために実施される。インターナル・マーケティングの目的は企業がパートタイム・マーケターとしての活動に動機づけられる見識のある顧客志向的な従業員を保有することを確実にするためである（Grönroos［2007a］邦訳252-253頁）。

3-4　エンパワメント，イネーブリング

　インターナル・マーケティングに関する重要な概念はエンパワメントとイネーブリングである。従業員のエンパワメントは企業が潜在的に問題を抱える組織において接客従業員に意思決定をさせて自ら行動する権限を付与することを意味する。エンパワメントの目的は接客従業員とサポート従業員のパートタイム・マーケティングのパフォーマンスを改善することである。エンパワメントはインターナル・マーケティングのプロセスとして適切に実施されることで，従業員の職務満足度に決定的な影響力を持つ。従業員が顧客と相互作用をする時にパートタイム・マーケティングの効果を高める。その結果，企業は顧客の維持率が向上して，より多くの利益へ向けてポジティブな効果が期待される（Grönroos［2007b］邦訳343頁）。

　イネーブリングの概念はエンパワメントに必要とされる状況を創造するプロセスの一部である。なぜならば，エンパワメントは同時に従業員に対して

イネーブリングすることなしには機能しないからである。イネーブリングには 3 つのサポート体制がある。第 1 のマネジメント・サポートはスーパーバイザーと，マネジャーが従業員に情報を提供しそして必要があれば意思決定をさせるために実施される支援である。そのための意思決定の権限を不必要に妨げることはしない。第 2 の知識サポートは従業員が状況を分析し適切な意思決定をするための技術や知識を提供する支援である。第 3 の技術サポートは情報あるいはそれ以外のサービスや状況に対応するのに必要なツールを接客従業員に提供する支援である（Grönroos［2007b］邦訳344頁）。

　誓約のイネーブリングとは企業がインターナル・マーケティングと価値をサポートするために資源開発を通じて顧客がプロミスから形成した期待の充足を可能にすることである。誓約の達成に関与する従業員は，その所属する組織機能や組織内の地位に関係なく顧客志向を持たなければならない。このように，マーケティングに必須の要素としてインターナル・マーケティングが求められる。インターナル・マーケティングは交わされた誓約によって形成された期待の充足を可能にするプロセスである（Grönroos［2007a］邦訳252-253頁）（図表 8 - 1 ）。

図表 8 - 1 　マーケティング戦略

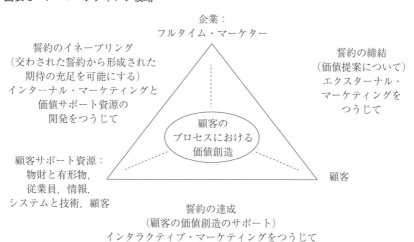

出所：Grönroos［2007a］邦訳253頁。

3-5　プロミスの実行

　企業が顧客志向の戦略を実行するためには，フルタイム・マーケターがエクスターナル・マーケティングを担当して，顧客とプロミスを交わすことで期待をつくる。組織の全構成員はパートタイム・マーケターとしてインタラクティブ・マーケティングをとおしてプロミスを実行する。そのために，すべてのマネジャーとスーパーバイザーはインターナル・マーケティングを実行して顧客の期待に応える従業員の能力やモチベーションを支援する。企業は戦略的にインターナル・マーケティングを実施してサービス風土を醸成することでプロミスを実行するための前提条件を整える。

　したがって，インターナル・マーケティングはインタラクティブ・マーケティングによってプロミスを履行するためには不可欠である。サービス・エンカウンターの真実の瞬間の成否はプロミスを実行するインタラクティブ・マーケティングの顧客の体験の評価で決まる。インターナル・マーケティングはトップ・マネジメントだけでなくあらゆるマネジャーやスーパーバイザーの責務である。従業員の個人的ニーズや職務満足度，従業員に対する励まし，人生設計や会社に対するイメージなどがパートタイム・マーケターとしてのパフォーマンスに影響を与える（Grönroos［2007b］邦訳385-386頁）。

4. インターナル・マーケティングの実行

4-1　インターナル・マーケティングのマネジメント

（1）2種類のマネジメント・プロセス

　インターナル・マーケティングには態度のマネジメント（attitude management）とコミュニケーションのマネジメントの2つの側面がある。

　態度のマネジメントとは，顧客志向やサービス志向の態度に従業員を動機づけることで，インターナル・マーケティングの主要な部分である。コミュニケーションのマネジメントはマネジャーやスーパーバイザーが接客従業員，サポートスタッフに対して外部顧客あるいは内部顧客へのサービス提供者として行動できるように情報を与えることである。さらに，企業は従業員に情報を与えるだけでなく，双方向のコミュニケーションや情報のフィード

バックさらに精神的な励ましが必要であることを浸透させる。その結果，あらゆる階層のマネジャーやスーパーバイザーがプロミスの実行に向けて積極的に行動することになるのでより良い成果が達成される。

　態度のマネジメントは継続するプロセスであり，一方のコミュニケーションのマネジメントは適切な時点での活動を含む不連続のプロセスである。マネジャーやスーパーバイザー，チームリーダーの業務は態度とコミュニケーションのマネジメントの両側面を統合的あるいはしばしば分離できないものとして含んでいる（Grönroos［2007b］邦訳328-329頁）。

（2）インターナル・マーケティングの3局面

　インターナル・マーケティングは第1に企業内のサービス文化の開発，第2にサービス文化を維持する時，第3に新しい製品やサービス，マーケティング・キャンペーンや活動，あるいは新しい技術，システム，サービス・プロセスの業務を導入する時の3つの局面で必要とされる。

①　サービス文化の開発

　インターナル・マーケティングは企業内部で従業員間のサービス文化を創造する時に実施される。インターナル・マーケティングの目標は，従業員に企業のビジネス・ミッションや戦略・戦術を理解させ受け容れさせることである。同様に，製品，サービス，マーケティングのキャンペーンやプロセスを理解させ受け容れさせることである。そして，組織内の人々の間にサービスの提供に向けてポジティブな関係性を構築することである。そのために，マネジャーとスーパーバイザーに対してサービス志向的なマネジメントやリーダーシップのスタイルを開発すること，あらゆる従業員に対してサービス志向的なコミュニケーション及び相互作用のスキルを教えることなどである。

②　サービス文化の維持

　サービス文化がつくられたら積極的に維持するためにマネジャーやスーパーバイザーのマネジメント・サポートが重要である。スーパーバイザーは

従業員に対して既存の規則を遵守させることよりも，従業員に対して顧客が抱える問題の解決に集中させるために機能することの方に満足感を覚える。マネジャーやスーパーバイザーはサービス・エンカウンターにおける真実の瞬間を直接的にコントロールできないことから，間接的なコントロール手法を開発して維持しなければならない。

　マネジャーやスーパーバイザーは優良な内部関係性を従業員と維持するために公式，非公式のコミュニケーション・チャネルを開く必要がある。インターナル・マーケティングによって，従業員のサービス志向や顧客志向を促進し向上させるマネジメントの手法が採用されなければならない。そのために，マネジャーやスーパーバイザーは良好な内部関係性を維持して意見交換を実施して従業員が情報のフィードバックが得られるようにする。新しい製品やサービスと同じように，マーケティングのキャンペーンやプロセスが外部市場に提供される前に情報提供する必要がある。

③　新しい製品やサービス，マーケティング，キャンペーン，プロセスの導
　　入

　インターナル・マーケティングは企業が従業員を適切にトレーニングしないまま新しい製品やサービスあるいはマーケティング・キャンペーンを計画し市場に打ち出した時のトラブルに対応するために登場した経緯がある。

　インターナル・マーケティングの第3局面はサービス文化の開発，維持と関連して補強し合って効果を発揮する。この局面のインターナル・マーケティングは，開発され市場に打ち出される新しい製品やサービスに関する知識を従業員に与え受け容れさせることである。そして，従業員に新しいマーケティングのキャンペーンや活動を理解させ実行させること，従業員に新しいテクノロジーやシステム，そしてルーティーンを用いる新しい方法の知識を与え受け容れさせることである。そこでは組織内外の関係性やインタラクティブ・マーケティングに影響を与える多様な課題が取り扱われることになる（Grönroos［2007b］邦訳330-332頁）。

4-2　成功へ向けたインターナル・マーケティング

（1）インターナル・マーケティング成功の必須条件

　企業はサービス文化の構築をサポートするように組織構造や戦略を組み立てなければならない。インターナル・マーケティングは単なるキャンペーンとして実施されるのではなく，他のマネジメント要素と組み合わせて実施されなければ効果的でない。インターナル・マーケティングが成功するための必須条件は，①インターナル・マーケティングは戦略的マネジメントの全体の一部分として不可欠の部分であると考えられること，②インターナル・マーケティングのプロセスは企業の組織形態やマネジメント・サポートの欠陥によって妨害されてはならないこと，③トップ・マネジメントはインターナル・マーケティング・プロセスにリーダーシップを発揮し積極的なサポートを実施しなければならないことの3つである（Grönroos［2007b］邦訳333頁）。

（2）インターナル・マーケティングの対象と活動

　インターナル・マーケティングを成功させるための最初の対象者はトップ・マネジメントである。続いて，ミドル・マネジメントやスーパーバイザーである。インターナル・マーケティングはこれらの対象者へ向けたプロセスを経てから接客従業員やサポート従業員に実施されてこそ成功する。

　したがって，インターナル・マーケティングの対象は，①トップ・マネジメント，②ミドル・マネジメントとスーパーバイザー，③接客従業員，④サポート従業員の4つのグループである。サポート従業員が接客従業員になる場合，トップ・マネジメントやスーパーバイザーが顧客と接触するパートタイム・マーケターになる場合など同一人物が複数のポジションを担当することがある。

　インターナル・マーケティングの活動は，①トレーニング，②リーダーシップとマネジメント，スーパーバイザーのサポート，③内部のコミュニケーションと対話，④外部コミュニケーションに内部の影響を活用する，⑤従業員を計画立案に参加させる，⑥良い成果を生むために従業員に報酬を与える，⑦支援的な技術やシステムの開発，⑧人材マネジメントのツールを活

用する，⑨内部市場調査とセグメンテーションをおこなうことである（Grön-roos［2007b］邦訳333-340頁）。

4-3 トップ・マネジメントの役割としてのインターナル・マーケティング

　組織全体を通じて顧客志向が求められるとき，企業はインターナル・マーケティングに対して強くコミットしなければならない。したがって，トップ・マネジメントはインターナル・マーケティングを単なる戦術的な従業員トレーニングのタスクとしてではなく，戦略的な課題として捉えることになる（Grönroos［2007a］邦訳258-259頁）。

　インターナル・マーケティングを成功させるためにはトップ・マネジメントから率先して取り組む必要がある。これはマーケティングを部門単位の戦術段階として捉えるのではなく全社的な戦略的な立場から捉えることである。

　インターナル・マーケティングは顧客の期待に応えるために従業員の能力やモチベーションを支援する活動である。トップ・マネジメントが率先してサービス文化を醸成し維持することによって実現できる。インターナル・マーケティングは従業員をサービス志向的かつ顧客志向的に動機づけることによってパートタイム・マーケティングも兼務させることができる。したがって，インターナル・マーケティングはプロミスを履行するための前提条件を整えるのに必要不可欠な活動である。

　すなわち，インターナル・マーケティングはトップ・マネジメントだけでなくあらゆるマネジャー，スーパーバイザーの責務である（Grönroos［2007b］邦訳385-386頁）。

5. おわりに

　本章で考察したように，インターナル・マーケティングはサービスを対象とした研究から導出された概念である。企業はインターナル・マーケティングを戦略的に位置づけてトップが自ら率先してサービス文化を醸成するため

に活動する。企業が顧客との関係性を維持し発展させていくためにはサービ
ス志向的かつ顧客志向的な相互作用で顧客の感じる価値を高めていく必要が
ある。

　企業は顧客との直接的な相互作用を接客従業員に委ねて，そこでの相互作
用が真実の瞬間になることから間接的に接客従業員の行動をマネジメントで
きることが最重要課題となる。マネジャー，スーパーバイザーと従業員の関
係性が不十分だと顧客との相互作用によるサービスの知覚品質は損なわれ，
そのトータルマーケティング・プロセスは失敗する。このように，インター
ナル・マーケティングはサービス志向の企業がプロミスを実現するために
トップ・マネジメントが戦略的に取り組む必要不可欠な活動である。

（藤岡　芳郎）

第 **2** 部

経験的研究

　第1部では，北欧学派の研究アプローチをはじめ，サービス・マーケティング，サービス・マネジメント，Sロジック，サービス・クオリティ，リレーションシップ・マーケティング，インターナル・マーケティングといった主たる研究フィールドにおける Gronroos を中心とした北欧学派の主張について詳細にレビューした。彼らの一連の業績はマーケティング研究，特にサービスを軸としたマーケティング研究や実践に大きなインパクトを与え続けている。

　しかし，私たちは彼らの主張を無批判に受け入れようとしているわけではない。そこで，第2部においては，第1部でレビューをおこなった研究フィールドが抱える問題点を各章において指摘した上で，北欧学派のアプローチをベースとする実証的研究を中心に展開する。これは，日本の研究者や実務家に，北欧学派の思想や研究の有効性について検討・議論する機会を提供し，日本におけるサービス研究のさらなる進展を図ろうとするものである。

第9章

サービス・プロセスと
ビジネスを持続させる技術
——食品スーパーY 社の事例を用いて——

1. はじめに

　北欧学派のサービス・マーケティング研究において代表的な Grönroos
は，取引よりもプロセスを重視して研究を進展させた。顧客にサービスが知
覚されることで，購買のプロセスとして機能するだけでなく，積極的な利活
用や再購買の機会にもつながる。あらゆるサービスは全てをプロセスとして
捉えることができ，顧客との関係改善につながる可能性がある（Grönroos
[1983b]）。重要なのは，顧客との連続した関係にあり，プロセスによって
結びつく企業と顧客双方の営みの中に，サービスのプロセスがもたらす結果
の側面があるといえる。

　さて，Grönroos の主張にもとづいて企業と顧客との関係に注目したと
き，サービスのプロセスがもたらす意義とは，どのようなものだといえるだ
ろうか。顧客と接点を持つ従業員は，サービスのプロセスをどのように認識
し，職務を遂行しようとしているだろう。本章では，事例研究をつうじて
サービスのプロセスの視点がもたらす結果の認識とはどのようなものかにつ
いて，考察する。

2. 先行研究の整理と分析視点の設定

2-1　先行研究の整理

　北欧学派の代表的な研究者である Grönroos [1977] は，当初から伝統的

な消費財ベースのマーケティング・コンセプトがサービスの検討には適合しないことを示していた。サービスは取引の目的というよりもプロセスであると考えることで，サービス・プロバイダーと利用者とのインタラクティブな性質に着目したのである（Grönroos［1983a］）。

　ところで，一連の活動で構成されるプロセスとしてのサービスは，サービス・プロバイダーと顧客との連続した関係を前提としている。それは，日常的にサービスを必要とする能動的な顧客の実態を研究の対象にする必要がある。ただし，顧客との関係において生じるプロセスは自ずとさまざまとなり，プロセスの範囲を事前に想定して研究を進めることはできない。サービスとは個別多様なものであり，顧客との関係において機能するダイナミックな活動（アクティビティ）として認識する必要がある。

　こうした北欧学派の視点は，サービスを標準化し，購買を促す方法の検討をねらいにしない。むしろ，サービスのプロセスがもたらす意義への言及がある。このことを，Grönroos［1998］は品質を2つに区分して論じている。サービス・プロセスは機能的品質であり，プロセスの結果は技術的品質であるという（図表9-1）。ここでいう機能的品質が，サービスのプロセスがもたらす意義であり，Grönroos は技術的品質との違いを強調する。それは，北欧学派の示そうとするサービスが，サービス・プロバイダーと顧客との関係によって論じられるものであり，様々な動態を対象とするからである。だからこそ，事前の分析範囲の特定が困難なほか，操作化の議論に不向きである。このことが顕著に示されるのが，サービスの知覚品質の考え方にある。図表9-1にある「期待」の属性を規定しようとすれば，サービスの結果を事前に想定する必要がある。しかし，期待がサービスを経験した後，あるいは経験しているときに測定される場合，それは経験によるバイアスを排除できないため，本来の期待ではない。何より，先に期待を測定することに必ずしも意味がある訳ではない（Grönroos［2007b］pp. 87-88.；［2015］pp. 104-105.）。自ずと，サービスのプロセスがもたらす意義は，事後的に示される。すると，機能的品質がもたらす意義はさまざまとなる。このように，サービスのプロセスがもたらす意義もまた，事前に検討できるものではない。

　一方で，サービスがどのような結果をもたらすかという問いは，企業に
とって重要である。なぜなら，サービスはビジネスを機能させる力であり，
顧客による積極的なサービスの利活用は，関係を改善し向上させる要因にな
るからである。Grönroos［2015］によれば，何らかの仕組みや商品などに
よって提供されるソリューションは，技術的品質の一部だという（pp. 96-
97.）。ただしソリューションは，サービスのプロセスによって示されるもの
である。またプロセスは，顧客との相互作用とともに存在するばかりか，そ
こにビジネスを持続させる技術が活かされていて不思議ではない。

　つまり，サービスがもたらす結果にプロセスは不可欠だが，プロセスがも
たらす意義は事後的にしか確認できないため，結果の説明に必要な技術を，
直ちに結びつけようとしていないといえる。これが，Grönroos が品質を2
つに区分して論じる理由だと考えられる。プロセスの中に技術を発見するこ
とは可能であり，両者は一体のものとして確認できるはずである。

　そこで，事例研究を展開するうえでは，顧客の日常生活における何らかの
ソリューションといった大括りのテーマを対象として，サービスのプロセス
に注目する。調査を通じて，顧客との相互作用がどのようにしてソリュー
ションに到達し，企業側の貢献を明確にしているのかについて分析する。そ
れとともに，ソリューションとして機能するサービスの技術的な特性は，ビ

図表 9-1　サービスのプロセスと結果

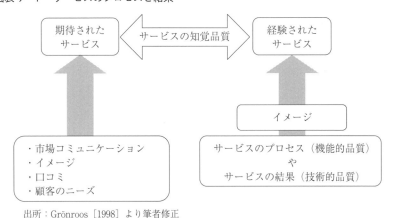

出所：Grönroos［1998］より筆者修正

ジネスの中でどのように認識されているのかについて考察することで，サービスのプロセスが及ぼすビジネスへの影響についても検討する。

2-2　分析視点の設定

　本章では，事例研究をつうじて，サービスのプロセスがもたらす意義について検討する。そのための具体的な方法として，①サービス従事者にインタビュー調査することで，発話の中から顧客との相互作用を確認する。また，②発話の中からソリューションの事例を選定し，どのようなプロセスによって推進されたのかに着目する。

　インタビュー調査に示される顧客サービスには，プロセスに必要なビジネスの資源が含まれる。あるいは，プロセスを機能させるためのビジネスモデルが存在していて不思議ではない。むしろ，いかにサービスのプロセスのために資源を動員しているのかが重要であり，このことを明らかにする調査を進めることで，サービスのプロセスがもたらす意義への言及が可能になる。こうした経緯から，顧客との接点を持つ従業員にインタビュー調査し，顧客との対話を披露してもらうとともに，従業員自身が率先していることの発話を期待する。さらに，発話された内容の分析については，Holmlund [1996]；[1999] のモデルを参考にする（図表9-2）。彼女はリレーションシップの品質を検討するためにこのモデルを用意していて，これは Grön-roos [2007b] に取り上げられている。図表9-2に示されている相互作用の

図表9-2　相互作用のレベル

注）A：アクション

出所：Holmlund [1996] p. 49.

図表 9-3　相互作用の性質

レベル	相互作用・相関関係を捉えるための視点
アクション	相互作用プロセスにおける最小分析単位であり，あらゆる相互作用の要素（有形財，サービス財，情報，社会的な接触など）に関連すること 例）電話対応，宿泊予約　など
エピソード	相関関係を持つ行為で形成される小さなまとまり。全てのエピソードには一連の行為が含まれている。 例）輸送＝電話注文による手配＋有形財の集荷と梱包　など
シークエンス	相関関係を持つエピソードで構成されるまとまり。相互に関係するエピソードから定義することができる 例）offering, キャンペーン，プロジェクト　またはこれらの組み合わせなど

出所：Holmlund［1999］をもとに筆者作成

レベルのうち，主に発話によって確認されるアクションからエピソードに注目することで，連続するプロセスを確認する（図表9-3）。丹念な発話の聞き取りから，伝統的なマーケティングのアプローチで解明できない現象とはどのようなものか，サービスにしか説明できない現象とはどのようなものなのかについて検討する。

2-3　検討する事例の設定

　本章では食品スーパーY社で勤務する従業員へのインタビュー調査によって，サービスのプロセスに注目する。これは，購買頻度の高い食品を扱う小売企業は，顧客との接点が豊富であり，それを活かした関係構築が可能だからである。同社は東京都を中心に店舗展開する食品スーパーで，店長や部門チーフの意思決定を重視した店舗マネジメントで知られている。顧客と積極的に接点を持ち，独自の品揃えを確立することで，高い提案力を有する。

　図表9-4は，食品スーパーY社を含めた，食品スーパーを主たる事業とする首都圏の企業の比較である。ここでは，株式会社いなげや（本社：東京都立川市），株式会社ヤオコー（本社：埼玉県川越市），株式会社マミーマート（本社：埼玉県東松山市）とY社を取り上げて比較している。各社の有

価証券報告書等公開されている決算資料（連結と単体がある企業については単体のデータ）を用いた。売上高営業利益率を算出して，食品スーパー事業の収益性を比較している。今回注目する食品スーパーY社は，明らかに一般的な食品スーパーよりも売上高営業利益率が高く，優れた収益性を有している。その要因を，店長や部門チーフが推進するサービスで説明できる可能性がある。そこで，Y社A店の店長M氏（店舗所在地：東京都世田谷区）やB店鮮魚部門チーフのN氏（店舗所在地：東京都品川区）の実践において，顧客との関係がどのように意識されているのか調査することで，サービス・プロセスの意義を検討する。

　なお，インタビューの形式は半構造化インタビューとし，2名の従業員できごとの再現や当時や現在の心境などインフォーマントとの対話を通して記録を取ることにした（調査日：2015年4月6日）。ここで発話された内容は第3節に掲載することとし，従業員が率先するサービス活動（実線）と，顧客との関係にもとづくサービス活動（波線）に下線を付すことにした。実線を付したサービス活動は，店頭の商品を資源としてサービスのプロセスに位置づけるものであり，ビジネスを持続させる技術についての示唆を含むもの

図表9-4　売上高営業利益率の推移

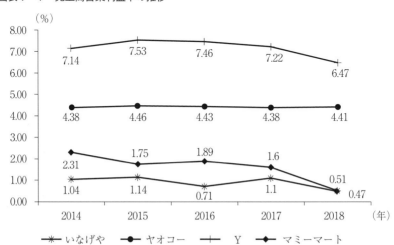

出所：各社が公表する財務諸表のデータをもとに筆者作成

である。これが，顧客との関係にもとづくサービス活動（波線）と結びつい
て成立するとはいえ，物販を主とするビジネスであっても，サービスのプロ
セスの中に資源が位置づけられ機能していて不思議ではない。こうして，顧
客のソリューションに作用するサービスがもたらす意義を含む活動が特定で
きれば，サービスのプロセスがもたらす結果の側面の検討が可能になる。さ
て，従業員は顧客のどのようなソリューションを意識しているのか，そのた
めのサービス活動とはどのようなものであろうか。このことについて，検討
を進めることにする。

3. 事例研究　——食品スーパーY社の事例——

3-1　チーフの役割

　同社は各部門のチーフが品揃えの権限を持ち実践している。これはチーフ
によって品揃えが異なることを意味しており，いわゆるチェーン・オペレー
ションを前提とする食品スーパーとは異なる特色である。このことについ
て，A店長のM氏は，次のように回答した。

［チーフにとってのお客様］
　　チーフは，最初のころはすごく苦労します。その地域性を考えなければ
　なりません。本部からは最初はそれぐらいの年齢層の方達がお住まいにな
　られているとか，家族構成とか，ある程度のデータが提供されますが，
　やってみるとそれと違うことも多くて，日々やっていく中で，自分で仕入
　れた商品がどうなっていくのか，どういう時に売れて，どういう時に喜ん
　でいただけたか，後は，お客さまの声というのは，常に売場でよく聞きま
　す。Y社はお客さまが作るスーパーだと，亡き会長がいわれて，お客さ
　まにいわれた通りのとこをやっていくことによって，お客さまが自分で
　作ったスーパーというふうになっていくものだというふうにいわれまし
　た。だから，そういう意味合いで，お客さまの声を汲み上げていくうち
　に，だんだんと地域にあった根強いスーパーに変わっていくのかなと信じ
　てやっています。商品の提供の部分は，そこにいらっしゃるお客さまが求

めるものを提供できる，どこまでも近づくことができるということを最善
に考えます。

[仕入れた商品を売る気持ち]

　他の企業だったら，絶対できないことだと思いますけど，Y社の場合
は社員が多いから，そして1人1人の「売る」という意気込みが違うの
で，仕入れたモノを売り切るというだけではなくて，売り切ったら，次何
を持ってきてというところまで頭に入れておくというのがあります。余り
ました，捨てましたというのは，やってはいけないことです。自分は一生
懸命メーカーさんと直接交渉するので，その交渉によっていくらで仕入れ
るか決まりますが，同時に他のチーフがどうするかというのも，すぐに分
かります。自分がやっぱり一生懸命仕入れているので，それをみんなで売
るという気持ちになるのは当然だと思います。

3-2　顧客とのコミュニケーション

　部門チーフは顧客とどのようなコミュニケーションを形成しているのだろ
うか。このことについて，B店鮮魚部門チーフのN氏は次のように回答し
た。

[会話の切り口]

　売り場に出た時には，普通のスーパーだと「いらっしゃいませ」とか
「おはようございます」とか，そんな感じですけど，自分の場合は「今日
遅いね」とか「今日早くない？」とかいいます。弊社では，お客さんに
よって声のかけ方が異なるのは当然のことで，繰り返しお越しになるお客
さんには「いつもありがとうございます」と挨拶するが，それにとどまら
ない。「お母ちゃん今日何するのよ？　今日これはいいよ」というよう
に，積極的な提案も少なくない。このような接客の方が多いし大切にな
る。名前は知らないお客さんも少なくない。けれど顔なじみになると「こ
の前に買ったのは美味しかった？」と話しかけることも多い。すると「美
味しかったわよ」といってもらえることがある。するとこちらも「でしょ

う！」と回答できるし「今度はまた別の商品を薦めるね」と関係を継続することができる。こういうコミュニケーションを継続しているうちに，チーフはこの人が前回何を買ったかというのが覚えている訳です。何を買ってもらっているかを話すと，お客さんは喜ぶじゃないですか。自分のことを知ってくれているという気持ちになるのだから。

〔要望に応えるための横断的対応〕

　多くのチーフは，他のチーフとお客さんとの関係を，多分知らないです。Ｙ社では，カテゴリーが大切。自分がチーフを務めているのは鮮魚。魚屋なんですよ。そこに青果や果物もある。共通するお客さんもいますが，基本的には，チーフ個人が個人ごとに対応します。カテゴリーを横断する依頼があった場合は「お肉屋さんのチーフに頼んである」「青果のチーフに頼んでみた」といった対応もあり得るが，ケースバイケースであり，みんな独立して行動しています。

〔生活への入り込み〕

　私のお得意さんで電話番号を知っている方もいる。それは「トビウオが仕入れられたら電話を頂戴！」というオーダーをもらっているからである。仕入れにいったときにトビウオがあったら，仕入れてくるとともに，お得意さんに電話しなければならない。

　商品を仕入れてくるだけでは十分ではありません。今度は逆に，料理の素人の方でも，召し上がれるように，料理の方法なども，お客さんと大きい声でよくしゃべっています。お客さんに向けて「こうしてつくってみて！うまいから，食べてみてよ！」というと，耳をそばだてているお客さんがいるんじゃないですか。すると，効果は話し相手のお客さんだけではなくなります。そのうちに，耳をそばだてていたお客さんが「この間，あなたが言う通りにやったら美味しかったわ！」と教えてもらうことがある。一般に，肉料理に比べ魚料理はなかなか難しいじゃないですか。逆に大きい声で説明するといったコミュニケーション，そういうのもありなんだなと思います。

〔惜しまない対応〕

　作業効率を考えますけど，“お客さんのための効率”というのをあまり考えたことがないです。例えば，サンマ58円とかバラ売りで，そのときでも，サンマおろしとか，皮を引いたりとか，お値段でサービスをしませんというのもやらないです。いわし 1 本30円としても調理しますし。高いとするとか，安いとしないとか，そういうことはないですね。そういうお客さんの差別化もしない。

〔発言を見逃さない〕

　お客さんの方から「この間紹介してもらったものだけれど，こうするとさらに美味しかった」というのを聞いたことがあります。こういうコミュニケーションが従業員自身のレシピとなり，レシピを増やして，お客さんに「まだやったことはないですけど，こうやったらうまいというお客さんがいらっしゃったんで，今度やってみよう」といったりしていきます。独自のレシピを増やして，それを今度お客さんに提案する。そうすると，また情報を持ってきてくれるお客さんがいる。我々は選択肢を幾つも用意した方が，多様な提案ができる。これをやってくださいと押し付ける訳ではないけれど，常に複数の提案ができることが大切です。例えばメカジキがあったら，バター焼き，ピカタ，フライも美味しいですし，何でも調理できますよというと，後はお客さんがどう料理するかお客さん次第…。「この間貴方がいったピカタを作ったら美味しかったわよ」といわれることがあったとき，「それはよかったですね」と答え，続けて「フライも結構美味しいですよ，今度試してみてください」と話がつながるようになる。料理した経験のない人だと「意外といけますね」と声をかけてもらえるきっかけができるので，こちらもまた話がつながっていく。完全に「こうしてください」まではいわないですね。そうすると，逆にお客さんから話題が提供される方が大切。「この間こうやったらよかった」「こういう料理方法を知らなかった」というように…。すると，また例えば同じ商品でも，料理の方法が一通りだと，週に 1 回しか食べないところ，料理方法が 2 つに増えると，週に 2 回同じものを食す可能性もあることになる。すると，同

じ食材でも購買のサイクルを上げていくことにつながるんです。

［安いときに買ったものを預かるのも厭わない］

　　Y社だと預かってくれるから，安い時に買って，今度お父さんと取り
に来て，持って帰ればよい。お水もそうです。例えば，6本だと重いか
ら，お預かりにしておいて，1本ずつ持って帰るお客さんもいます。便利
だと感じてくれれば別に大したことではない。宅配はできないので，最低
限できることとして，このようなサービスをしています。何が最大限お客
さんのためにできるのかといったら，お預かりサービスもありということ
になっています。

4. 発見事実と考察

4-1　発見事実①　──商品の使用を可能にするサービスの実践──

　　顧客への適切な提案のために従業員が重視していることは，対話である。
気軽に声を掛けることで話しやすい雰囲気が生まれる。従業員は顧客が何を
必要としているのか把握する努力を惜しまない。顧客の嗜好にも関心を寄せ
るが，顧客との相互作用の瞬間に，何を提案するのが最適なのかを考慮した
活動が多い。昨日食べたものを踏まえて今日食べるものを提案し，調理の方
法だけでなく，美味しく食べる工夫にも視点が及ぶことで，従業員と顧客と
の相互作用はスムーズに機能する。顧客も積極的に対話し，従業員からの
サービス提案に期待する。そればかりか，提案を活かそうとする姿勢すら確
認できる。

　　下線部（波線）は，顧客との関係にもとづくサービス活動である。提供す
る商品の使用を可能にするために必要な相互作用であり，それは顧客の日常
を十分に理解しなければ成立しない。「食材について」「調理について」とい
うように，顧客の意志や能力にもとづいたアクションのレベルにまで細かく
配慮しているほか，「安いときに買ったものを一時預かる」といった幾つも
の配慮を束にするような，エピソードのレベルの対応も見受けられる。いず
れも一朝一夕に確立することのない顧客との関係を前提に相互作用が成立し

ており，そこに連綿たるプロセスが存在してきたことを確認できる。

4-2　発見事実②　──「売れるもの」を売る──

　インタビュー調査からは，顧客との対話によって明確になる「売れるもの」を売るべく商品を仕入れる活動が徹底していることが明らかとなった。そのためには，顧客に適切な提案ができなければならず，顧客理解に努めなければならない。こうした従業員のモチベーションの高さを確認することができる。食は人間の生活にとって必要なものであり，購買の頻度も高いことから，来店が習慣化して不思議ではない。すると，顧客との接点は豊富に確保できるとはいえ，このときの商品による提案が最適でなければ，従業員は役割を果たしたとはいえない。インタビュー調査によって，このことが鮮明に示されている。

　ユニークなのは，必要なものは顧客が決めるのであり，顧客が店をつくると考える点である。決して従業員の提案が先にあるのではなく，顧客の日常的な食生活が優先されている。つまり「売れるもの」は顧客とのリレーションシップによって見通せるのであり，顧客が何を求めているのか，どのタイミングで提案できるのかは，サービスのプロセスが機能しなければ，特定できないのである。この考え方が，顧客の日常への入り込みが意識される大きな理由だといえる。

　とりわけ下線部（実線）は，ビジネスにおいて重要なものであり，店頭の商品を資源として活用するうえで重要なサービス活動である。ここでも顧客の日常を尊重した実践が志向されており，それを上回って資源の最適化や有効性を高めるための努力を優先することはない。例えばレシピの提案は購買機会に結びつけることになるとも考えられるが，それ以上に，豊かな日常とそのために食生活の提案として重要である。顧客が期待する豊かな日常と食生活の中にサービスが機能するのであり，そのための技術がレシピの提案や品揃えなのである。このことへの注力を高度化させ，様々な顧客との関係にもとづいて資源を活用することで，顧客へのサービス活動は，ビジネスを推進する大きな力になる。当然，このことに忠実に商品を品揃えしていくと，売り切る商品ばかりを仕入れることが可能になる。これが販売の効率を高め

るという結果につながることで、図表 9-4 にあるような驚異の実績に到達
する。

　つまり、サービスのプロセスを重視した従業員の実践は、特徴的な利益獲
得を可能にするといえる。ただし、利益獲得が目的なのではなく、食を中心
とした顧客にとってのソリューションが目的であり、このことへの適切な対
処をめぐる資源の動員に特徴がある。この特徴こそビジネスを持続させる技
術であり、その本質を理解する従業員で構成される組織文化とともに成立す
るといえる。サービスでしか示すことのできない結果は、このように説明す
ることができる。

4-3　考　察

　従業員は、顧客の嗜好や生活を理解したうえで、望ましい食卓の姿を提案
する。数ある食材の中から、最適な組み合わせ、そのときのベストな選択を
示唆するのがサービスであり、それは品揃えとともに実現する。店頭でおこ
なわれる顧客との会話によってサービスが推進され、プロセスを形成しなが
ら顧客の期待に沿う提案が機能する。下線部（実線）にあるサービス活動
は、そのためのものであり、決してサービスのプロセスと無関係に存在する
ものではない。これが、本事例によって明らかになった大きな発見である。

　食品スーパーが提供し得るソリューションとは、顧客の日常生活と食と
いったテーマに由来するであろう。ただし、サービスのプロセスは事前に検
討できないために、ソリューションというテーマ自体も事前に確定できな
い。従業員のサービスを規定するのは、企業の資源と目の前の顧客である。
このうち操作可能なのは企業の資源のみであり、それを活かすことでしか
サービスのプロセスを組み立てることはできない。したがって、多様なプロ
セスを想定しながら顧客のためにできることを探った末に、いいあてたテー
マがソリューションだったと説明するのが適切である（図表 9-5）。従業員
はこのことを認識しながら、サービスのプロセスを組み立てようとして行動
する。また、プロセスの中で必要となる資源を用意し、ビジネスを機能させ
る。このとき品揃えはビジネスを機能させるための根拠であり、資源であ
る。店舗や商品といったこれら資源は、プロセスの中で効果を獲得する（図

図表9-5 対話によるプロセスとソリューションの関係

出所：筆者作成

表9-6）。

　このことは，店舗や商品がみな，サービスのプロセスに必要な資源であることを意味しており，物販だけを単独の結果として説明できないことを裏づけている。適切な品揃え，適切な提案はみな，サービスのプロセスによって妥当性が確認されるのであり，必然的に従業員は顧客との対話を重視する。顧客への最適な提案を前提に品揃えが推進されるため，販売の機会ロスは大幅に削減できる。いわゆる「見込み違い」は生じにくいといえる。これが，図表9-4のような驚異的な売上高営業利益率の達成につながると考えられる。ここに，サービスのプロセスを原動力としたサービスの結果を確認できる。対話によるプロセスの中にソリューションの契機があり，収益獲得の機会を逸失しない強みが説明できるときに（cf：村松［2015b］），図表9-1の構造は成立するのである。このとき，顧客のソリューションとして機能するプロセスとしてのサービス活動は，決して理念に留まるものではない。従業員は顧客と対話しながらソリューションのかたちを確立し，顧客にとって望ましい日常生活と食をめぐる提案の可能性を追求する。従業員の努力が，こうしたサービスのプロセスとして機能し続けることによって，顧客とのリレーションシップはビジネスの根拠になるのである。

　本事例で興味深いのは，実線の下線部に示される特徴的な組織文化である。図表9-6のように，Y社はまさにサービスのプロセス形成を動機として企業活動がデザインされており，それは個人的なものに留まっていない。従業員にとってサービスは，品揃えを最適化することだけを目指すものではない。顧客の日常生活と食に関心があるからこそ，そこへの探究のために対話が必要であり，サービスという機能が大切なのである。ビジネスはソ

図表 9 - 6　サービスのプロセスが形成される機会とその環境

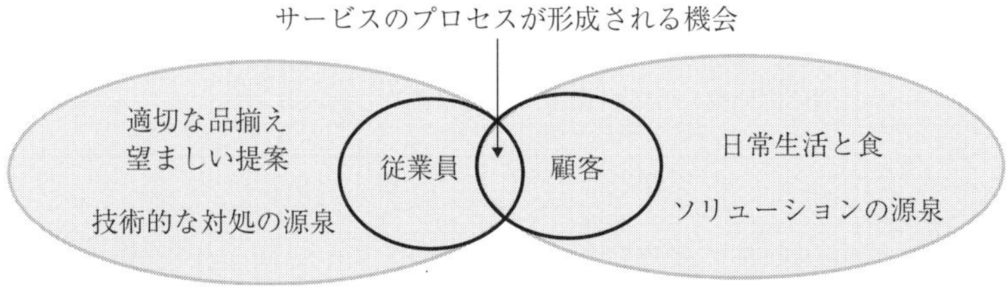

出所：筆者作成

リューションのための方法にすぎず，サービスのプロセス抜きに方法を活か
すことはできない。企業活動に必要な資源もまた，プロセスの中で効果を獲
得するのであり，顧客との対話抜きに資源は意味を持たない。従業員は，プ
ロセスによって駆動する資源を，いかに理解して活用するかが重要になる。
当然，資源の効果的な活用や最適化の考え方も様々である。従業員の創意工
夫によって実効性を高め，提案の持つ意味を高める努力もまた，ビジネスを
成長させる要因となる。これが収益獲得の機会を逸失しない強みとして結実
することで，図表9-4のように明確な競争優位を確立する。こうした理解
が定着しているのが，食品スーパーY社だといえる。

　また本研究は，同社固有の組織文化とともに，ビジネスが成立しているこ
とも明らかにしている。サービスのプロセスは，顧客ごとに異なるものであ
り，インタビュー調査で明らかになった個別の現象は，ミクロ・レベルの実
践例として認識できるものだが，それは決してミクロに留まるものではな
い。サービスのプロセスを束として捉えてみると，ミクロからマクロに視点
が移行できる。これを柔軟に想定することで，特徴的な品揃えが可能にな
る。むしろ，そのノウハウといったビジネスを持続させるための技術が，組
織文化の醸成によって可能になり，成長の原動力になる。これもまた，サー
ビスの視点でしか捉えることのできないものであり，サービスを企業活動の
中心に据える企業を論じるうえで，重要な手掛かりとなるものなのである。

5. おわりに

　食品スーパーの業界において，チェーン・オペレーションが一般化して久しい。しかしながらY社での調査によれば，顧客を個別に捉え，丹念にサービスのプロセスを形成することで，顧客との特徴的なリレーションシップを構築しているだけでなく，適切な品揃えによって購買の不確実性を大幅に低減していることも確認できた。同社の収益性の高さは，サービスのプロセスを動機としたさまざまな努力が結実したものである。その取り組みは，サプライチェーン・マネジメントに代表される現代的な流通の仕組みに依拠するものではない。顧客を徹底的に理解する一方で，操作可能な資源を最大限に駆使することが，最適な提案を可能にする。こうして需要と供給の不一致を低減し，遂にサービスを主体とした企業経営を成立させているのである。こうしたY社の高い収益性は，生産性が低いとしたサービスに対する偏見を払拭するものであり，Grönroosが示すサービスがもたらす結果を説明する力がある。

　さらに，サービスを中心に据える企業活動をこのように捉えたとき，特徴的な組織文化を形成していることが確認できる。本章ではソリューションという視点から，サービスのプロセスがもたらす結果の側面について検討した。すると，顧客によってソリューションはさまざまなほか，品揃えによる提案は異なっていた。そればかりか，最初からソリューションを特定できないことが明らかであった。その一方で，顧客の積極的なプロセスへの参画も確認され，最終的には顧客が納得して利用し続けることで，リレーションシップを認識することができる。つまり，サービスのプロセスが生んだリレーションシップにおいて，ソリューションはサービスの結果の一部なのである。こうして，ソリューションにつながる顧客との相互作用のプロセスについて，資源を活かしていこうとする技術的対処の構造が確認できる。また，このような従業員の姿勢は全社的に重視されており，優れた収益性の獲得と無関係ではない。どの店舗においても，連続した顧客との関係においてサービス・プロセスは成立するからこそ，サービスが力を持つ。これらを含めて，サービスのプロセスがもたらす結果の側面を説明することができる。

　最後に，なぜ Grönroos は技術的品質と機能的品質を区別したのか。このことについて，本研究の成果を踏まえて検討すると，それはプロセスへの注目を重視するだけでなく，あらゆるプロセスを直ちにサービスの結果に結びつけようとしなかったからだろうと推察できる。プロセスを重視しようとすれば，サービス従事者の認識が大切になるが，顧客や資源という存在をどう認識するかによって，ソリューションの性質は異なっていく。Y 社の事例は，サービス従事者が顧客の生活世界を想定することで，特徴的なソリューションが提供できることを説明するものであり，それはサービス従事者の認識に依存する。つまり，プロセスへの注目はサービスの形成のために必要な存在の認識によって，適用される方法も異なるのである。すると，プロセスと結果は存在をどのように認識するかによって異なり，因果関係として説明できても，直ちに一般化可能なモデルを示すことは難しい。そればかりか，断片的な見方によってプロセスと結果の相関に言及しようとすれば，混乱が生じかねない。Grönroos がこれを自明のことと考えていたならば，プロセスと結果をそれぞれどのように認識するのかが重視し，一般化を意識した過度な議論を避けたのかもしれない。それよりも重要なのは，プロセスが生み出す意義を豊かにすることであり，ビジネスを合理的に機能させることと顧客との相互作用を機能させることの，どちらも大切にすることにある。これこそ，Grönroos が結果への言及を急がずに，プロセスへの注目を求めた理由だと考えることができる。

　さまざま議論を展開したが，本章での検討においては，個別の事例研究に留まっており，一般化可能な議論への昇華は不十分である。しかしながら，サービスの視点でしか説明できないさまざまな現象を取り上げ，説明することができた。とりわけ，品質を 2 つに区分することで不明確となっていた，サービスのプロセスの視点による結果の側面に言及できた。こうした議論を可能にするうえで，サービス・マーケティング研究における Grönroos の貢献は大きいといえる。

（今村　一真）

第10章

日本の医療における
サービス・マネジメント・アプローチ

1. はじめに

　第4章の最後に北欧学派のサービス・マネジメント研究に関するリサーチギャップを簡潔に指摘した。本章では，それを踏まえて日本の医療に焦点をあて，そのリサーチギャップについて論説する。

　厚生労働省による医療計画では，地域医療を強調した医療機関の連携が推進され，チーム医療による医療の質向上が期待されている。医療機関は「患者中心医療（patient-centered health care）」を理念として掲げ，組織間ならびに組織内の協働をつうじて人びとに傷病の回復・改善，あるいは予防医療による健康的な生活といった価値を創造する。しかしながら，病院や診療所に代表される医療機関は，その診療科目や規模，地域における役割機能などにより，紹介されるそれらの成功事例は個々に多様であるため，他組織への応用が難しい。その点において，サービスを現象として捉え，「関係性」「顧客志向」「価値共創」を柱とする北欧学派のサービス・マネジメントのパースペクティブは，地域医療及びチーム医療に取り組む日本の医療機関に一定の有益なマネジメント・ロジックを示してくれると期待できうるが，医療機関が遵守すべき制度的制約に関して，Sロジックはその範囲の外にある。企業経営において，そのような制度を含む外部環境への適応は常に重要と考えられる。当然ながら，医療機関も同様であるし，むしろ医療福祉は一国家政策であるから，その制度的制約の影響力はより大きい。一医療機関が自由にサービス提供や経営できるものではない。社会システムの構成要素の1つとして存在し連携するマネジメントを要する。

　したがって，本章では，まず医療のサービス特性について説明する。人々が安心して生活していく上で必須となる医療の提供者は非営利組織体であるが，そのサービスがどのような特性を持つのか，先行研究ならびに北欧学派の視点を合わせて考察する。医療というサービスが1つの組織内で完結しトータルの患者価値を充足するとは限らない。特に重篤な疾病や慢性疾患に関しては，複数の医療機関や診療科に渡って治療行為が継続される。そのため，日本では地域における医療機関の連携がとられる。国や自治体が定める医療計画や医療政策によって各地域の医療連携はマネジメントされるのだ。この点に対して，まず筆者は「サービス・エコシステム」の概念をもって医療の仕組みを社会システムの1つとして捉えてマクロ的な観点から考察する。さらに，ミクロ的な観点として，患者価値の充足に直接的にかかわるチーム医療の概念について，事例をもとにSロジックの観点から考察する。「患者中心医療」という概念が表面的に捉えられている現状において，北欧学派の言及する「顧客志向」の概念にもとづく価値共創を参考にして，真の「患者中心のチーム医療」とはどのようなものか論じる。医療のような制度的制約の影響力を強く受けるサービスにおいては，包括的な観点をもって説明すべきであろう。

2. 医療サービス

　医療は特殊なサービスなのか。そもそも，医療をサービスと呼ぶことに違和感あるいは拒絶感を持つ人（医療従事者を含む）もいるかもしれない。本節では，医療マネジメントならびにサービス・マネジメントの先行研究をもとに，医療サービスを人為的行動現象の1つとして説明する。

2-1　サービスとしての医療

　医療に関する基本法において明確に定義されていないが，飯田ら［2005］によると，それは「医学の社会的適用（実践）」とされ，健康の関する世話／療養（health care）と診断と治療（medical care）が含まれる。つまり，医療とは医学の進歩によって培われる専門的な知識や技術をその他の資源

（人，設備，グッズ，システム等）を用いて患者や人びとに適用し，その傷病や障害の回復・改善あるいは予防や健康増進を実現する行為といえる。

　他方，サービス・マネジメント研究の観点から定義されるサービスは，「顧客の抱える問題を解決することを目的として，顧客とサービス提供者（従業員），物財やその他の物的資源，システムやインフラ，そしてときに周囲の他の顧客（消費者）との相互作用の中で発生する一連の行為から構成されるプロセス（Grönroos［2000］p. 46）」と説明される。ここでは，あくまでも代表的なものとして北欧学派によるものを挙げるが，さらにその影響を受ける Vargo & Lusch［2004］は，「サービスとは，他者あるいは自身の利益のために行為とプロセスとパフォーマンスをつうじた専門能力（知識と技術）の適用である（p. 2）」と定義づけている。

　上記から考察すると，概念上，医療はサービスの定義の範疇にあるといえるだろう。つまり，患者や健康に不安を抱える人びとは，（予防）医療をもってその解決を図ろうとし，然るべき医療機関を受診したり，何かしらの健康増進（回復）行動をとる。そのとき，医療機関の設備やシステムや医療材料ならびに医療従事者の専門的な技術と知識をもって，患者に診療（診断と治療）行為が施される。さらに，患者（その家族）は自主的に処方薬の服薬やリハビリなどをおこなう。したがって，医療はその利用者（患者）の健康や身体機能の回復，改善，維持を目的とした人為的行為でありサービスなのである。

2-2　医療のサービス的特性

　また，病院は営利企業とは違うから，医療は特殊なサービスだという主張も少なくない。業界が異なれば，事業も異なるし，競合する企業間でもオファリングに差別化がなされる。医療に限って"特別"とは言い難いが，強調される特性はみられる。サービス・マネジメントやマーケティング研究においては，サービスの特性として無形性や生産と消費の同時性，不可逆性などが挙げられるが，医療もまたそれらを備えている。例えば，香川ら［2017］は，医療における医療従事者と患者（家族）とのコミュニケーションにおける課題の要因となりうるサービスの特性として，「医療サービスの

不確実性」,「医療サービスに伴う情報の非対称性」, そして「保健行動の実行困難性」を挙げている。生活の中で誰しもが何かしらの疾病に罹患するリスクがあり, 個人の病歴や身体的属性ならびに症状の程度によって, 治療方法やその効果も異なる。そのような医療における不確実性は, 患者の転帰を予測困難たらしめる。したがって, 的確な「科学的根拠に基づく医療（Evidence-Based Medicine：EBM）」には, 高度な専門知識と質の高い情報が必要となり, 患者（家族）に対して症状と治療方法とその効果に関して充分な説明や情報提供をおこない, 同意を得る必要がある（インフォームド・コンセント）。また, 客観的かつ専門的な医療情報を得る手段としてセカンド・オピニオンの活用も有効である。しかしながら, 近年拡がるインターネット情報を鵜呑みにした主観的判断は危険である。

　そして, 自らの罹患する傷病に関しては主体的な保健行動がある程度求められる。例えば, 慢性疾患や生活習慣病予防に対して, 生活の中で患者は処方薬を継続して服薬したり, 医師等から勧められる適度な運動などの保健行動を要する。医療サービスのその他の特性を図表10-1にまとめる。

2-3　医療の質

　Donabedian［1980］は, 医療の質を評価する直接的な方法として, その医療を吟味することの重要性を唱えながらも, 間接的な測定尺度として医療の「構造（structure）」と「結果（outcome）」に言及している。

　構造とは, 医療提供における資源（ヒト・モノ・カネ）ならびに医療保険や医療政策を含む。Donabedian［1980］は,「充分な資源があり, 適切にシステム設計がなされている優良な構造こそが医療の質の維持と促進に最も重要な手段となる（訳書 p. 87）」と主張する。医療機関内の構造改革に関しては, 第４章で紹介した「サービス・デリバリー・システム」の開発及び調整の手法にヒントをみることができるだろう。これを医療機関内のサービス提供の仕組みにおき換えると, 従業員＝各種医療従事者（事務スタッフを含む）, 顧客＝患者（家族・面会者を含む）, 設備／物的資源＝医療機材, 薬剤, 病棟, ベッド及び寝具, 病室及び待合室内の備品等となるが, これらを各種医療機関の役割機能, すなわち医療サービス・コンセプトに合わせて調

図表10-1　医療サービスの特性

特性	概要
侵襲性	医療は，人間の生体に対して，薬剤投与，検査，手術等の処置・治療を施す侵襲を加える行為である。そのため，厚生労働大臣及び都道府県知事によって認められた専門資格職による行為に限り，傷害罪適用が除外される（業務独占）。
リスク性	薬剤投与は生体にとって異物・劇物・毒物を投与することであり，検査や治療行為は苦痛を伴う外的障害となる。そのため，医療は不安全行為であり，不具合が生じるリスクならびにそれによる患者（家族）不利益が生じるリスクがつきまとう。
緊急性と負荷変動	急性疾患あるいは事故や災害に対する救急診療ならびに入院患者への24時間の応需体制をとるため，交代勤務が必要となり，また最大負荷時に対応できるよう設備及び人員配置を準備しなければならない。
個別性	同一疾病であっても症状の程度や治療の有効性には個人差が生じるし，患者個人でも経過や時期によって状態は異なる。また，症状による痛みや不具合あるいは回復・改善の感覚は患者の主観による。
地域性	地域住民の生活圏が医療機関の診療圏となり，各種医療機関は役割機能によって連携して地域医療を支える。

出所：飯田ら［2005］pp. 53-54より筆者作成

達及び調整する必要がある。Donabedian［1980］が言及する資源の中の"ヒト"には，患者及びその家族や面会者は含まれていないが，第4章で述べたように，北欧学派のサービス・マネジメントの観点では，顧客が価値の主体的な創造者となる。しかしながら，医療の緊急性といった特性上，例えば，交通事故や心筋梗塞等の発作で救急搬送された意識のない患者がサービス・ドライバー，すなわち治療方法に同意する意思決定者となるのは難しい。そのため，場合によっては，患者の家族や後見人の判断に委ねられる。

　医療の結果についてDonabedian［1980］は，「医療によって患者にもたらされた現在とその後の間の健康変化を意味する。健康のやや広い定義に倣って，通常の身体的生理的面に加えて社会的心理的な機能の改善も考慮に入れる。また，（中略）患者の姿勢（満足を含む），患者が得た健康関連知識，健

康関連行動の変化も加えたい（訳書 p. 88）」と説明する。第4章に既述のとおり，Grönroos［2015］は，価値について "Being better off（より良くなること）" と端的に表現しており，それはサービス・プロセスの結果として顧客がどのように認識するかによって評価される。医療もまた治療行為の結果（改善したり悪化したり，いずれにせよ）として生じた健康変化を患者が認識すると同時に，医療サービスの質と価値が認識され評価される。顧客の知覚品質は顧客価値あるいは満足度を決定する最も重要な要因となると考えられる。

　図表10-1には，顧客がサービス品質を認識するプロセスが描かれている。顧客は事前の情報や経験をもとに利用サービスの品質を予測したり期待（期待品質）し，サービスの選択と利用を意思決定する。その利用プロセスにおける提供者の技術及び構造システムの機能の品質を，事前に形成されたサービス・イメージのフィルターにかけ，経験品質を評価する。その経験品質と期待品質のギャップが顧客の総体的なサービス知覚品質を決定し，さらにそのサービスのイメージを再形成するとともに価値が創造される。

　医療法第6条により，医療機関の広告は診療科目名をはじめ，住所，施設名，連絡先に限定されているが，インターネット広告は規制緩和されており，近年では患者にとって医療機関の相談窓口に次いで重要な情報源となっ

図表10-1　総体的な知覚品質の評価

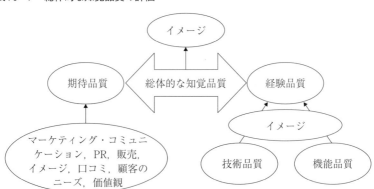

出所：Grönroos［2007b］p. 77より筆者作成

ている。このような情報や過去の経験から患者（家族）は，当該医療機関の
サービス内容及び品質のイメージを形成する。そして，実際の受診を経て，
院内環境やホスピタリティ・サービスを含めたその医療サービスの総体的な
知覚品質が患者によって評価される。医療の場合，処方薬の継続的な服用や
自宅療養など，医療機関を離れてからも治療行為は（自主的に）続くため，
特に結果の判断は困難かつ曖昧になりやすい。

　また，患者の信仰する宗教上の事由により，治療のための輸血が拒否さ
れ，最悪の結果を招く事例も挙げられるが，このような場合にもし身体的生
理的健康の回復を優先し，輸血を伴う施術をした場合，患者の社会的心理的
健康が損なわれてしまうリスクが発生する。すなわち，医療提供者は患者を
「単なる患者」として診るのではなく，社会に生きる生活者としての側面に
も配慮しなければならない。

　上述のとおり，Donabedian［1980］は医療の質の間接的尺度として構造
と結果を示すが，両者をつなぐ要素として「過程（process）」が加えられ
る。図表10- 2 に各要素の説明を加える。

　さらに，図表10- 3 は彼による医療の 3 要素の連関を描いたものである。

図表10- 2　医療の 3 要素

要素	概要
構造 structure	医療提供条件を構成する ・物的資源（施設，設備等） ・人的資源（専門職の数，多様性，資格等） ・組織（医療従事者の組織，医療費支払方法等）
過程 process	どのように医療が提供されるか ・診断，治療，リハビリ，患者教育等，専門職によっておこなわれる通常の医療活動 ・患者（家族）の医療参加，医療者と患者の関係性
結果 outcome	提供された医療に起因する個人や集団の変化 ・健康状態の変化 ・患者（家族）が得た将来の健康に影響しうる知識の変化 ・将来の健康に影響しうる患者（家族）の行動の変化 ・医療とその結果に対する患者（家族）の満足度

　出所：島津［2005］pp. 41-42より筆者作成

図表10-3　医療の要素と患者満足の連関

出所：Donabedian［1980］訳書 p. 91より筆者作成

　質の高い構造は診療プロセスの質を高め，患者（家族）が満足しうる良い結果をもたらすといった各要素の一連の関係性が示される。

3.　2段階の関係性からなる医療

　医療の質を向上させるには，患者を"不特定多数の治療を求める傷病者"としてみるのではなく，社会生活者としての側面に配慮して，個人の患者として寄り添わなければならない。現代のサービス・マネジメントやマーケティングにおいて言及される「顧客の"個客化"」といった観念が医療の世界でも必要だと考えられる。すなわち，「患者中心医療」とはそのような観点から患者の真のニーズを読み取り実現する医療ではなかろうか。

　日本では，国民皆保険制度によって国民は医療機関を自由に選択し受診することができる。医療機関に関しても，自由開業・標榜制度によって，自由に開業及び診療科目を標榜することができる。ただし，自由開業に関しては，医療圏内の病床数制限によって，有床の医療機関は自由に開業できないが，無床の診療所（クリニックや医院）はその限りではない。

　平成29年に厚生労働省が提出した「第7次医療計画」に示されている医療計画の目的は，「医療機能の分化・連携の推進を通じて，地域において切れ目のない医療の提供を実現し，良質かつ適切な医療を効率的に提供する体制の確保を図ること」とされる。中でも喫緊の課題として「5疾病（がん・脳卒中・心筋梗塞・糖尿病・精神疾患）・5事業（救急医療・災害医療・へき地医療・周産期医療・小児医療）・在宅医療」への医療体制に重点がおかれている。近年の日本の医療政策は，「地域包括ケアシステム」を構築し地域医療を推進することが最重要事項とされる。

図表10-4　医療の役割分担と連携

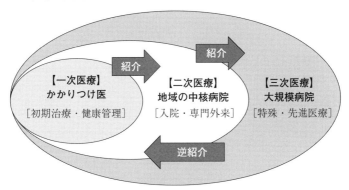

出所：福井県 HP 資料「第 3 部医療の役割と連携」より筆者作成

3-1　地域医療

　上述のとおり，わが国では特有の医療制度のもと，国民の健康の維持・保証に向けて，地域の医療・介護等の施設が連携して取り組む地域における包括的ケアの方向性が示されている。図表10-4のように，各地方の医療機関はその役割機能に応じて，一次医療から三次医療に分化して連携をとり，患者にスムースな医療提供システムが構築されている。

　まず，地域住民の日常的な健康生活を支える「かかりつけ医」がプライマリ・ケア（一次医療）の要となる。生活圏における医療機関が一次医療の役割を担うが，福井県を例に挙げると，自治体が独自に実施したアンケート[1]では，県民の80.5％（診療所・医院72.5％，総合病院24.0％）が「かかりつけ医がいる」と回答している。かかりつけ医は，初期治療及び疾病予防に対応しており，地域の医療だけでなく保健や福祉にも重要な役割を担っている。より重篤な患者や高度専門的な傷病を患う患者の治療に対しては，二次医療圏との連携をとりながらおこなうこともある。

　二次医療圏にあたる地域の中核病院は，一次医療圏から紹介を受けた患者等の入院医療とより高度に専門的な外来医療の役割を担う。

　三次医療圏にあたる特定機能病院等の大規模病院は，二次医療圏から紹介を受け，高度な専門性及び特殊な医療に対応する医療機関であり，そのための先進的かつ専門的な医療機器や医療従事者を抱える。

　このように，日本国民は医療機関のフリーアクセスが保証されているものの，地域における効率的な医療提供のため，医療計画に則った医療連携体制がとられている。したがって，厚生労働省や地方自治体といった医療政策策定者，医療機関，患者になりうる地域住民といった 3 者が我が国における医療サービスの代表的なアクターとなる。この各アクターの活動から構成される社会システムに対して，図表10-5のサービス・エコシステムの概念を適用し，日本の医療サービスの仕組みについて解説していく。

　まず，サービス・エコシステムについて概説すると，Vargo & Lusch [2004] はそれを「共通の制度的ロジック（ルール）とサービス交換をつうじた相互的な価値創造によって結びつけられた資源統合アクターからなる相対的に自己完結的でかつ自己調整的なシステム（訳書 p. 191）」と説明している。さらにそれは，共通の文化体系，すなわち社会や価値観によって形成される「マクロレベル」，企業を取り巻くサプライチェーンやネットワークに表現される「メソレベル」，そしてアクター間のインタラクションがおこなわれる「ミクロレベル」の各エコシステムの階層が入れ子状に関連し，社会総合的な価値共創のプロセスの体系となる。

　医療におけるサービス・エコシステムのアクターは，患者（家族），医療従事者，市民・地域住民，医療施設，介護・福祉施設，薬局，国・地方自治

図表10-5　サービス・エコシステムの概念モデル

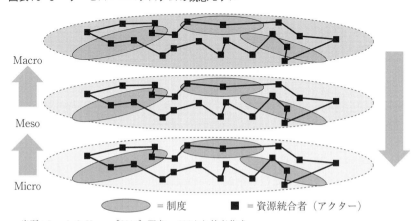

出所：Lusch & Vargo ［2014］訳書 p. 202より筆者作成

体，厚生労働省，医師会，医大等教育・研究機関，保険者，支払基金・国保連，製薬会社，医療機器メーカー及び商社，その他，医療関連 IT 等企業などがあてはまると考えられる。

　医療におけるサービス・エコシステムのマクロレベルは，医療及び福祉政策であったり，医療法や医療倫理，保険制度などが制度的ロジックとして機能し，国民の健康を保証する医療制度の整備が当該エコシステム内で価値として共創される。次のメソレベルでは，医療計画の骨子となる地域医療連携やへき地医療や救急医療体制，さらには地域内の医療・福祉・介護機関の連携を実現する ICT の利活用が制度的ロジックとして機能し，地域連携及び病病・病診連携，関連企業との連携によるスムースかつ質の高い医療提供体制を構築することが当該エコシステム内での価値として共創される。そして，ミクロレベルでは，とりわけ患者（家族）と医療従事者，あるいは医療従事者，保険者，医療機器や製薬関連の企業等によるインタラクションが執りおこなわれ，その制度的ロジックや医療機関の受診方法（手続き）や施設の利用規則，かかりつけ医制度，チーム医療，インフォームド・コンセント，予約システムや電子カルテ等の ICT の利活用等が機能し，便利で安心・信頼できる質の高い医療提供を実現し，患者の ADL や QOL の改善・向上が患者価値として共創される。

　医療サービスをとりまく社会システムもまた入れ子状に連関しており，各階層内の平坦かつ近視眼的なパースペクティブではなく，生活者として患者個人を観察し，その健康と医療を支える社会システムとして医療サービスを捉えるホリスティックなロジックをもって各アクターが協働していくことが望まれる。

3-2　チーム医療

　次いで，「チーム医療」を上記のサービス・エコシステムの概念モデルにおけるミクロレベルの 1 つの制度的ロジックにあたるとみて論説していく。

　今日の医療においてチーム医療が求められる背景として，生活習慣の多様化による疾病の複雑化，少子高齢社会における医療サービスの効率化及び医療費抑制等，それらに対応すべく包括的医療サービスの必要性が考えられ

る。しかし，その実践にあたっては，医療機関はその規模や機能，院内の組織文化やマネジメント体制等によって千差万別であるため，絶対的な正解を示すことは難しい。したがってここでは，いくつかの事例をもちいながらも，サービス・マネジメントの理論的観点からその概念的枠組みについて考察する。

　チーム医療に対しては，医療従事者による事例研究の他にも，例えば，医療社会学的アプローチをとる細田［2003］，経営管理論的アプローチをとる冨田［2008］，経営組織論的アプローチをとる蒲生［2008a］［2008b］［2012］等，種々の方面からの研究がなされている。

　蒲生［2008a］は，チーム医療を「チーム」という組織特性に着目し，特有の協働システムとして捉え，次のように定義している。すなわち，「チーム医療とは，少人数のプロフェッショナル及び有力な情報を持ち得る人々から構成される組織によって遂行される医療行為である（p. 33）」。チーム医療における直接的なアクターは，医師，看護師，薬剤師，栄養士，理学療法士や作業療法士等のリハビリスタッフ，臨床工学技士や臨床検査技師，医療ソーシャルワーカーや社会福祉士，さらに医療事務スタッフ等，そして患者（家族）が含められる。

　既述のとおり，チーム医療はそれぞれに医療機関の機能や組織の性格あるいは対応する症例によってその志向性が異なるが，細田［2003］はその志向性を①「専門性志向」，②「患者志向」，③「職種構成志向」，④「協働志向」に分類した。①と②，③と④はそれぞれ緊張関係にあると考えられ，①＞②の場合，患者対応が蔑ろにされ，逆の場合は患者主張を優先しすぎて本来の医療ニーズの配慮が欠けてしまう。そして，③＞④の場合，職種は揃っていても形式上のチーム医療になり，逆の場合，貢献に見合う誘因が保証されないことにメンバーが不満を抱えてしまう。つまり，能率と有効性の高いチーム医療にはこれらの緊張関係に配慮したマネジメントが必要になる。

　冨田［2008］は，静岡がんセンターの事例を挙げ，多職種チーム医療のマネジメントにおける従業員満足の重要性について言及する。静岡がんセンターは，まず対外的な公式の院内組織図とは別に日常業務における組織図を作成しチーム医療の構造を可視化したり，看護師の役割を重視して組織のフ

図表10-6　患者中心のチーム医療：静岡がんセンターの事例

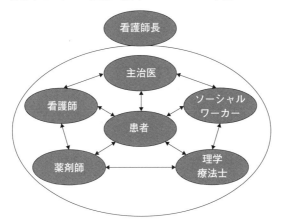

出所：冨田［2008］より筆者作成

　ラット化をはかったり，チームメンバー及び患者（家族）とのコミュニケーションを効率化し情報共有を促す仕組みをつくるなど，プロフェッショナルとして医療スタッフが職務満足を高め自律的に協働し，スタッフ間ならびに患者との相互作用が促進される病院づくりがなされている。また，図表10-6は静岡がんセンターのチーム医療における患者との関係を描いたものであるが，患者中心のチーム医療の概念図としては目新しいものではなく，むしろ特筆すべきは，看護師長がチームのコーディネーターとして機能している点にある。従来，医師や主治医がチーム医療のファシリテーターあるいはコーディネーターとしての役割責任を負うが，静岡がんセンターでは，患者のニーズを汲み取った質の高い医療及びケアの提供のため，最も彼らと頻繁かつ緊密に相互作用している看護師（長）がチームメンバーの調整役となる。静岡がんセンターのこの事例は，まさに従業員満足と医療の質，そして患者満足の好循環を創出するチーム医療といえる。

　チーム医療の目的は医療の質の向上にあるが，インターナル・マーケティングの議論においても明らかになっているように，従業員の職務満足と技術向上が質の高いサービスに不可欠である。図表10-7は Grönroos［2007b］が説明するインターナル・マーケティングにおけるエンパワメントとイネー

図表10-7　チーム医療におけるインターナル・マーケティング効果

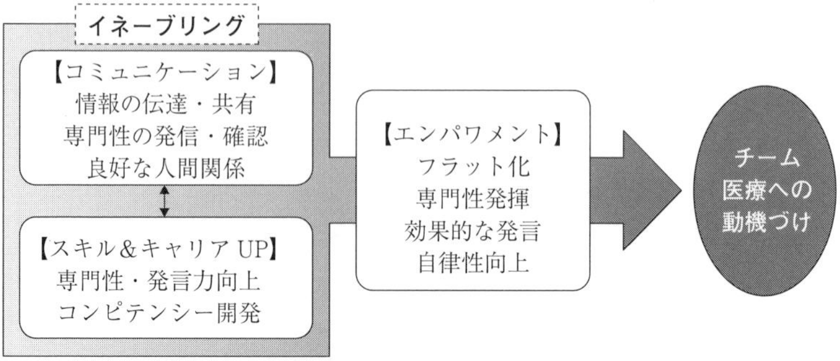

出所：筆者作成

　ブリングの概念を用いて，いかに医療従事者をチーム医療の協働行動へと動機づけるかを描いたものである。協働においては，古くから Barnard [1938] らが論じてきた近代組織論の中でもいわれているように，コミュニケーションの役割が極めて重要となる。チームのコミュニケーションをつうじて，情報の伝達及び共有，人間関係の構築は当然のことながら，メンバーの高度に専門的な知見による議論をつうじた各専門知識の新結合から，イノベーティブな治療方法のアイディアも期待される。そのような建設的かつ革新的なコミュニケーションが多職種チームの風通しを良くし，協働の質ならびにメンバーの専門性を高める。メンバーのスキルやキャリアが高まるとさらにコミュニケーションの質も高まるといった相乗効果も期待される。このようなチーム組織の構築がイネーブリングとなり，実際の医療サービス・プロセスにおける現場のエンパワメントが機能しうる。その成功経験をつうじて彼らはチーム医療に対する内発的動機づけをもって患者満足を充足する質の高い医療の提供を目指すことができると考えられる。

3-3　医療における価値共創

　そして，チーム医療の文献では，「患者を中心としたチーム医療」といった表現が頻出することから，それは患者を含めた価値共創の場となりうる。図表10-8は，第4章で紹介した Grönroos & Voima [2013] による「価値発生プロセス（図表4-5）」をベースに「患者価値の発生プロセス」に応用

図表10-8　患者価値の発生プロセス

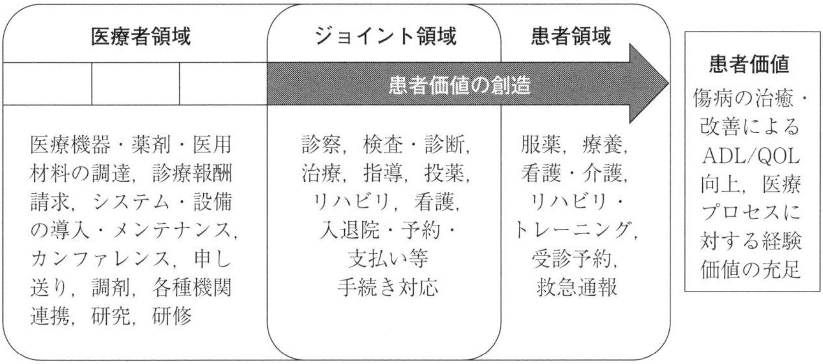

医療者領域			ジョイント領域	患者領域	
			患者価値の創造 →		患者価値
医療機器・薬剤・医用材料の調達，診療報酬請求，システム・設備の導入・メンテナンス，カンファレンス，申し送り，調剤，各種機関連携，研究，研修			診察，検査・診断，治療，指導，投薬，リハビリ，看護，入退院・予約・支払い等手続き対応	服薬，療養，看護・介護，リハビリ・トレーニング，受診予約，救急通報	傷病の治癒・改善によるADL/QOL向上，医療プロセスに対する経験価値の充足

出所：筆者作成

したものである。ここでは，患者が医療サービスに求め創造される価値を患者価値と呼び替える。

　患者（家族）は，知人の体験談やかかりつけ医からの紹介をつうじて，医療機関を受診する前の期待品質を形成する。そして，その医療機関と接触した段階で患者はその潜在的利用価値を知覚する。実際のファーストインプレッションとなるそれは，例えば，院内のインテリアや快適性（サービススケープ），受付スタッフや医療従事者の対応や雰囲気（サービス・エンカウンター），入院手続きにおける説明のわかりやすさ（アクセシビリティー）等である。また，患者の目が行き届かないバックオフィス，いわゆる「医療者（プロバイダー）領域」では，患者価値創造のための準備がおこなわれている。

　そして，患者は医療機関を受診する段階，すなわちジョイント領域に踏み込み，価値共創に参加する。その価値共創の構造が程度の差こそあれ患者中心（志向）のチーム医療として機能し，医療プロセスが進行する。患者が無事に回復し，退院することで，ジョイント領域を抜け，患者領域に戻り，日常生活を送りながら服薬や自宅療養・リハビリが患者個人あるいは家族や保護者とともに続けられる。

　しかし，この価値発生プロセスは一方向にのみ進むものではなく，反復しながら顧客価値を高めていく場合もあり，特に医療サービスにおいては，症

状によって入退院を繰り返したり，外来診療やリハビリのための通院を続けることは当然のこととしてある。入院や治療が長引くことで患者（家族）が精神的不安を抱えたり，計画的な生活が送れなくならないように，医療提供者側は効率的かつ一貫性のある医療を提供しなければならない。蒲生[2008b] は，その実現にチーム医療の計画表となるクリニカルパスの重要性と経営的意義に言及している。クリニカルパス及び連携パスは患者の症状ステージごとに適切な治療方法と ADL や QOL 等の数値目標から構成される工程表であり，効率的に治療を進めていけるだけでなく，医療チームや患者に可視化することで治療状況の情報共有もはかることができるし，医療機関の連携をスムーズにとることができる。実際に，医療の質の一指標として入院日数が挙げられるが，クリニカルパスを導入した福井県済生会病院は，平均入院日数を17.0日（1998年）から15.9日（2001年）に短縮している。「患者」は，社会生活者である我々人間の一時的状態または一側面にすぎない。医療期間を退院して一刻も早く健康体として日常生活に戻ることもまた患者価値であるので，クリニカルパスを活用したチーム医療はその達成に有効な手段となる。

4. おわりに

　本章では，医療分野に北欧学派的サービス・マネジメントの研究アプローチの可能性を探るべく考察をおこなった。今回は特に日本における医療課題である地域医療とチーム医療に焦点をあてて議論したが，それは医療の有効性及び患者満足度の向上，すなわち医療の質向上を目的とする価値共創の制度である。医療機関は，そのサービス・エコシステムにおける極めて影響力の強い中核的なアクターでありながら，インサイドアウトの価値創造アプローチに陥っている傾向がみられる。その原因としては，プロフェッショナル・サービスであるために顧客となる患者（家族）との知識や情報の非対称性であったり，受診者過多，地域の医療機関やスタッフの不足，診療科目における医師の偏在等々のために充分な診察や治療が受けられないなど，幅広い医療問題が影響を与えている。提供者本位の効率性の向上ではなく，患者

本位の医療の質を高めるためには，アウトサイドインの医療マネジメントが必要である。そのために，患者の社会生活者としての側面にまで目を向けたクリニカルパス（連携パス）を作成し，その遂行においても患者中心（志向）のチーム医療及び地域医療連携をエコシステムにおけるアクターが理解し推進していく社会をつくらねばならない。

注

（1）福井県 HP（https://www.pref.fukui.lg.jp/doc/iryou/iryoujouhou/iryoukeikaku_d/fil/004.pdf 2020.7.15閲覧）より。2019年 9 月実施。

（蒲生　智哉）

第**11**章

企業はどのように顧客の
価値創造プロセスを支援するか
：顧客の生活世界におけるマーケティング

1. はじめに

　北欧学派の研究は理論と実践の融合を重視している。特に2006年から提唱
されたSロジックはマネジリアルなロジックであり，ビジネスに対する新
しい戦略的思考法及び新しい運用的思考法であると主張され（Grönroos
[2006b]；Grönroos and Voima [2013]；Strandvik [2013]），北欧学派の
サービス研究の知見をすべてのビジネスに適用することを意図している。S
ロジックの中核理念は，顧客の価値創造プロセスに対して企業がマーケティ
ング行為を通して支援することである（Grönroos [2006b]）。

　従って，マーケティングの対象領域は従来のグッズ・サービス活動の生
産・デリバリーの「場」から顧客の価値判断や価値創造の「場」へとシフト
しており，新しい理論体系の構築が求められる。2006年以降，Grönroos の
一連の研究はこのような理論づくりに対して，大きなインプリケーションを
与えているといえる。特に，顧客の消費プロセスにおいて直接的な相互作用
を通して実現される価値共創（value co-creation）の概念が注目される。一
方で，これらの議論のきっかけとなるのは，Grönroos がS-Dロジックの価
値共創に対する包括的な捉え方への批判である。「価値が常に共創される」
というS-Dロジックの主張に対して，Grönroos は消費プロセス及び企業と
顧客の直接的な相互作用といった条件をつけ，価値共創を限定的に捉えてい
る。しかも，彼は価値共創は顧客の価値創造の一部であると主張し，企業
マーケティングの領域をより広く捉える必要があると指摘している。

　一方で，Sロジックについての議論は理論研究が主であり，企業を対象とする実証研究があまりおこなわれていない。本章では，事例研究のアプローチを用いて，企業はどのように顧客の価値創造プロセスを支援するか，どのように価値共創を実現するためのマーケティングを展開しているかを明らかにする。

　研究目的を達成するために，まず，Sロジックにおける顧客の価値創造プロセスの捉え方を整理し，事例研究のための分析フレームワークを構築する（第2節）。次に研究手法を特定し（第3節），事例研究をおこない（第4節），発見事実について議論し結論をまとめる（第5節）。

2. 先行研究と研究課題

2-1　サービス・ロジックにおける価値創造プロセスと価値共創の捉え方

　Sロジックの基本的な考え方では，価値創造の領域（value creation spheres）がプロバイダー領域，ジョイント領域，そして，顧客領域（独自の価値創造）に分けられる（Grönroos and Voima [2013]）。その中で，ジョイント領域と顧客領域は顧客の価値創造の領域であると捉えられている。言い換えると，価値創造プロセスは企業プロセスではなく顧客のプロセスである。また，顧客の価値創造は消費プロセスにおいて発生すると主張される（Grönroos [2006b]；Grönroos and Gummerus [2014]）。価値創造プロセスにおいては，サービスは「価値を創造したり，価値の出現を遂行させたりするために，企業の一連の資源が顧客と相互作用するプロセス」（Grönroos [2006b], p. 324）と定義される。

　企業との関係性の視点から，顧客の価値創造プロセスは，企業が直接的に関与しない単独の価値創造と，企業が直接に関与している共創といった2つの部分から構成される。

　顧客の独自の価値創造プロセスでは，顧客は企業から獲得した資源を利用して（企業と間接的な相互作用をおこなうことで）価値を創造する。この場合，価値創造は資源が利用される文脈（社会的，物理的，精神的，時間的，

空間的）に依存する（Grönroos and Voima［2013］）。顧客領域の一部であるが，企業が直接に関与している価値創造プロセスでは，顧客が企業と直接的な相互作用をおこなうことで価値共創する。

2-2　サービス・ロジックにおける価値共創マーケティング研究の課題

　S ロジックをベースにしたマーケティング活動は顧客の価値創造プロセスを支援することを目指している。そのため，企業にとって，顧客との直接的な相互作用の質を高めること，企業と直接的な相互作用以外の顧客独自の価値創造をより深く理解することが課題になる。

　顧客独自の価値創造プロセスを理解する際に，Grönroos は企業の提供物とかかわる部分に焦点をあてている。この考え方は，マーケティング研究の範囲を提供物を提供した後の消費利用まで拡張しており，顧客がどのような文脈において，どのように提供物を利用し，どのような価値を創出するかを理解する必要性を示している。一方で，これは企業の提供物があることを前提にしている。北欧学派の研究を中心に，価値創造を顧客の日常生活に広げようとする研究成果が蓄積されている（例えば，Voima et al.［2010］；Helkkula et al.［2010］；Korkman［2006］, Heinonen et al.［2010］）。例えば，Heinonen et al.［2010］は顧客がどのように企業の提供物を自分の活動システム（生活世界）に統合するかを理解すべきであると指摘している。Grönroos は S ロジックに関する論文の中でこれらの研究成果を頻繁に引用している。

　しかしながら，顧客の生活世界を分析対象とするなら，どこまで対象とすればマーケティング研究にとって有意であるかについて，S ロジックの議論では十分に検討されていない。

2-3　本研究の分析視点と研究課題

　以上の議論を踏まえ，本研究は価値創造がおこなわれる「場」としての顧客の生活世界を【フェーズ 1 ：企業の提供物（グッズあるいはサービス活動）とかかわる部分】と【フェーズ 2 ：企業の提供物（グッズあるいはサー

図表11-1　本研究の分析フレームワークと課題設定

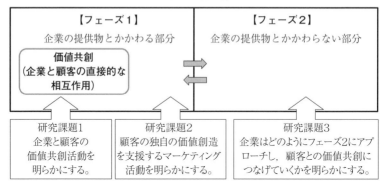

出所：筆者作成

ビス活動）とかかわらない部分】に分けて捉える。

　また，研究目的を達成するために，図表11-1に示すように，３つの研究課題を設定する。

　　研究課題１：フェーズ１における企業と顧客の価値共創活動を明らかにする。

　　研究課題２：フェーズ１において，企業はどのように顧客の独自の価値創造プロセスを支援しているかを明らかにする。

　　研究課題３：企業はどのようにフェーズ２にアプローチし，顧客との価値共創につなげていくかを明らかにする。

3. 研究方法と調査概要

3-1　コスモスベリーズの概要

　事例研究の対象は家電販売のボランタリーチェーンを運営するコスモスベリーズ株式会社である。

　ボランタリーチェーンとは，大型チェーンに対抗するために卸売業者が主宰して独立した小売業者を組織化し，販売方法の標準化や共同仕入れによる購買の効率化を狙う組織である（Kotler and Keller［2006］）。コスモスベ

リーズ株式会社は，2005年からボランタリーチェーン組織をつくり始め，2019年度末まで11,593店舗（80業種）の加盟店を持つ規模に発展してきた。同社を事例研究の対象として選定した理由は，同社が小売現場における顧客接点を活用し，マーケティング活動を展開することで顧客との関係を深化させていると同時に，ボランタリーチェーンの運営側として，顧客の生活世界に積極的に入り込んでいる加盟店に対して様々な支援を提供していることである。本研究では，同社の成長を支えている地域電気店（業種店）の業態化事業及びローカルプラットフォーム事業を取り上げる。

　前者の地域電気店の業態化事業を展開する背景には，高度経済成長時代のモノの充足に焦点をあて，大量にモノを販売しようとする経営手法は，経済が成熟した今日，すでに適切ではないという同社の認識がある。加盟店は小売店舗が取り扱う商品を販売する業種店から，顧客の生活世界における様々なニーズに対応する，または困りごとを解決するためにサービスを提供する業態店へと転換している。電気店以外に電気工事店，燃料店，工務店などが加盟しており，電気店が約２割で異業種が８割を状態である。また，後者のローカルプラットフォーム事業は「小さな困りごと解決で顧客の信頼を得て大きなビジネスにつながる」という発想をもとにして，地域生活者の日常生活を支援するための業際型ネットワーク運営事業である。同社に加盟している他業種の加盟店の知識と能力を最大限に統合し，地域の顧客の日常生活を支援しようとする取り組みである。

3-2　調査概要

　以上の両事業において，企業はどのように顧客の価値創造プロセスを支援しているのか，どのように顧客と価値共創をおこなっているのかを明らかにするために，コスモスベリーズ株式会社の本社及び加盟店３社（内地域電気店２社，ローカルプラットフォーム加盟店１社）に対して，100分から120分程度の半構造インタビュー調査をおこなった。調査対象及び調査実施の詳細は図表11-2に示す。

　調査内容を録音し，その後，音声データを文字起こしして，逐語録を作成し分析に用いた。

図表11-2 調査概要

調査対象		調査実施日
コスモスベリーズ株式会社 本社	代表取締役会長 三浦氏，他4名	2017年9月11日
株式会社 DENRITU（ローカルプラットフォーム福岡リーダー店）	代表取締役 柿山氏，他1名	2017年11月7日
コスモスベリーズ犬山店	取締役社長 堀場氏，他1名	2017年11月14日
コスモスベリーズ幡豆店	店長 三田氏，他3名	2018年2月9日

出所：筆者作成

4. 発見事実

　本節では，インタビュー調査から発見した事実を整理する。なお，4-1と4-2は主に地域電気店2店舗，4-3は主にローカルプラットフォームのリーダー店の事例をまとめる。

4-1　顧客接点の構築

　地域電気店はもともと家電製品の販売やアフターサービスの提供を通して地域の顧客とつながっている。コスモスベリーズに加盟している地域電気店は，家電製品（グッズ）を顧客にサービスを提供する手段として考え方を転換し，顧客との接点の構築と強化を重視している。

　ボランタリーチェーン本部の指示と支援のもとで，店舗のレイアウトを調整している。犬山店では，店舗面積は広いが，展示される家電製品の種類と数量が限られている。しかも，従来のように売場にはカテゴリーごとに商品を展示するのではなく，同店はショールームの形で異なるカテゴリーの商品を同じスペースに取り揃えている。広い店内スペースを家族が集まってコミュニケーションを取る場（リビング），料理をする場（キッチン），食事を

する場に分けて，それぞれの空間に応じてグッズ（家電製品）やセッティング，レイアウトを提案している。また，料理をする場としてのキッチンには，料理のレシピが提案され，どの電気製品のどのような機能を使ったらレシピ通りの料理がつくれるかなどの顧客視点の情報が提示されている。そして，店内のすべての展示品は電気を入れて実際に使用されている状態である。これによって，来店している顧客は自分の家にこのようなグッズをこのように配置したら良い食生活を体験できるという臨場感があり，展示ルームのように自宅をリフォームしてもらう依頼もあるという。従業員は実際に展示されているオーブンや電子レンジを使って料理をつくり，冷蔵庫に保存している。顧客が来店している際に，ダイニングテーブルに座り，おかずを試食しながら従業員とコミュニケーションをおこなう。グッズが顧客の生活空間において顧客によって使われるものとして捉え，グッズ自体の情報の提供より，使用される文脈や使用方法を重視していることがわかった。

　また，幡豆店では，店舗をサロン式に改装し，自宅の雰囲気をつくり，地域の顧客に暇の時，リラックスしてコーヒーやお茶を飲む「場」を提供している。店内では，広いスペースを用意してテレビとソファーを設置し，商品をあまり展示しない代わりに，商品カタログや地域の情報誌を用意している。地域の顧客が何も用事がなくても気軽に来店できるように工夫をしている。店舗を顧客とのコミュニケーションの場として捉え，提供グッズ以外の日常生活の情報を幅広く収集することを目指している。

　それ以外，すでに接点を持っている顧客に対して，積極的に触れ合い活動をおこなっている。顧客と定期的にコミュニケーションできるように，担当者が顧客の自宅訪問や電話などの手法を活用している。顧客とコミュニケーションする際に，グッズの販売とアフターサービスではなく，顧客がどのような生活をし，日常生活の中でどのようにグッズ（家電製品）を使用し，どのような困りごとがあるかなどを中心にしている。顧客を理解する範囲はグッズよりかなり広いことが特徴である。店舗内の販売活動が少ない一方，従業員は地域の顧客を理解することに仕事の重きをおいている。

4-2　既存の顧客関係をベースにしたサービス提供

(1) グッズ (家電製品) の購入への対応

　店舗から顧客に新商品やキャンペーン情報を紹介することが少ない。すでに構築された関係のもとで，顧客は新しいグッズがほしい時に，直接に店舗に連絡する。その際に，顧客は店舗に来て，店内においてあるカタログをみてその場で決めるか，電話を掛けて注文をおこなう。また，コスモスベリーズでは，加盟店がヤマダ電機の店頭で商品の実物を紹介し，ヤマダ電機から在庫を引き取ることができる仕組みを実現している。顧客が近くに立地しているヤマダ電機の店舗でグッズを選んでから，コスモスベリーズの加盟店から注文するケースが多い。顧客が大手家電量販店のヤマダ電機ではなく，わざわざ小規模の地域電気店から注文する理由は，グッズを購入した後に何か困ったことがあったら，地理的にも心理的にも近い同社の従業員に頼みやすいからである。同社の加盟店では，顧客担当制を導入しており，1 人の従業員は特定の地域顧客を担当しており，顧客の状況をよく把握して，長く付き合っているという。地域に根差している同社の加盟店は，日常生活の中で地域の顧客と密接な関係を持っており，顧客が修理や工事などの頼みがあったら，安心に自宅に入ってもらえるからである。その際に，最初から状況を説明する必要がなく，顧客にとって気が楽という側面がある。そのため，ヤマダ電機より多少価格が高いとしても，関係性に対して支払っているという感覚を持っている顧客は，一般的に識別されている購買行動とは異なるパターンでグッズを購入している。

(2) グッズ (家電製品) の使用への対応

　グッズの使用に関して，地域電気店は，担当している顧客の情報を記録して細かく対応していることがわかった。前述したように，地域電気店は担当制を採用しており，顧客と長期的な関係を維持することを前提に従業員が動いている。顧客の情報を記録する際に，年齢，家族構成，購買履歴，好みなどの基本情報だけではなく，顧客がどのように日常生活を営んでいるのか，その中で，どのように家電製品を含む様々なグッズを利用しているのかといったことまでの情報を意識している。そこで，顧客のグッズの使用場面，

日常生活の場面を把握して，いつでも対応できる姿勢を整えている。例えば，顧客の家の構造，間取り，家電の設置場所，コンセントの配置など細かい情報まで記録されている。顧客が電話で連絡する時に，「南の部屋のエアコンの調子が悪い」といったら，担当者がすぐエアコンの仕様や状況を分かり，「リモコンの左側のボタンを押してもらって…」，「今すぐお宅までお邪魔します」など具体的な対応をする。その際に，エアコンの仕様に合っている備品と道具をすぐ準備して持っていくという。グッズの買い替えの時期になると，店舗と顧客の深い信頼関係のもとで，前述したような現物をみない，価格を聞かないといった注文が多い。

（3）グッズ（家電製品）と関係ないサービス提供

　グッズと関係ない領域においても，店舗と顧客の相互作用がおこなわれている。これは主に顧客の生活世界における様々な困りごとへの対応を通しておこなわれている。従来の顧客接点，信頼関係のもとで，グッズと関係ない内容を含む綿密なコミュニケーションを取り，その中から，顕在化している顧客の困りごとを聞く。最初に，電気店であるため，電気製品に関する修理作業だけ対応してくれるだろうという先入観を持っている顧客が多かった。同社の加盟店は触れ合い活動などを通して，日常生活に関することなら何でも聞いてくれるという姿勢をみせ，基本的には顧客の要求を直ちに断ることがない。「せっかく相談したのにできないって，どういうこと？」と思わせないように，できる限り対応する。例えば，簡単な作業であれば，従業員はYouTube の動画などからやり方を学びながら進めていく。しかし，どうしても対応できない場合，地域の協力店（同社に加盟している電気店以外の他業者）と協働しながら解決するようにしている。グッズ（家電製品）と関係ない困りごとは水回り，住宅関連が最も多いという。困りごとを相談しやすいようにするために，コミュニケーションする際に，従業員は顧客の立場から物事を考える，顧客の生活世界における様々な話題を取り組むなどの工夫をしている。

　その結果として，顧客との信頼関係が一層強まり，顧客の生活世界をさらに理解することができ，顧客の困りごとによりスムーズに対応できるという

良い循環が形成される。顧客は困りごとがあったら，同社の加盟店を相談の
窓口として活用する。「鍵が折れた」，「屋根の水漏れ」などの状況で，どこ
に電話したらよいかわからない時，普段付き合っている業者に連絡する。

4-3　価値創造を支援するための協力関係の構築

　本項では，同社は顧客の様々な困りごとに対応する際に，本来保有してい
るナレッジやスキルを超えたら，どのように他業者との協力関係を構築して
いるか，協力のネットワークはどのように機能するかについて整理してい
く。

　地域電気店の場合，家電とまったく関係ない顧客の困りごとに対して，店
舗の力だけでは十分に対応できないなら，問題解決の窓口の役割を担い，工
務店や建築会社など他の加盟業者に解決案と見積書を出してもらい，それを
持って顧客と相談する。工事の最後まで窓口となる店舗がかかわっており，
顧客とのコミュニケーションを継続している。その後，協力店から紹介料を
徴収する仕組みである。すなわち，ただ顧客に他業者を紹介するのではな
く，自らの顧客の問題解決の担い手として活動している。地域電気店はグッ
ズ以外の困りごとに対応することでサービス事業として利益を獲得している
ことが確認できた。

　また，同社のローカルプラットフォーム事業では，「地域生活者を業際型
ネットワークでサポートする」という構想からスタートした。ローカルプ
ラットフォームに参加している同社の加盟店はそれぞれの技術やサービス・
スキルを有しており，複数店舗の協力で地域のすべての困りごとを解決しよ
うとしている。ここで，事例として取り上げているローカルプラットフォー
ム福岡は，電気工事業者がリーダー店（インタビュー調査対象の株式会社
DETRITUS）であり，建築業者，不動産業者，中古車販売業者，燃料販売
業者，給湯器設備業者などの協力店からなる。リーダー店が自らの顧客の困
りごとに対応できない場合，プラットフォーム内の別の業者が対応する。こ
の場合，顧客の困りごとの情報はリーダー店によって集約される。プラット
フォーム内の他の協力店の顧客を横取りしない信頼関係のもとで，顧客の困
りごとを複数の企業が力を合わせて解決する。リーダー店とはよばれている

が，実際に，ネットワーク内の企業は縦関係の請負契約ではなく，水平分業的な協力事業として連携している。ローカルプラットフォーム福岡では，参加各社は日々顧客の困りごとに対応するプロセスの中で，本業を越えて，ネズミの駆除，ふすまの張替え，水漏れ修復，草刈，掃除などサービスのメニューを拡大している。また，地域の顧客の生活世界に密接な接点を有しているリーダー店は，必要に応じてネットワークのメンバーを増やしたりして，顧客の困りごとによりよく対応できるように努めている。

　ローカルプラットフォームの参加企業は，メンバー同士でお互いに顧客を紹介しており，その結果，サービス提供先としての新規顧客が増え，ビジネス機会が増えた。同時に，自ら保有している顧客に対して幅広く対応することが可能となり，顧客と一層親密な信頼関係を構築することができた。さらに，協力企業同士においては，お互いに仕事を任せられる信頼関係が築かれていることが確認できた。

　一方で，コスモスベリーズはボランタリーチェーン本部として，チラシの制作や他のローカルプラットフォームの情報提供などの支援活動をおこなっているだけで，サービス提供や顧客対応に関する指示などを一切おこなわない。各プラットフォーム事業では，加盟店の意志のみで動いていることがわかった。

5. 考察と結論

5-1　フェーズ1における企業と顧客の価値共創（研究課題1）

　Sロジックの議論では，価値は顧客によって判断，創造されるということは基盤である。ロジック的に，価値共創は顧客の価値創造プロセスでしか発生できない。顧客の価値創造プロセスをどの範囲で捉えたらよいかという理論的な研究課題に対して，本研究は事例分析を通して，新たな知見を得ることができた。すなわち，顧客の日常生活の中で，困りごとがあり，それを解決するために積極的に活動するプロセスが価値創造プロセスとして捉えられ，その中には，価値共創の機会がある。従って，本研究では，顧客の生活世界における困りごとを企業と顧客が一緒に直接的な相互作用を通して解決

図表11-3　企業と顧客の価値共創の概念図

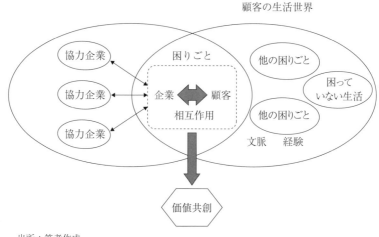

出所：筆者作成

することを価値共創として定義することができる（図表11-3）。その結果，顧客の生活世界における文脈価値が高まる。

　事例研究を通して，企業と顧客の価値共創には，2つの特徴があると分かった。1つ目は顧客の主体性である。顧客は価値創造プロセスの中で必要である時（困った時），問題解決のために企業を価値創造に入ってもらって，顧客が望んでいる形で相互作用をおこなう。価値創造プロセスに招待された企業は価値創造を直接にサポートするというゴールに向けてマーケティング活動をおこなう。2つ目は，企業の提供物は顧客の価値創造プロセス（困りごと）によって決められる。コスモスベリーズの場合，加盟店はそれぞれビジネスとして成立させる本業（地域電気店の場合，家電製品の提供とメンテナンスサービス：DETRITUSの場合，電気工事サービス）があるが，顧客の困りごとに対応するという前提で，従来の枠を超えて提供物を組み替えたり，ネットワークの中の他業者と協働したりして，状況に応じて柔軟的に提供物を再定義している。

　また，北欧学派の観点では，サービスの本質はプロセスであり，その中で，生産と消費が同時進行する価値創造プロセスにおいて，価値共創がおこ

なわれる。従って，第 2 節で議論したように，顧客との価値共創を目指している企業にとって，顧客との直接的な相互作用の質を高めることが重要な課題である。

　価値共創を実現するために，顧客が何を達成しようとするか，何について困っているか，どんな文脈で困っているかを十分に理解することが必要である。それらのことは顧客と接している従業員のパフォーマンスによって達成される。サービス研究において，サービス現場における従業員の創造性やスキルの重要性が強調されてきた（Stok et al.［2017］。顧客とのコミュニケーションが円滑に進められるかどうかの影響要因は，従業員の人格や能力，職務環境以外に，顧客要因も取り上げられる。顧客の態度が良くない，敵意を持っている場合，サービスのスキルが高い従業員でもサービスのプロセスを順調に遂行することができない（Hur et al.［2016］；Stok et al.［2017］）。

　コスモベリーズの場合，顧客が店舗や従業員との信頼関係を十分に構築できている前提で，従業員とのコミュニケーションに対して抵抗がなく，積極的に自らの日常生活の細かい情報を提示し，解決策を求めており，従業員はそのもとで顧客の価値創造に直接あるいは間接に関与することができる。言い換えるなら，信頼を基盤とするサービス関係の存在は，価値共創を実現するための有利な条件である。

　事例研究の結果，企業と顧客の価値共創は接点の構築（あるいは既存接点の活用），コミュニケーション，直接な相互作用，価値の生成（困りごとの解決）といったプロセスを通して実現されると描くことができた。このプロセスは村松（2015）が提示した 4 C アプローチと一致している。企業は価値共創の成果である信頼関係にもとづいて，マーケティング活動を通して価値共創の領域を拡大することができると考えられる。

　価値創造プロセスの「場」としての顧客の生活世界において，企業がかかわっている部分はただ一部であり，それは企業がかかわっていない部分とつながっている。顧客の生活世界をどの範囲でビジネス領域として捉えるかということは企業の意思決定の問題である。すなわち，Grönroos が指摘しているように，S ロジックは企業の戦略的な選択肢である（Grönroos［2007a］）。S ロジックを採用する企業は，顧客の生活世界において価値共創

を実現できるかどうかはマーケティング努力に強く依存している。

5-2 フェーズ1における顧客の価値創造に対する支援（研究課題2）

　顧客の日常生活において，企業はマーケティング活動を通して価値創造を支援している。支援としてのマーケティング活動は顧客の困りごとが発生するタイミングではなく，顧客が企業を問題解決プロセスに招待していない段階においてすでにおこなわれている。コスモスベリーズの事例では，日常的に顧客との接点を増やすことで，コミュニケーションを通して顧客をより深く理解することを従業員の重要な仕事として位置づけている。企業は触れ合い活動，顧客が気軽に来店するようにための工夫などを通して，いざ困りごとが発生した場合，直ちに連絡してもらい，解決できるように準備をしている。この場合，顧客は日常生活の中で常に企業とかかわっていると感じ，価値創造プロセスにおいて企業のナレッジとスキルが必要となる際に，企業を自らの価値創造プロセスに入ってもらう。これはまさに価値共創の可能性を開く最初のステップである。

　これまでの経験的研究では，顧客独自の価値創造プロセスにおいて，企業は主に間接的な相互作用（例えば，グッズの消費使用段階における情報発信など）を通して支援するとわかった（張［2015a］；［2016］）。本章の事例においては，企業は顧客と直接的な相互作用（触れ合い活動など）をおこなうことで，顧客独自の価値創造を支援することができると明らかにした。また，このことは，企業と顧客の直接的な相互作用が価値共創の必要条件であるが，唯一の条件ではないということ（張［2015b］）を証明している。

　要するに，顧客との価値共創を目指している企業は，顧客の価値創造を経時的なプロセスとして捉えることが重要である。フェーズ1における顧客の価値創造に対する支援は価値共創をおこなうための準備活動として捉えることができる。

5-3 顧客の生活世界への入り込みプロセス（研究課題3）

　事例研究の結果から，企業は次のようなプロセスを経て顧客の生活世界に入り込んで，価値創造を支援することが整理できる。

① 中心的提供物（グッズあるいはサービス活動）を通して顧客と最初の接点を構築する。

② 次に，顧客に満足されるような提供物を提供することで，顧客と信頼関係を構築する。その際に，顧客と綿密なコミュニケーションを通して中心的な提供物に関連する部分（例えば，アフターフォローや関連グッズやサービス活動）に関与し，顧客との信頼関係を深める。

③ 顧客の生活世界における中心的提供物と関連しない部分にも積極的に入り込む。

　要するに，コスモスベリーズの加盟店は顧客の価値創造プロセスを中心的な提供物を超えて広く捉えている。中心的提供物とかかわらない顧客の日常生活は，従来，企業にとって可視的ではなかった。コスモスベリーズの加盟店のように，顧客との価値共創をゴールにしている企業は，中心的提供物の提供と使用と関係ない領域もマーケティング対象として捉え，新たなビジネス領域を開拓する。このような企業は，顧客の生活世界を起点とするユニークな事業展開を可能にしている。顧客の生活世界における困りごとを起点にして企業の事業範囲と企業間関係を定義し，顧客とのサービス関係のもとで，価値共創が継続に実現されている。

　本章の分析フレームワーク（図表11-1）に示すように，顧客の価値創造の「場」である生活世界は，企業の提供物とかかわっている部分（フェーズ1）と企業の提供物とかかわっていない部分（フェーズ2）からなる。事例研究の発見事実を踏まえ，分析フレームワークに対していくつか修正を加え，企業と顧客の価値共創を分析するための理論的フレームワークを提示する（図表11-4）。

　まず，フェーズ1顧客の生活世界の中で企業の提供物とかかわる部分はさらに，中心的提供物の利用及び中心的提供物とかかわる生活に分けられる。また，フェーズ1とフェーズ2からなる顧客の生活世界の全体は価値共創の「場」である。

　これまでのマーケティング研究はフェーズ1あるいはフェーズ1の一部しか対象にしてこなかった。グッズ中心の考え方では，フェーズ1の一部分であるグッズの生産と販売に焦点をおいている。これとは対照的に，Grön-

図表11-4　企業と顧客の価値共創の分析フレームワーク

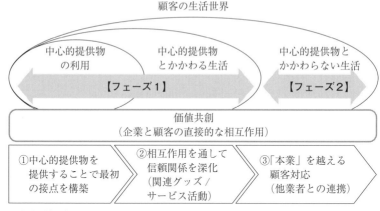

出所：筆者作成

roos が提示したSロジックは，価値が生成する消費プロセスをマーケティングの対象として捉えるべきであると主張している。彼は消費プロセスの捉え方について，拡張された消費概念（expanded consumption concept）を提示しているが，その到達点は中心的提供物にかかわる生活にあると思われる。一方で，価値創造プロセスを顧客の生活世界に広げようとする一連の研究（例えば，Voima et al.［2012］；Helkkula et al.［2010］；Korkman［2006］, Heinonen et al.［2010］）は，顧客の生活世界に対する理解が企業のマーケティング活動との関連性を十分に議論していない。本研究は，事例研究の手法を通して，フェーズ1とフェーズ2のつながりをマーケティングの視点から解釈したことによって，企業は顧客の複雑な生活世界においてどのように価値共創を実現するためのマーケティング活動を展開するかを示すことができた。

6. おわりに

　本章は，Sロジックをベースに，価値共創を実現するためのマーケティングに関する経験的研究をおこなった。コスモスベリーズ株式会社を原型事例

として取り上げ，複数回のインタビュー調査を踏まえた事例研究をおこなった。

理論的インプリケーションとしては，Sロジックは実践との結び付きが強いマーケティングのロジックであることを再確認した。価値共創を現象として解釈するS-Dロジックと比べ，Sロジックは企業活動に様々なインサイトを与えられる。また，本研究は，Sロジックが明確にしていない①価値共創の「場」の問題，②価値共創の領域を拡大するプロセスの問題，③顧客価値創造プロセスの分析範囲の問題について検討した。その結果，価値共創を実現するためのマーケティングを分析するための理論的フレームワークを提示した。この理論的フレームワークを用いて，「顧客の生活世界への入り込み」の各段階にある企業のマーケティング活動の分析に寄与すると考えられる。

実践的インプリケーションとして，Sロジックを採用し，顧客との価値共創を目指している企業に対して3つの示唆を与えることができる。すなわち，顧客の生活世界を中心的提供物を越えて広く捉えること，そこにマーケティング活動を通して積極的に入り込むこと，顧客の生活世界をビジネスの起点として定義することである。

本研究は単一事例研究の手法を採用している。研究対象は顧客の生活世界への入り込み，顧客との価値共創などの面で先進的に取り込んでいる。Sロジックの経験的研究，理論的フレームワークの構築にはふさわしい事例である。今後，理論的フレームワークの精緻化を目指し，さらなる典型事例を掘り下げていく必要があると考えられる。

（張　婧）

第12章

期待マネジメントに関する実証研究

1. はじめに

　第6章ではサービス品質が，期待と実際に経験したサービスとの比較から顧客は判断しているというフレームワークで捉えられることをみてきた（Grönroos［1982b］）。つまり，どのようなサービスを顧客が経験するかという点だけでなく，顧客がどのような期待を抱くかという点も同様に重要となる。したがって，顧客の知覚品質は期待との対比でおこなわれるため，決して期待を無視することはできない（Pels & Grönroos［2009］）。しかし誇大広告により提供できるサービスを上回る期待を抱いている場合や，あるいは期待しているすべてをサービス・プロバイダーに顧客が伝えず，そのままサービスが提供される場合もある。このような場合には同じサービス経験がなされた場合でも顧客の知覚品質が低下する。従って，期待をマネジメントすることは重要ことであり，マネジメントの結果，品質が向上することとなる。長期的関係を求めようとするならば，顧客との対話を通してあいまいな期待を正確なものになるように焦点をあて，明示されない期待を表出させ，非現実的な期待を現実的なものへと調整していく必要がある（Ojasalo［2001］）。

　ところで第6章ではサービス品質と製品品質のモデルの統合がおこなわれている。そこではGummessonの4Q，すなわち設計品質，製造品質，流通品質，関係性品質といったプロバイダーの側面からみた品質と，Grönroosの技術品質と機能品質という顧客の求める結果・そこに至るプロセスという異質なもの同士の統合がなされているという課題があることを指摘した。更によくみると，期待に関してはサービスと製品で同じ議論ができる前提で，1つのフレームワークに組み込まれており，一切議論がおこなわれないまま

である。知覚品質のモデル統合には，当然この議論をおこなう必要がある。本章では後者の課題に関して Ojasalo ［2001］のサービスにおける期待マネジメントのフレームワークが，製品に関しても同様なことがいえるのか，そのフレームワークが適用できるのかを議論する。

2. 期待のマネジメント

2-1　あいまいな期待

　Ojasalo ［2001］によるとプロフェッショナルサービスには 3 つの期待がある。その 1 つがあいまいな期待である。顧客はサービスプロバイダーに求めているものを十分に理解しているとは限らない。現状から良くなることを望んでいるが，どんな改善をすればいいかはわかっていないことがある。この期待が実現しない場合は不十分であると感じても，正確な理由はわからない。自身の，あるいは BtoB のビジネスであれば自社の問題点は気づいているものの，問題をどう定義すべきかについてはわかっていない顧客がいる（Gummesson ［1978］）。一般消費者についても好みは曖昧で不正確である（Simonson ［1993］）。

　それに対してサービス・プロバイダーは顧客との対話を通して，顧客と一緒にどの問題に対処すべきかを理解する。そして一緒になってどのサービスが顧客の要望にあっているのかを明らかにし，顧客の期待が明確なものへとシフトしていく。それを通じて顧客は自分が最も必要としているものが何で，長期的に何が自分を満足させてくれるかを確信するようになる。あいまいな期待に焦点をあてることで長期的な品質が向上する。ただし，顧客は煩わしさを感じる可能性があるため，短期的な品質の低下を招く可能性もある。

2-2　明示されない期待

　明示されない期待は，顧客がプロバイダーに伝えなくともわかりきっていると思っており，自身で意識的に考えていないため発生する。しかし，それらが満たされない時にそのような期待があることが明らかになる。初期は顧

客が企業に対して期待を明示していたものの，企業と顧客の長年の関係性か
ら顧客がいう必要のないと考える自明の期待が増えることで，期待と経験の
不一致が生じる可能性が高くなる（Ojasalo［2001］）。このように期待が明
示的なものから明示されないものへと変化する。そして明示されない期待は
満たされず，顧客が知覚するサービス品質は低下する。サービスプロバイ
ダーは，明示されない期待を気づかないまま放置することがないようにする
ことが重要であり，それによって明示された期待だけでなくあらゆる顧客の
期待を満足するように設計できる（Grönroos［2015］）。

2-3　非現実的な期待

　顧客はサービスプロバイダーや顧客自身だけでなく，誰も満たすことが出
来ないサービスを期待していることがあり，そのような期待を持っている
時，つまり，それが非現実的な期待である時，失望は避けられない（Ojasa-
lo［2001］）。期待が現実的でない場合，客観的な方法で測定された経験が良
好であっても，知覚される品質は期待と経験の比較から形成されているの
で，知覚品質は低くなる（Grönroos［1990］）。知覚品質が期待に大きな影
響を受けることから，逆に考えるとサービスプロセスを開始する前に，非現
実的な期待を調整して現実的にすることで失望を避けることができる。この
期待に影響を与える要素は，市場コミュニケーション，イメージ，口コミ，
顧客ニーズの 4 つであり，これまでの経験はイメージに影響を与える（Grön-
roos［1990］）。特にプロバイダーのイメージと口コミは非現実的な期待を生
み出す可能性が高くなる。一般的に市場コミュニケーションは非現実的な期
待を引き起こす可能性が高い（Ojasalo［2001］）。

3. 実証研究

3-1　調査概要

　本章では，Ojasalo［2001］がプロフェッショナルサービスにおいて明ら
かにした期待に関する事項が製造業でも同様なことがいえるのか，調査をお
こなった。具体的には以下の事項を調査により明らかにする。

① 3種類の期待（あいまいな期待，明示されない期待，非現実的な期待）が実際に製造業の顧客にもみられるのか。

② 製造業においても顧客と接点を持っている従業員がそれをマネジメントしているか。

③ それに対して顧客は不快と感じているか。

④ 上記の期待のマネジメントは顧客との長期的関係性に影響を与えているか。

　調査は株式会社クロスマーケティングに依頼し，被験者が Web 上でのアンケートに回答してもらう形でおこなった。調査対象としてはクロスマーケティング社の保有するパネラーをランダムサンプリングし，その中から1か月以内に実際に新車を購入した経験を持つ20代から60代までの男女200人（男性59％：女性41％，平均年齢40.7才）を抽出し，アンケート調査を実施した。調査期間は2020年2月14日〜2月17日である。

3-2　調査対象の選定

　今回の調査では，サービスに関して Ojasalo［2001］が導出したフレームワークが，製品購入に関する期待に関しても適用できるかどうかを調べる。すべての製品に適用できるかについては，製品をかなり幅広く網羅的に調査する必要があるため，今回の調査に関してはまず，限定した製品に関して実態を明らかにし，Ojasalo［2001］の期待に関するフレームワークの製造業への適用可能性を探る。

　Ojasalo［2001］のサービス業の事例研究においてはプロフェッショナルサービスを対象としており，通常プロバイダーである企業は顧客企業と綿密なコミュニケーションを通して顧客の必要としていることを理解し，サービスを提供する際にも顧客の確認を取り，フィードバックを受け，理解を深め，サービスを顧客の期待に沿ったものとしていく。プロフェッショナルサービスにおいては，プロバイダーは顧客企業とは十分相互作用をおこなっており，顧客の状況に関しての理解が進んでいると考えられる。従って，Ojasalo［2001］がおこなっているプロフェッショナルサービスにおいてはプロバイダーへの聞き取り調査によって，顧客が抱いている要望があいまい

であったのか，あるいは明確なものだったのか，非現実的なものだったのか，現実的なものだったのか，要望があるのにもかかわらずプロバイダーに伝えられておらず，それがもとで不満が発生していたのかなど，顧客企業の詳細な状況について浮き彫りにすることは十分に可能であると考えられる。

　製品の場合，生産財の企業に関しては，同様なことが想定される。生産財メーカーでは，以前より製品の提供のみならず，製品販売以外のサービス的な取組がなされている。製品を顧客企業に提供するだけにとどまらず，顧客企業の課題解決や要求を満足することなどを通常の業務としておこなっており，顧客企業にとって重要なことは，製品を手に入れることではなく，課題解決や願望の達成であり，もとよりサービス的な発想は生産財企業のマーケティングの中に含まれている。生産財においてはすでに販売戦略のシステムの導入とセットで製品を提供するといったサービス化が1960年代からおこなわれており（Davis and Hobday［2006］），生産財のマーケティングは，企業と顧客企業の双方向の自発的かつ積極的な相互作用のプロセス，あるいは相互の問題解決プロセスとして認識されている（Ford［1998］）。従って，Ojasalo［2001］が事例研究の中から見出したあいまい，明示されない，非現実なという期待の3つの状態は，製造業であってもサービス提供が前提の生産財では同様なことが起きており，そのマネジメントの必要性も十分想定される。

　一方，4Pなどに代表される伝統的マーケティングの中で消費財は，製品を3つの階層に分け，ベネフィット，製品の形態，製品の付随機能から構成されるとしている（Kotler and Armstrong［1980］）ように，企業が顧客のニーズを調査などにより理解し，それを製品や付随するものに分解して具体的な製品を開発，製造する。そして顧客ニーズに応えられる製品につくり上げるためにQFD（Quality Function Development）に代表される，顧客ニーズから技術的特徴，部品や工程までブレークダウンする手法（水野［1976］）などにより緻密さを上げてきた。このように製造業は顧客のニーズを事前に把握し，製品開発で細部に渡ってつくりこむことで，高い品質の製品をつくり出すことが従来から製造業でおこなわれていることである。しかしながら，一般的な大量生産，大量販売を前提とした消費財のマーケティン

グでは，通常顧客は生産財のようには十分な相互作用をおこなってはおら
ず，使用時点に必要とすることをすべて製品購入に先立って理解できていな
いことは十分に想定される。果たして消費財の場合，これまで長年にわたっ
て構築されてきた製造業の仕組みの中で，サービス業で起こっていたような
3 つの期待の問題は起こっていないのか，あるいは生産財のようには相互作
用が十分におこなわれていないため，認識がされていないだけで期待マネジ
メントが必要なのかどうか，といった点は触れられてこなかったところであ
り，明らかにする必要がある。従って本研究では消費財に関する期待を対象
とする。

　消費財の対象製品選定にあたっては，どんな期待を持ってその製品を購入
したのか顧客がしっかりと認識をしていることが，調査によって明らかに出
来るかどうかに影響を与える。従って，購入を意図しはじめてから購入まで
の間に時間をかけて検討し，そしてその間に消費財の中では比較的プロバイ
ダーと相互作用が持たれる製品の購入者を調査することで，本調査の内容を
明らかにしやすいと考えられる。こういった理由から自動車を対象として選
定した。本調査では，一般的な消費財ではプロバイダー側が生産財のように
顧客のことを熟知していないことを想定して，Ojasalo［2001］と異なりプ
ロバイダーではなく，顧客が回答する形態をとっている。更に記憶が薄れる
前に確認するために調査から 1 か月以内に自動車を購入した者を対象とし
た。

3-3　調査項目

　Ojasalo［2001］以前の研究においては，期待と実際の対比による期待不
一致モデルにもとづく期待の類型化と知覚品質や満足との関連付けがおこな
われてきた。例えば，Swan and Comb［1976］による満足にかかわる製品
の表現的（expressive）側面と不満足にかかわる製品の器械的（instrumen-
tal）側面の導出や，Miller［1977］による期待のレベル分け（理想的なレベ
ル，予期されるレベル，最低限許容できるレベル，望ましいレベル）などで
ある。Ojasalo はサービスにおける知覚品質低下の原因として，期待の種別
やレベルなどへの不一致ではなく，期待そのものがあいまい（fuzzy），期待

をプロバイダーに伝えていない（implicit），期待そのものが非現実的（unrealistic）の３つを挙げている。

　本調査では３つの期待を製品に抱く顧客がいるかどうかの状況を捉えるために，これら３点に焦点を絞り，定量的に期待に３つの状態が含まれているかどうかを確認した。Ojasalo［2001］の場合にはインタビューによる質的分析をおこない，３つの期待があることを導き出しているが，本調査に関しては，自動車購入前に期待の中にあいまいなものが含まれていたかどうか，プロバイダーに伝えていない期待があったかどうか，非現実的な期待をしていたかどうかを直接回答させると同時に，その内容を記述させることで，調査後に回答の信憑性を確認できるようにした。本調査ではどの程度あいまいであったかなどの程度は問わず，SD 法やリッカート尺度による程度の定量化はおこなわず，３つの期待をしていたかどうかを直接質問項目として設定した。

　あいまいな期待に関しては，Ojasalo が指摘している期待通りでなかった時に初めてあいまいであった期待が具体的になるという事象が起きているかどうかの確認もおこなった。つまりあいまいな期待が自動車の使用後期待通りであったかという点と具体的になったかどうかの関連性を確認している。非現実的な期待に関しては，そのような期待を抱くことになったきっかけについても確認した。

　更に３つの期待に対して，ディーラーのセールス担当がマネジメントしようとしたかどうか，それによってあいまいな期待が具体的になったか，伝えていなかった期待を伝えたか，非現実的な期待が現実的になったという結果につながっているかどうかを確認した。更にそのマネジメントの結果，今後ディーラーと長期的関係性を築きたいかどうかについても確認した。これらのことから製品における期待マネジメントの意義が明らかになる。

　また，Ojasalo［2001］では期待マネジメントによる短期的な負の効果も指摘されており，期待マネジメントに対する負の感情が生まれているかについても確認した。

3-4　調査結果

（1）あいまいな期待

　約 4 割があいまいな期待をしており，はっきりとした期待を持っている顧客と同程度である（図表12- 1）。今回の車の購入に関する調査においては，安全性，運転しやすさ，広さ，値引きなどがあいまいな期待の内容である（図表12- 2）。自動車購入者の場合，実際にはっきりとした期待をせず，期待があいまいであることは多くの場合に発生していると考えられる。

図表12- 1　はっきりとした期待とあいまいな期待の割合

	回答数	割合	統計誤差（95％信頼度）
はっきりとした期待のみ	79	40％	10％
あいまいな期待をしていた	82	41％	11％
特に期待をしていない	39	20％	7 ％
合計	200	100％	

出所：筆者作成

図表12- 2　あいまいな期待の内容

安全性・安心に関すること	8 件
運転のしやすさ・扱いやすさ	5 件
室内広さ	4 件
価格・値引き	3 件
静粛性・快適さ	2 件
運転しやすさ	2 件
乗り心地・快適性	2 件
その他	29件

出所：筆者作成

　実際に車を購入し使用した際には，期待通りであったかどうかがわかるが，あいまいな期待はそのままである場合と具体的にどのようなものかがわ

かるようになる場合の両方がみられる。期待通りであった場合には具体的になったケースがやや多くみられるものの，依然あいまいなままであるケースも多く見受けられる（図表12-3）。本調査では多くのサンプルが得られなかったものの，期待通りでなかった場合にも同様に両ケースがみられる。この点に関しては，Ojasalo［1999］では，期待通りではない事態が生じた際には，あいまいな期待が具体的になるとのことであったが，今回の調査においてはあいまいなままである場合も生じている。

図表12-3　使用時の期待の具体化の有無

期待への適合	期待の具体化	回答数	割合	統計誤差 （95％信頼度）
期待通り	あいまいなまま	21	30％	14％
	具体的になった	37	52％	21％
期待通りではなかった	あいまいなまま	7	10％	8％
	具体的になった	6	8％	7％
合計		71	100％	

出所：筆者作成

　また，ディーラーのセールスやサービス担当者は質問を投げかけるなど，自分のあいまいな期待を明確なものにするための努力をしていたと認識している顧客が約半数いる（図表12-4）。一方，そのようなセールスやサービス担当者の行為に対して煩わしいと思う顧客が3割程度存在する（図表12-5）。

図表12-4　あいまいな期待のマネジメントの有無

あいまいな期待のマネジメントの有無	回答数	割合	統計誤差 （95％信頼度）
あり	45	59％	22％
なし	5	7％	6％
よくわからない	26	34％	15％

出所：筆者作成

図表12- 5　あいまいな期待のマネジメントに対する顧客の態度

あいまいな期待のマネジメントに対する 煩わしさ	回答数	割合	統計誤差 （95％信頼度）
煩わしいと感じる	9	27％	20％
煩わしいとは感じない	22	67％	36％
どちらとも言えない	2	6 ％	9 ％

　出所：筆者作成

（2）明示されない期待

　顧客の約半数は期待をディーラーで明示していない（図表12- 6）。また，その結果として，約 2 割の顧客はセールス担当者に伝えていない期待に関連する事項について，使用の際不便，不満を感じている（図表12- 7）。明示されずに不満を生じたものの内容は，オプションなどの装備，安全性，車全般などに関する事柄である（図表12- 8）。

図表12- 6　期待を明示していない顧客の割合

伝えていない期待の有無	回答数	割合	統計誤差 （95％信頼度）
あり	90	56％	14％
なし	71	44％	12％
合計	161	100％	

　出所：筆者作成

図表12- 7　不満などの有無（明示していない顧客）

不便，不快，不満の有無	回答数	割合	統計誤差 （95％信頼度）
あり	13	19％	12％
なし	54	81％	29％
合計	67	100％	

　出所：筆者作成

図表12- 8　明示されずに不満などが生じた期待の内容

オプションなどの装備について	4件
安全性について	3件
車全般の感じについて	3件
エンジン・走りについて	2件
デザインについて	2件
収納性について	1件
車検について	1件

出所：筆者作成

図表12- 9　明示されない期待のマネジメントの有無

明示されない期待のマネジメントの有無	回答数	割合	統計誤差
あり	45	59%	22%
なし	5	7 %	6 %
よくわからない	26	34%	15%
合計	76	100%	

出所：筆者作成

図表12-10　明示されない期待のマネジメントに対する顧客が感じる煩わしさ

明示されない期待のマネジメントに対する煩わしさ	回答数	割合	統計誤差
煩わしいと感じる	12	27%	17%
煩わしいとは感じない	26	58%	28%
どちらともいえない	7	16%	12%
合計	45	100%	

出所：筆者作成

　また，ディーラーのセールス担当者は顧客の方から伝えていない期待を聞き出そうとする，理解しようとする努力など，明示されていない期待を明らかにするための努力をしていたと認識している顧客が約半数いる（図表12-9）。一方，そのようなセールス担当者の行為に対して煩わしいと思う顧客

が3割程度存在する（図表12-10）。

（3）非現実的な期待

　約4分の1の顧客は，実際に使用してから考えると使用前に非現実的な期待をしていたと感じている（図表12-11）。その具体的内容は，価格や値引きに関するものが最も多く，次いで装備・機能，自動運転に関するものである（図表12-12）。このような非現実的な期待を持つようになったきっかけは，最も多いのがCMや広告などのエクスターナル・マーケティングの結果である（図表12-13）。次いで知り合いやインターネットの口コミがきっかけとなっている。

図表12-11　非現実的な期待をしていたと感じる顧客の割合

非現実的な期待の有無	回答数	割合	統計誤差
あり	39	26%	9 %
なし	109	74%	18%
合計	148	100%	

　出所：筆者作成

図表12-12　顧客が非現実的と考える期待の内容

価格・値引き	13件
装備・機能	6件
自動運転	4件
安全性能	3件
高級感	3件
ディーラーのサービス	3件
燃費の良さ	3件
性能の良さ	2件
走りの良さ	2件
その他	13件

　出所：筆者作成

図表12-13　非現実的な期待を持ったきっかけ（複数回答）

	回答数	割合	統計誤差 （95％信頼度）
CM や広告をみて	25	49％	23％
知り合いなどから聞いて	21	41％	21％
ネットでの書き込みをみて	18	35％	19％
今までの経験から	16	31％	18％
何となく漠然とそう思っていた	6	12％	10％
合計	51	100％	

出所：筆者作成

　また，セールス担当者が現実的なレベルがどの程度のものかを理解させようと努力していたと感じている顧客は半数を超える（図表12-14）。

図表12-14　非現実的な期待のマネジメントの有無

非現実的な期待のマネジメントの有無	回答数	割合	統計誤差 （95％信頼度）
あり	33	65％	28％
なし	5	10％	9 ％
よくわからない	13	25％	16％

出所：筆者作成

（4）長期的関係性について

　今回の調査全体では，今後同じディーラーとの関係性を長期に渡って希望する顧客は約 6 割程度である（図表12-15）。一方，Ojasalo［2001］はプロフェッショナルサービスにおいて顧客の期待のマネジメントをおこなうことは，短期的にはそれを望まない顧客のサービス品質を下げることになるものの，長期では向上させると指摘している。今回の調査において，実際に期待のマネジメントを受けた顧客と受けていない顧客によって，その差異がどうであるかをみてみる。図表の期待マネジメントの有無の欄は上記の 2 つのグループで長期的な関係性を望む顧客の割合を示したものである。これをみる

と期待マネジメントを受けた顧客の方が長期的な関係性を望む割合が高く，検定をおこなうと１％の優位水準で優位差がある。

図表12-15 長期的関係性の意向

	全体	期待マネジメントの有無	
		あり*	なし**
回答数	200	83	117
長期的な関係性を望む	63%	81%	50%
検定結果		Z=4.48（>2.58，優位水準 a =0.01）	

*ありは３つの期待マネジメントのうち１つでもありだった顧客
**なしは３つの期待マネジメントが１つもなかった顧客
出所：筆者作成

4. おわりに

ここまでみてきたように，サービスに対する期待に関して，あいまいな期待，明示されない期待，非現実的な期待の３つの期待は，自動車購入者においては同様な３つの期待を生じていることがわかった。またそれらに対するマネジメントもおこなわれており，その期待に焦点をあてたり，明示的なものにしたり，現実的なものに調整するといった行為の結果，顧客はより長期的な関係性形成を望むことがわかった。期待マネジメントは製品においても，長期的関係性構築にプラスの影響を与えていることも明らかとなった。これらのことから，サービスの期待に関するマネジメント（Ojasalo [2001]）のフレームワークは，今回の自動車を対象として限定するならば製品に対しても適用でき，知覚品質モデルのサービスと製品の統合においては，共通した期待として特段の区別をすることなしに，用いることに問題はないと考えられる。

このことは，サービス，製品問わず顧客が購入以前の期待を抱いている段階で，長期的関係性を求めるならば，企業側が期待のマネジメントする必要性があることを示している。伝統的マーケティングにおいては企業が良い製品をつくるためには，顧客の期待をすべて事前に理解していることが前提に

なっている。しかし，顧客の期待は本来，顧客が製品を使用する現場で発生するものであり，事前には顧客すら全てを把握できるわけではない。企業は顧客のニーズを把握しようとして，顧客へのニーズのリサーチを頻繁におこなっている場合がよくあるが，これとて顧客が回答し得るのはその時点で発生しているニーズあるいは想像でしかない。企業が事前に価値や製品のベネフィットを一方的に決め，それを製品の中に織り込んで販売するという伝統的マーケティングの基盤に課題があると考えられる。

　生産財においては企業と顧客の双方の相互作用による問題解決過程の中に価値が創造される空間が存在すると考えられており（福田［2002］），生産財においては売り手が提供する価値は，単なる物理的な製品だけでなく，他の様々なサービスとの複合体とみなされている。それらの多くは企業が事前に製造しておくことができる所与のものではなく，事前には想定できない顧客の状況に応じて変化するものである（Webster［1991］）。また，そのような企業の発生したニーズに応えることが求められるが故に，企業と顧客企業の関係は，製品を販売してすぐに終了するのではなく，販売以後も長期に渡ってその関係性が継続する（Levitt［1983］）。顧客の価値という視点から考えると，これらの点において本来消費財，生産財に区別の必要はなく，更にサービスについても別の枠組みで議論すべきではないと思われる。製造業のサービス化が進む現在，知覚品質や期待マネジメントなどにおけるサービスと製品の統合理論には意義があると考えられる。

（清野　聡）

第13章

理美容業におけるリレーションシップ

1. はじめに

　交換のためのマーケティングは，不特定多数を対象とするマス・マーケットの考え方にもとづいている。その目標は，競合している製品・サービスではなく，自社のものを顧客に選択させることにある。それゆえ，マーケターと顧客との間にたやすく競争心が生じ，また，顧客は購入意思を持たないことが発想の出発点となる。これと対称的に，リレーションシップ・マーケティングでは，提供者と顧客の相互作用による価値創造にもとづき，顧客が求める価値を創造するための協働が必要となる（Grönroos［2007b］）

　このようなマーケティング観は，交換を中心としたそれとは大きく異なるものである。第7章で詳述したように，ここでいう交換は「金銭」と「製品あるいはサービスによる価値」との間でおこなわれ，価値分配と結果とが企図されている。その一方，関係性によるアプローチでは，顧客とサービス提供者あるいは製造業者，双方にとっての価値を創造するための「協働」が基本となる。ここから明らかなように，交換によるマーケティング観と，関係性によるマーケティング観とは，そのプロセスをまったく異にしたものであり，ここに関係性の本質が表象されている。

　以上の理解を前提として，本章では理美容の現場におけるリレーションシップの実態を検証する。理美容業は，これまでのマーケティング研究では，娯楽産業やホテル業などと並んで典型的なサービス業として認識されてきた。また，北欧学派によるサービス・マーケティングの視点からのアプローチが，リレーションシップ・マーケティングの1つの潮流になっているにもかかわらず，狭義のサービス業における検証事例がほとんどみられない。確かに，美容サロンでの顧客とスタッフのやり取りからは，顧客が求め

る価値を創造するためのロジックが働いていることは容易に推測される。にもかかわらず，そのプロセス自体をリレーションシップ・マーケティングとしてどう捉えるかについては十分に明らかでない。

　さらに，今日のわが国の理美容業は，まさに曲がり角にある。せっかく国家資格を取得して理容師や美容師（以下，スタイリスト）になっても，早い段階で転職するケースが後を絶たない。結果として業界全体の離職率は高く，理・美容師の平均年齢は30代そこそこである。街中の理髪店や美容室の多くは零細経営であり，顧客数の減少や顧客ニーズの変化から，低収益を余儀なくされている。息子や娘がいても事業が承継されず，現経営者の引退とともに廃業する店が少なくないという。一見，華やかな職業ではあるが，以上のような現状から，業界を挙げて取り組むべき課題が山積していることも事実であろう。

　ここでは，始めに北欧学派を含む主要な先行研究をレビューし，リレーションシップ・マーケティングにおける相互作用のプロセスについて整理する。次いで研究方法を明示した後，レビューを通じて抽出された諸論点にもとづき，理美容業の現場スタッフならびに顧客に対してヒアリングを試みる。そして最後に，相互作用のプロセスにかかる概念モデルを用い，ヒアリング結果に考察を加えたい。以上をつうじ，北欧学派によるリレーションシップ・マーケティング研究のリサーチ・ギャップの一端を明らかにするとともに，今後の理美容業界のビジネス展開へのインプリケーションを引き出すものである。

2. 先行研究のレビュー

2-1　リレーションシップの領域

　ここではまず，当事者間のリレーションシップがどのような場面で現出するかについて確認したい。Dwyer, Schurr and Oh［1987］らは社会的交換論に従い，リレーショナルな交換に対する投資の動機づけについて説明した（図表13-1）。これによればリレーションシップ・マーケティングの目指す「双務的なリレーションシップの維持」が可能となるのは，売り手と買い手

図表13-1　売り手・買い手間のリレーションシップ領域

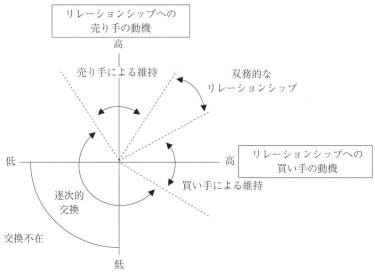

出所：Dwyer, Schurr and Oh ［1987］より筆者作成

　がともに，リレーションシップ構築に対する投資の「動機づけ」の程度が高い水準にある場合である。高い水準にあるのが売り手のみであれば，売り手によって維持されるリレーションシップとなり，買い手のみであれば，買い手の維持するリレーションシップとなる。

　図表13-1を時計の文字盤に例えれば，以上のリレーションシップの類型は概ね11時から4時の間で示され，ここ以外は「逐次的交換」となる。さらに，リレーションシップに対する売り手・買い手の動機が共に低レベルにある場合は「交換不在」となり，これは6時から9時の間の周辺部である。もっとも，この領域にのみ周辺部の描かれていることが，全体としての判りにくさにつながっている点は否めない。逐次的交換と交換不在の違いをリレーションシップへの動機における「程度の差」として捉えるなら，その境界をいかに認識するかが不明である。とはいえ，双務的なリレーションシップが，売り手・買い手双方の動機が高水準にある場合に表れるとした見解は非常に明快なものである。

2-2　顧客満足型マーケティングとの相違点

　続いて，リレーションシップ・マーケティングと顧客満足度型マーケティングとの違いについて考える。リレーションシップ・マーケティングを，顧客との間にリレーションシップと呼ばれる好ましい関係を構築し，長期志向的友好的な交換関係を実現しようとするものと捉えるなら，伝統的なマーケティングの中でも，特に顧客満足型のマーケティングとの違いについて整理しておく必要があると思われる。

　ここでいう顧客満足型マーケティングも，既存顧客を重視し，長期的交換関係を目指す点では似通った側面を持っている。しかし，その着眼点は大きく異なる。すなわち，顧客満足型マーケティングが交換対象に焦点を合わせるのに対し，リレーションシップ・マーケティングは交換主体間の関係に焦点を合わせるのである。したがって，前者が比較的単純な構図をみせる一方，後者は複雑な構図となる（図表13-2）。

　この図の要点は，リレーションシップを現象的側面と心理的側面とに分けている点，さらに心理的側面について，相手に対する信頼感として括られる部分とコミットメントとに分けている点である。この構造は「交換当事者らの間に存在する心理的状態と諸現象の循環として捉えることができる（久保田［2003］p. 17）」ものではあるが，単純な逐次連鎖構造では表せないこと

図表13-2　顧客満足型マーケティングと関係性マーケティング

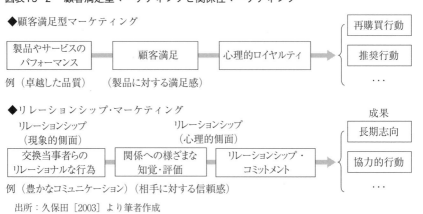

出所：久保田［2003］より筆者作成

が，理解を難しくしている。これは換言すればリレーションシップをいかに測定するかという問題でもある。第 7 章では1990年代のリレーションシップ・マーケティング研究における著名な構造モデルを取り上げた。それらは，まさにリレーションシップの測定を目的としたものではあったが，総じて概念の定着に至らなかったことは既述の通りである。

2-3　相互作用アプローチ

　Grönroos［2007a］は関係性における相互作用をプロセスとして捉え，それを行為・エピソード・シークエンスの 3 段階で整理した。このように相互作用の概念化をつうじてリレーションシップを規定することを，第 7 章では相互作用アプローチと定義している。このアプローチの特色は，まず対象となる物事の相互作用に着目し，そこでのやり取りや結果・成果，やり取りに影響を及ぼす要因や環境を検討するというものである。その要諦は，分析対象同士は何らかの形で結びついているという仮定と，分析対象はそれぞれ異なる属性を持つと考え，その違いに着目することである。

　ここでいう行為とは相互作用における分析の最小単位であり，相互作用のあらゆる種類の要素に関連したものである。行為はエピソードという小規模な統一体を形成し，すべてのエピソードは一連の行為を含む。さらに相関関係にあるエピソードは，その上位の分析レベルであるシークエンスを形成している。シークエンスには捉えにくい面もあるが，時間の経過やキャンペーン，プロジェクト等を通じて定義されるという。そして最終的かつ最も広範な分析レベルが関係性である。

　このような構造を図示したのが図表 7 - 4（再掲）である。関係性がシークエンス以下の 3 段階に階層化されているほか，左右に時間軸を設定することで，行為の蓄積がやがて関係性を醸成することを明示している。Grönroos によれば，このようにプロセスを階層区分することは，相互作用を分析するための精巧な道具となる。そして関係性の構築におけるあらゆる種類の要素が特定され，それらを正しい見方で捉えることができるという。後述するように，本章ではこのモデルを用いて理美容の現場の実態を考察するが，そこで一定の説明力を得られるなら，その限りにおいて相互作用アプ

図表 7 - 4　関係性の中の相互作用レベル（再掲）

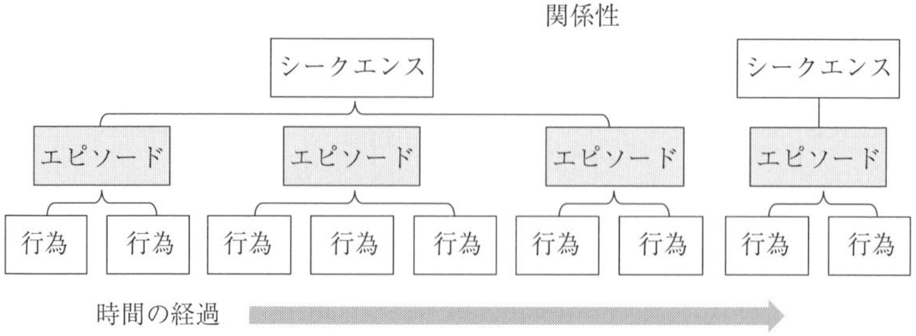

出所：Grönroos［2007a］p. 155 より筆者作成

ローチの妥当性が確認されたといえるであろう。

2-4　価値共創

　ここまでリレーションシップ・マーケティングの先行研究をみてきた。それにより，双務的なリレーションシップの所在する領域や顧客満足型マーケティングとの違い，そして北欧学派による相互作用アプローチの概要が確認された。本節ではさらに価値共創についても検討する。冒頭で述べたように，本章では，リレーションシップ・マーケティングの相互作用が，顧客の求める価値を創造するための協働であるとの立場に拠っている。価値共創やS ロジックについては他の章で詳述されているため，ここでは相互作用の目的としての価値がどのようなものであるかという点のみを簡潔に確認しておきたい。

　S ロジックはサービス・マーケティングを基盤としたもので，サービスの本質の中にモノを引き込もうとする考え方である。そこでは消費概念が拡張され，顧客の消費行為の範囲を拡げることによって「価値共創」が捉え直される（村松［2015b］）。ここでいうサービスとは，価値を創造し出現させるためにプロバイダーと顧客が相互作用するプロセスである。さらに顧客のために為すべきサービスとは何かを考えることが，マーケティング・ロジックとしてサービスを定義する上での出発点となる（Grönroos［2006］）。

　この点こそが，企業と顧客の関係を暗示するサービスの本質である。つま

り，価値創造の場である顧客の消費プロセスにおいて顧客と相互作用する企業の姿があり，そこからサービスの受け手としての顧客と与え手としての企業の関係がみて取れる。そして企業がマーケティング行為を，顧客との直接的な相互作用の中でおこなう場合が価値共創に他ならないという（村松[2016]）。このように顧客は常に価値の共創者であり，さらに特定の状況下ではサービス提供者（プロバイダー）に機会を与える存在でもある。したがって，相互作用の概念を理解しなければ，価値共創の性質や内容も特定できない。ここでの共創とは，2つまたはそれ以上の行為者が，直接的な相互作用をつうじて共に何かを創造するプロセスである。そこにおいては行為者らのプロセスが，協働的で対話的なプロセスに融合している（Grönroos, 2014）。

さらに村松（2016）によると，価値共創マーケティングは，顧客の消費プロセスに焦点をあて，そこですべてを考え行動するものである。それは言い換えれば，サービスの特性である生産と消費の同時性を推進していくものでもある。それゆえ，価値共創における研究課題として，①消費プロセスにおける顧客の消費行動，②企業と顧客の共創プロセス，③顧客の消費プロセスで行うマーケティング，④共創される文脈価値，の4点を挙げることができるという。

3. 研究方法

前節でのレビューを通じ，リレーションシップ・マーケティングにおける関係性の概要が再確認された。本章では，北欧学派による相互作用アプローチを基本とし，図表7-4「関係性の中の相互作用レベル」という概念モデルの有用性を検証することが第1の目的である。ただし，より幅のある考察をするため，北欧学派とは異なる流れの先行研究にもとづいて双務的なリレーションシップの位置づけをレビューしたほか，リレーションシップ・マーケティングと似通った側面を持つ顧客満足型マーケティングとの相違点についても概観している。さらに，北欧学派の唱える相互作用では，その目的としての価値共創や，その価値が文脈価値（使用価値）であることが前提

となることから，それらについても基本的な研究成果に触れた。また，そこでの研究課題も確認している。

　以上を受け，リレーションシップ・マーケティングにおける相互作用の実態を，理美容業の現場において検証する。具体的には，まずレビューを通じて抽出された諸論点にもとづき，現場スタッフならびに顧客に対してヒアリングを試みる。そして相互作用のプロセスの概念モデルを用い，ヒアリング結果に対して考察を加えたい。以上をつうじて，北欧学派によるリレーションシップ・マーケティング研究のリサーチ・ギャップの所在を確認するとともに，関係性構築メカニズムの核心に迫るものである。

4. 現場スタッフへのヒアリング

4-1　ヒアリング先の概要

　広島県広島市に本拠をおく『ウィスタリア・フィールド』は，ここ数年で急成長を遂げた美容サロンである。コンセプトの異なる複数の店舗チャネルを展開し，高密度のコミュニケーションや顧客ニーズの先取りの面で評価が高い。また，同社の代表取締役である藤田善洋氏は，美容業界の働き方改革や高齢者向けのボランティア活動にも熱心に取り組んでおり，地元のマスコミでもしばしば取り上げられてきた。同社の特徴は以下の通りである。

　事業展開としては，従来の一般的な美容の枠から一歩踏み出し，ヘア以外にエステ，ネイル，アイラッシュなどを加えたトータル・ビューティを目指している。基本姿勢として「店内空間の心地よさ」を掲げる。技術や接客対応と同じく，店内のレイアウトや雰囲気も最重要の要素と考え，いずれの店舗も居心地が良くなるよう工夫を凝らしている。また，ホテル内のカフェや郊外にある歯科医院とのコラボレーション（いわゆるストア・イン・ブランチの形態）を他社に先駆け実現した。これは，ただ単に異業種と組み合わせての話題性のみならず，コンセプトやターゲットに共通点を見出し，一体化した空間による相乗効果を企図したものである。

　社内制度にも特徴がある。産休・育休制度を業界でも早い段階で取り入れたほか，特に女性スタッフは結婚や出産等で一旦退職した後，身辺が落ち着

けば現場復帰できるような環境が整備されている。従業員の技術・サービス
にも独特の教育制度が確立されていて，個々人のレベルに合わせたカリキュ
ラムによる定期研修が高頻度で開催される。また，社外コンテストへの参加
も奨励されており，過去には全国大会で幾度も好成績をおさめた。これらの
結果として，従業員の定着率は業界平均に比べ極めて高い。こういった側面
もまた，当社を調査対象に選定した理由となっている。

4-2　ヒアリングの方法とポイント

　このウィスタリア・フィールドの協力を得て，スタッフへのヒアリングを
おこなった。対象者は藤田社長のほか，各サロンの店長やブライダル部門，
ネイル部門の責任者など10名で，いずれも同社の業務運営を担う上級スタッ
フである。そして個別にヒアリングするのではなく，全員が集まってのミー
ティング方式としたが，この方が内容的な広がりを期待できると判断したこ
とによる。なお，ミーティングは2017年8月以降，5回に分け実施した。
　ヒアリングのポイントは以下の3点である。これは前節での先行研究レ
ビューのうち，特に価値共創や文脈価値に関する潜在的な実態を確認するた
めのものである。
〔テーマ1〕理美容の仕事は顧客に価値を提供するものだと思うか？
〔テーマ2〕顧客にとっての価値とは何か？
〔テーマ3〕顧客の価値はどのタイミングで生じるか？

4-3　ヒアリングの結果

　テーマ1については，ほぼ全員が何らかの価値を提供するものだと答えて
いる。このテーマに対して否定的なものはなかった。何を以て価値と捉える
かは人によってさまざまだが，ここでのように漠然と「価値を提供している
か？」と聞かれれば，大半の回答が肯定的なものになるという受け止め方で
ある。さらに，価値の有無という観点によれば，顧客はまさにその価値を得
るために美容サロンへ来店するのだから，現場感覚では「価値≒金銭」とい
う図式で捉えられるとの指摘もあった。ここから，結局は金額化できるもの
が価値ではないかとの踏み込んだ意見も出ている。

　テーマ2については，美しさ・しなやかさ・華やかさ・逞しさ・安心感・清潔感・満足感・納得感などが具体例として示された。むろん，1人につき1つを挙げるよう求めたわけではなく，自由な発言の中で各人が思いつくままに複数の項目を挙げている。ただし，ほぼ全員が満足感と答え，これに美しさや安心感が続いた。なお，同社では全ての顧客に対し，来店時には必ず20分～30分程度のカウンセリングをおこなっており，ここで把握される顧客ニーズは多岐にわたる。また，直近の社内研修会で，顧客のライフスタイルに関する価値観について議論したばかりであったこと等も，ここでの背景になっていると思われる。

　テーマ3については，顧客の価値が生じるタイミングとして，
・顧客が美容サロンへ行ってヘアスタイルを整えようと思い立ったとき
・美容サロンでサービスを受けている最中
・美容院サロンでのサービス提供が済んで以降の日常生活において
といったものが具体的に示された。しかし，もっとも多かったのは，価値が何であるかによって生じるタイミングも異なるとの意見である。各スタッフの回答ぶりからも，慎重に言葉を選んでいる様子が窺われた。

　このテーマは，価値共創マーケティングのロジックに沿って設定したもので，文脈価値の視点に拠れば「サービス提供が済んで以降，顧客の日常生活において」が適切な回答となる。しかし，平素の現場感覚では文脈価値をイメージすることが簡単ではなかったようだ。一方，当社では顧客がサロンから帰る際，洗髪時の注意事項やドライヤーの使い方，特殊なトリートメントの使用方法など，日常生活に戻ってからの注意事項を担当スタイリストから説明することとしている。スタッフ間ではこれを「再現性」と呼び，重要なアフターサービスと位置づけている。ヒアリングの席上，再現性を意識することこそ文脈価値を踏まえたものに他ならないとの意見もあった。

　さらに，テーマ3については，1つの事例として，サロンを出るときには満足していた顧客が，帰宅後，家族や友人から「似合わないといわれた」と電話をかけてきた時の対応について検討した。ここでは具体的な対応方法のみならず，気持ちの上で責任を感じるか等といったことも含め幅広い意見交換がなされた。現場ではこの種のクレームはよくあることだが，顧客の次の

来店につなげるためには丁寧な対応が不可欠である。換言すれば，この場面こそサービス業としての腕のみせ所であり，サロンでは満足したのだから等という理屈は現場ではまったく通らない。しかし，入社したばかりの若いスタイリストには，責任を感じなかったりフォローに思い至らなかったりといったことが散見されるという。むろん，ここでの設問意図も文脈価値の認識度合を測ることにあり，大半のスタッフの意見は図らずも文脈価値を前提としたものであることが明らかになった。

5. 顧客へのヒアリング

5-1　対象者の概要

　ヒアリングはウィスタリア・フィールドの常連客3名に対し，2020年2月末，同社の基幹店『MONAD』でおこなった。いずれも女性である。選考基準はウィスタリア・フィールドの顧客としての期間とし，藤田社長の推薦によってAさん（10年），Bさん（20年），Cさん（30年）が決定した。さらにヒアリング当日，あらためて店頭で主旨と目的を説明し，いずれも快く了解を得ている。なお，Cさんの顧客期間30年には，ウィスタリア・フィールドを立ち上げる前の藤田社長のスタイリスト歴も含まれている。

　実際のヒアリングは，施術後もしくは施術中の待ち時間（パーマをかけている最中など）に対面で話を聞いたものだが，こちらからの質問機会をなるべく少なくし，思いつくままを自由に話してもらうことを基本とした。主旨を前もって充分に説明していたこともあり，話しの内容は多方面に及んだものの，概ね期待した回答が得られている。

5-2　ヒアリングの結果

　ここでの目的は，第2節でレビューしたGrönroosによる「関係性の中の相互作用レベル」のモデル（図表7-4）を用いて理美容の現場の実態を考察することにある。したがって，顧客ヒアリングから，関係性を構築・維持するための行為やエピソード，シークエンスに該当するものが抽出されることが望ましい。3氏からは共通して，①これまでのウィスタリア・フィール

ドの利用概要，②その間の逸話や思い出，③満足度や信頼感の本質，等が語られたが，総じてモデルの検討材料として相応しいものであった。

〔Aさん〕顧客歴10年

・どこのサロンでも事前のインタビューはあるが，ここは30分近くをかけた丁寧なもの。それを長いと感じたことなどなく，その間に期待感が高まるのが不思議である。

・スタイリストの顧客ニーズを聞き出す能力が高いと思う。モデルの写真をみせて「こんなふうにして欲しい」というより，口頭だけの方が，よほどイメージが伝わっている。

・仕上げの段階で「今からでは難しいかな・・・」と思いながら直しを頼んでも，確実にそうしてくれる。

・このサロンは自分の行動範囲において最も寛げる空間である。リラックスの質は，自宅の寝室や浴室に匹敵している。

・話術が巧みなだけでなく，表情のつくり方，服装のセンスなども含め，コミュニケーションの達人と思う。また，距離感の取り方が上手い。実際にはごく至近距離にいるのだが，お互いを鏡に映すことで一定の距離があると錯覚させ，話しやすい雰囲気を演出してくれる。

・偶然，街で出会ったときの対応も，店内での接客態度と何ら変わらない。

〔Bさん〕顧客歴20年

・カットやパーマのスキルが高いのは当たり前。毎回，それを実感するというよりは，いつの間にかその種のことを意識しなくなった。

・そもそもお店を変えるという発想がない。よく街中で割引券やサービス券を配ったりしているが，あれを貰って行ってみようと思うのは，一部の若い人だけなのでは？

・髪を切った後，何日か経ってから納得するというか，満足を実感することもしばしば。サロンでやってもらったように整えようとした時，まとまりやすい。教わったとおりにやると自分でも何とかなる。自宅にいても，そのような瞬間にこのサロンの満足度が高まるという実感はある。

・月に1度のこの時間が至福であり，私が生きている限り続けたいルーチンワークである。

〔Cさん〕顧客歴30年

・常に満足していて，この30年，1度もそれが裏切られたことはない。

・顧客ニーズを聞かれても返答に困る。このサロンで髪を切ってもらうことが，イコールですべて任せること。「今日はどのようにしましょうか？」というやり取りはするが，いつの頃からか，私の方で具体的な指示を出すようなことはしなくなった。

・「共生」というといい過ぎかもしれないけど，この30年，共に老いてきたのだと思う。年をとって私のニーズも変わっているはずだが，何もいわないのに，それに気づいてくれる。同じサロンでも，若いスタイリストの人とはこうはいかない。しかし，彼らもまた，自分と同じ世代のお客さんと何十年という付き合いをしてほしい。

・最初の頃，山登りが趣味だと話したら，その次に来たとき，彼の方から山の話をしてくれた。話題として振ったというレベルではない。1か月の間に相当に勉強したのだと感じた。スタイリストへの信頼は，結局のところ人間性への信頼だと思う。

・ここの顧客に寄り添う姿勢は，他のどのサロンにもないものと思う。まさに私のライフ・サイクルの一部というか，ホームドクターや顧問税理士などと同等の存在感かもしれない。

6.　考　察

6-1　現場における価値共創の認識

　現場スタッフへのヒアリングは，概して目的に適うものとなり，理美容の現場における価値共創への潜在的認識が確認された。特筆すべきは，現場スタッフは実務経験を通じ，価値を認識するのが顧客であること，そして，その価値にサービス提供者である自分がどう関与するかという視点を持っていることである。ミーティングでは，実務経験の浅いスタッフは，スキルの提供とサービスの提供とをあまり区別できず，顧客関係を単方向のみで捉える傾向があるとの指摘もあった。それが経験を積むに従い，顧客関係の「相互性」を実感するだけでなく，顧客来店時のカウンセリングも含め，より的確

に顧客価値へアプローチするようになる。これらは理美容の現場における双務的なリレーションシップの存在を裏づけるものでもあろう。

　加えて，現場では文脈価値についても相応の理解がなされている。スタッフ全員がミーティングの席で初めて文脈価値という言葉を知ったものの，平素の行動は無意識に文脈価値に即したものである。このことを端的に示すのが，テーマ3の事例をめぐる議論であろう。いまだ文脈に思い至らない若手スタッフは，サロンでのスキル提供のみで顧客満足を得ようとする。それゆえ事後の状況変化についてもそこまで責任を感じない。これに対し一定年数を経たスタッフは，再現性という言葉に代表されるとおり，日常生活に戻った後の顧客の満足を常に意識しているのである。

　価値共創マーケティングは，顧客の消費プロセスに焦点をあて，そこですべてを考え行動を起こすことが基本である。それは，サービスの特性である生産と消費の同時性を推進していくものでもある。このことを実務において具現化するのは容易でない。しかしながら，サービス業の典型とされる理美容の現場において，そのメカニズムの一端を垣間みることができた。

6-2　Grönroos のモデルに対する評価

　顧客へのヒアリングは，Grönroos による「関係性の中の相互作用レベル」のモデルが，理美容の現場に適用できるか否かを検証するためのものであった。結論からいうなら，ヒアリングからは「行為」や「エピソード」「シークエンス」に該当するものが抽出され，本モデルを以て現場の実態を検討することの有効性が示された。Grönroos は「関係性の中の相互作用レベル」を，相互作用の分析のための精巧な道具と位置づけている。そして，このモデルによれば関係性構築におけるあらゆる種類の要素が特定され，それらを正しい見方で捉えることができるとする。ここでの検証は，それらを実感するものでもあった。

　特に，顧客歴が30年に及ぶCさんへのヒアリングに「すべてを任せている」とのコメントが含まれていたのは象徴的である。これを最上級の信頼関係とするなら，前掲の3氏のヒアリング結果にも微妙な相違点を見出すことができる。すなわち，Aさんは主に細かな行為を列挙し，Bさんは行為が積

み重なったエピソードに言及した。そして C さんは慎重に言葉を選びながらも，信頼関係の深さを説明している。確かにシークエンスという概念には捉えがたい面はあるが，複数のエピソードを包含して信頼関係を示すものとするなら，C さんのヒアリング結果がまさにそうなのかもしれない。

このように「関係性の中の相互作用レベル」は，時間の経過とともに醸成される関係性を説明する目的においては，説得力を持つものである。その一方，いわば時間軸としての X 軸に対する Y 軸の在り方について，曖昧さがあることは否めない。例えば「満足度を伴う行為は，必然的にエピソードを構成するのか？」という疑問がそれである。恐らくは散発的な「行為」に終始するような関係性もあるはずで，その種の事態をどう捉えるかについて，本モデルから理解することは難しいと思われる。

6-3　Holmlund のモデルによる示唆

最後に 1 つの先行研究を確認しておきたい。実は Grönroos は「関係性の中の相互作用レベル」を作図するにあたり，Holmlund の研究を参照している。彼女もまた相互作用を階層化して捉えたモデルを作成しているが，構図としてはほぼ同じながら，明らかに異なる箇所もある（図表13- 3）。まず，いずれの階層においても一連の過程が process と outcome とに区分され，下位レベルを発した実線が上位レベルの概念の process 部分へ至っている点

図表13- 3　異なる相互作用レベルにおける過程と結果

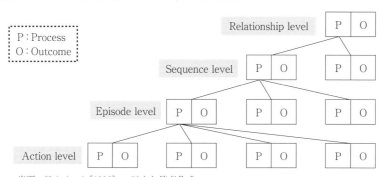

出所：Holmlund［1996］p. 53より筆者作成

である。さらに，最上位のリレーションシップ・レベルを含め，相互作用が
4 階層に分かたれている。

　後者の相違点については，Holmlund の研究が BtoB 領域を対象としたも
ので，このモデルが長期的な関係を維持するための前提条件として作成され
たことに由来する。それゆえ，Grönroos のモデルのように時間軸が示され
てもいない。前者の相違点，process と outcome との区分については，恐ら
く Grönroos も同様の前提を持っているものと思われるが，Holmlund が Y
軸上で関係性の深化を明示している点は重要である。

　すなわち，outcome の内容によっては，行為にしてもエピソードにして
も上位段階の process に接続しない場合がある。だとすれば，前掲の「満足
度を伴う行為は，必然的にエピソードを構成するのか？」という疑問の解決
にもつながろう。ちなみに先行研究には，関係性の規定要因（主要概念）と
して信頼とコミットメントを用いたものが少なくない。もし，コミットメン
トも outcome の 1 形態とするなら，統合的な議論にも道が拓かれるのでは
ないか。その精査は別稿に譲るが，ここに北欧学派の関係性理論のリサー
チ・ギャップの 1 つがあるとしておきたい。

7. おわりに

　本章で現場スタッフのヒアリングを実施した『ウィスタリア・フィール
ド』は，顧客との長期的な関係性を事業展開の基本として掲げている。経営
理念に「トータル・ビューティをキーワードに事業を発展させ，お客様との
信頼関係を築き，3 世代以上にわたってご来店いただける店づくりに努め
（後略）」と記されているとおり，同社は長期にわたる時間軸を経営の根本に
据えている。これは退職者に復職を認めるという独特の社内制度にも表れて
いるが，要するに顧客とスタッフとの間で共有される時間規模の同期を取っ
たものでもある。

　そのような時間軸のもと，日々の業務においてスタッフなりのサービスを
提供していくことが，Grönroos の相互作用レベルでいうところの行為の積
み重ねになる。中にはエピソードの形成には至らない些細なものも含まれる

図表13-4　ウィスタリア・フィールドの事業モデル

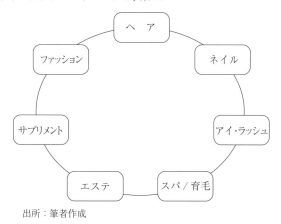

出所：筆者作成

はずだが，顧客のクレームに対する対応も含め，同社のスタッフが無意識の
うちに良質な行為を産み出していることは想像に難くない。もし，ここで時
間軸を意識しなければ，同じ行為が顧客満足を得ることはあっても，望まし
い関係性には至らないであろう。このことは，第2節のレビューで確認した
とおりである。

　加えて，同社の経営戦略には，ヘア部門以外にも6つの事業が含まれてい
る（図表13-4）。これらの事業には高い専門性と多額の設備投資を要するこ
とから，ヘア部門とは切り離して別会社で展開するか，あるいは単独で事業
化を図るのが一般的である。しかし，当社では1つの組織体で複合的に展開
することを目指してきた。そのような経営判断の拠り所は，藤田社長の言葉
を借りるなら「顧客のライフ・ステージを考えたとき，一元的に提供するの
が当たり前」ということになる。ここでも長期にわたる事業展開が前提と
なっているが，だとすれば，これら事業部門をシークエンスと捉えることも
可能なのではないか。それはまた，相互作用レベルのモデルにもとづく事業
管理・業績評価が可能であることを意味するものでもある。

　理美容業は典型的なサービス業の1つとされる。本章では，そのような理
美容業の現場における顧客関係に着目し，相互作用の面からリレーション
シップの在り様を検証した。従来のマーケティングが交換価値であったのに

対し，北欧学派の志向するSロジックは文脈価値を前提としたものである。そのような価値を顧客とスタッフとが協働して創造することを目途に，理論に適った相互作用が展開され，望ましいリレーションシップが形成されている実態が明らかになった。

　以上は，あくまでも特定業種の限られた現場での事例にすぎないが，調査対象の選定や調査方法の設定が妥当なものであったとすれば，ここでの考察結果が，今後の理美容業界の在り方に対するインプリケーションの1つになることが期待される。そして何よりGrönroosの提示した「相互作用レベル」の概念モデルについて，Holmlundのモデルと併せその有用性の一端が確認された。今後ともこれらのモデルによる現場の検証事例を蓄積することで，仮説を定説に近づけていければ幸いである。

（村上　真理）

〔謝辞〕
　本章の執筆にあたり「ウィスタリア・フィールド」の藤田社長及びスタッフの皆さん，ならびに同社顧客のお三方に多大なご協力をいただいた。ここに記して御礼を申し上げる。

第**14**章

インターナル・マーケティングとサービス文化

1. はじめに

　北欧学派のインターナル・マーケティングについて理論編で考察した。インターナル・マーケティングの概念は1970年代から北欧学派のサービスを対象とした研究の中で登場していることが確認できた。その後，インターナル・マーケティングを構成する主要概念は多様な研究領域で適用されて現在に至っている。

　一方で，北欧学派のインターナル・マーケティングには多くの課題が残っている。北欧学派の研究はサービスの特性であるプロセスや相互作用の視点を重視して発展した。そして，インターナル・マーケティングの諸概念は北欧の企業を中心に主に企業間の産業財取引（BtoB）を中心に考察が進展して貢献してきた。

　企業は顧客との直接的な相互作用を接客従業員に委ねて，そこでの相互作用が真実の瞬間になることから間接的に接客従業員の行動をマネジメントするためのシステムを構築する必要がある。したがって，企業はインターナル・マーケティングを戦略的に位置づけてトップが自ら率先してサービス文化を醸成するために活動する。そして，トップ・マネジメントが顧客との関係性を維持し発展させていくためには従業員との関係性を維持するための人材育成とモチベーションを支援する仕組みを確立しなければならない。

　しかし，北米や日本の小売業（BtoC）を対象にしたインターナル・マーケティングの視点での研究は少ない。したがって，小売業がどのように全体戦略の位置づけでインターナル・マーケティングを実行して，従業員の行動

に影響を与えているのかについて十分に解明されていない。本章では，インターナル・マーケティングがトップ・マネジメントによってどのように実行されてサービス文化の醸成，従業員との関係性，そしてモチベーションに影響を与えているのかについて考察する。

　そこで，第2節で以上の課題を考察するために，インターナル・マーケティングの先行研究からフレームワークを設定する。第3節で事例研究として，米国のパブリックスと日本のヤオコーについて考察する。第4節で理論的精緻化を目指して議論し，第5節のおわりにで残された課題を提示する。

2. インターナル・マーケティングの考察と課題

2-1　先行研究の考察

　Grönroos［2007b］はプロミスを実行するためにインターナル・マーケティングが重要であることを提示する（邦訳385-386頁）。インターナル・マーケティングの目的はトップが掲げるサービス志向，顧客志向の理念を実現するためにサービス文化を醸成することや従業員を動機づけることである。インターナル・マーケティングはインタラクティブ・マーケティングによってプロミスを履行するためには不可欠である。

　インターナル・マーケティングは，戦略的にサービス志向のトップ・マネジメントが日常業務の中で実施する。トップ・マネジメントがその役割を果たすことから，インターナル・マーケティングは戦術的な問題だけでなく企業にとって重要な戦略的な問題となる。本章ではトップ・マネジメントが実施するサービス文化の開発，サービス文化の維持をするための従業員との関係性に焦点をあてて考察する。

2-2　課題と調査方法

（1）課　題

　トップ・マネジメントがインターナル・マーケティングを実施してサービス文化を浸透させようとすると，組織と従業員である個人との関係性が重要となる。すなわち，全体と個との関係性である。現状は，一般的に個人主義

が強いとされる欧米文化の中においてトップ・マネジメントや組織（全体）と従業員（個人）の関係についての考察が不足している。したがって，トップ・マネジメントがインターナル・マーケティングを実施することで，リーダーシップを発揮して組織と個の相互作用を促進しながらどのようにしてサービス文化を醸成しながら一体感のある経営を促進するのかについて考察する必要がある。

　さらに，どのような人事制度による人材育成が従業員のモチベーションを発揮することにつながっているのか具体的な事例で検討する必要がある。北米や日本にはサービス文化を醸成するためにトップ・マネジメントが戦略的に一体感のある経営を実践して高い従業員満足が顧客満足と高業績につながっている企業がある。本章ではインターナル・マーケティングを実施している日米の組織小売業の事例を採用して考察する。

（2）調査方法

　今回の研究方法は事例研究である。調査資料は，現地フィールドワークによる一次情報と文献や資料などの二次情報である[1]。採用する事例は米国で著名なフロリダ州の食品スーパーマーケット Publix Super Markets（以下：パブリックス）と日本の小売業のヤオコーである。そしてフレームワークの3つの視点，①トップ・マネジメントによるサービス文化の浸透，②トップ・マネジメントと従業員との関係性，③人材育成とモチベーションの方法の視点から検討する（図表14-1）。

図表14-1　フレームワーク

| インターナル・マーケティング |
| トップ・マネジメントによるサービス文化の浸透 | トップ・マネジメントと従業員との関係性 | 人材育成とモチベーションの方法 |

出所：筆者作成

3. 事例研究

3-1　パブリックスの事例

（1）概　要

　パブリックスはアメリカの小売業の中で売上高が15位の食品スーパーマーケットである（図表14-2）。本社はフロリダ州で2018年売上高360億ドル，リージョナルスーパーマーケットとして最大規模，カスタマーサービスや働きたい企業といったランキングでいつも上位となる優秀なスーパーマーケットである。

　アメリカの小売業界は世界一の売上高のウォルマートとアマゾンがリアルとネットを融合させた熾烈な競争を実施している。特にアマゾンの影響を受けて多くのリアル小売業が苦戦中である。その中でパブリックスは出店エリアに特化したリアル中心の店づくりや商品政策で成果を出している。

　どんな企業も規模の拡大と顧客満足提供の両立を目指すことは難しい課題である。特に，直接の顧客接点を多数持つ小売業やサービス業では，各店舗のオペレーションの質の低下が顧客満足低下に直結する。増加する店舗すべてのオペレーション・レベルを維持することは容易なことではない。

　これまで，パブリックスはミシガン大学などが毎年実施する米国顧客満足度指数（ACSI）という大規模な調査のスーパーマーケット部門で，常に上位の評価を獲得し続けて顧客満足度が高いスーパーマーケットという評価を得ている。アメリカのビジネス誌『FORTUNE』は国内の働き甲斐のある企業「100 Best Companies to Work For 2019」を毎年発表している。そのランキングでパブリックスは昨年47位から12位へと大躍進している[2]。すなわち，パブリックスは顧客満足度（CS）と従業員満足度（ES）の両方が共に高い企業である。

　パブリックスの出店エリアには，低価格を強みとする世界一の小売業ウォルマートやアルディ，アマゾンが買収した自然食スーパーマーケットのホールフーズ，複数の地元スーパーマーケット・チェーン店などが立地する。さらに，ECで快進撃を続けるアマゾンなど多様なタイプの競合店が乱立している。パブリックスはその厳しい競争環境の中で長期にわたり好調を維持し

図表14-2　2019年米小売業トップ番付（単位：億ドル）

2019年（2018年）	企業名	2018年売上高	業態	2018年店舗数
1　（1）	ウォルマート	3,907	ディスカウント	5,338
2　（3）	アマゾン	1,256	ネット通販	488
3　（2）	クローガー	1,173	食品スーパー	3,254
4　（4）	コストコ	1,014	会員制卸売	523
5　（6）	ウォルグリーン	983	ドラッグストア	9,451
6　（5）	ホーム・デポ	982	ホームセンター	1,969
7　（7）	CVS	839	ドラッグストア	9,670
8　（8）	ターゲット	747	ディスカウント	1,844
9　（9）	ロウズ	637	ホームセンター	1,720
10　（10）	アルバートソンズ	602	食品スーパー	2,289
11　（12）	アップルストア	472	アップル製品販売	271
12　（11）	アホールドUSA	435	食品スーパー	1,961
13　（13）	ベスト・バイ	391	家電量販	1,023
14　（14）	マクドナルド	385	ファーストフード1	4,155
15　（15）	パブリックス	360	食品スーパー	1,420

出所：日経 MJ2019年7月12日8面

ている。

　パブリックスは低価格戦略のウォルマートやハードディスカウンターに対しては価値訴求で対抗している。例えば，プライベートブランド商品の開発や，価格訴求の販売促進を展開して安さのイメージづけにも取り組んでいる。パブリックスの社訓をわかりやすく表現すると「買い物が楽しいところ」を目指すことである。具体的には，消費者や環境の変化を察知しながら迅速かつ慎重に地域一番の買物体験を品質，店の快適さ，手ごろな価格，品ぞろえ，情報提供などで提供することである。パブリックスはその積み重ねによってこれまで成功を築いてきた。

（2）フレームワークでの考察

①　トップ・マネジメントによるサービス文化の浸透

　パブリックスはインターナル・マーケティングを実施することで顧客志向のサービス文化を浸透させている。そして，従業員との関係性を構築することで従業員のモチベーションを高める優れた組織作りをおこなっている。

　創業者の掲げる創業の精神，企業理念，ミッションは作成して配布すれば終わりではない。パブリックスの強さの秘訣は企業哲学が全社的に浸透し，なおかつ伝達され続けていることである。創業者が掲げたパブリックス哲学は「我々の第一の責任は買物と労働が共に楽しく，顧客に常に公正な価値を提供する可能な限り最高の店舗を運営すること」である。パブリックスは創業者ジョージ・W・ジェンキンスの理念である「買い物が楽しい場所」，つまり顧客を喜ばせ，食料品の買い物を楽しみに変えること，そのためには店をきれいにし，品揃えをよくし，接客をよりよくしよう，という理念が今もなお継承されている。

　そして，パブリックスは規模が拡大した現在でも従業員全員で理念にもとづく行動が実施されることが重要なポイントである。パブリックスには創業の精神を理念として毎日の業務に結びつけるためのさまざまな取り組みがある。パブリックスの従業員が消費者や環境の変化に対して地域一番の買い物体験を提供することが可能なのは顧客に最も近い位置で働く社員の士気の高さによるところが大きい。

　店内では，「エプロンズ・シンプルミール」というミールソリューション・プログラムを実施している。ミールソリューションとは，メニュー決定から片づけまでの食事の問題に対する解決策を提供するサービスを意味する。パブリックスでは，半調理品の提供，メニュー提案，料理の仕方を教える料理教室の実施など，さまざまな方法でソリューションを提供している。

　パブリックスはサービス文化を浸透させるために「接客10秒ルール」を遵守している。これは顧客から声をかけられたら10秒間はその顧客とコミュニケーションを図ることである。当社は世界で最高品質の食品小売業になることを掲げている。最高品質とは商品とサービスである。満足する商品を揃えるためにメーカーからの仕入れだけでなくベーカリー，総菜，オーガニック

商品，乳製品，果汁飲料など多くの商品を自社工場で製造している。

② 　トップ・マネジメントと従業員との関係性

　このように従業員のモチベーションが高く維持できるのは経営陣と従業員の間で信頼関係が築ける工夫があるからである。トップ・マネジメントはインターナル・マーケティングをとおして経営陣と従業員の間で信頼関係が築けることが重要である。トップ・マネジメントは従業員に対して自然と企業に対する帰属意識・連帯感が芽生える環境づくりを実施している。そして，従業員の各自の能力を尊重し権限を委譲する方針を打ち出して実行している。

　従業員との関係性の中核はストックオプション制度の導入である。しかも，全株式を従業員とその関係者が所有していることである。役員も全員が従業員株主から選出されている。株式は公開せず全従業員で持ち合い利益が出たら働いた従業員株主が高配当で分配する。所定の条件をクリアすれば，従業員がパブリックスの株式を購入できる仕組みである。パブリックスの決算は最初に持株社員に対して公開される。決算結果が順調に推移していれば，株価も高く算定され，持株社員たちの個人資産も増えていく仕組みである。米国では企業は株主が第一だとする考え方が主流である。パブリックスは従業員が第一だという理念をストックオプション制度で具現化している。

　米国では経営幹部には MBA を取得した経営専門家を外部から採用することが多い。パブリックス社は経営幹部，中間管理職，店長など幹部のすべては従業員から登用されている。そして会社の奨学金制度を活用して働きながら資格を取っている。これが，現在の従業員にとっては将来の自分の夢となり業務にも能力開発にも力が入ることにつながっている。

　以前，フィールドワークで社長の部屋を訪問したが特別な部屋ではなくドアがオープンで開放的であった。社長自らが笑顔でフレンドリーな雰囲気で迎えてくれたことが記憶に残っている。店長は自分の職務は顧客と従業員のオペレーションを上手く実施するために従業員へ配慮することだと述べていた。

　配送センターに開放的なカフェテリアがあり，従業員ならば誰でも無料で

美味しい食事を好きなだけ食べられた。カフェテリアの設備や環境はセンスが良く整っていた。精肉部門の最高責任者が家庭でパーティを開いてくれて，子供に玄関でウェルカムドリンクをもらった。このような家族的でフレンドリーな関係性を日常的に従業員と構築していることが体験できた。パブリックスは親子 3 世代とその親戚が多く勤務している。家族経営で和気あいあいと働くことでサービスが良くなりそれが顧客の高い支持につながっている。

③　人材育成とモチベーションの方法

　パブリックスは人材育成の方針が明確であること，そして働く人々の士気につながる従業員ベネフィットが用意されていることが特徴である。人材育成の方針は 2 つあり，1 つは「一番下の役職からスタートすること」と，もう 1 つは「社内で登用すること」である。

　従業員は人柄を重視した面接試験で採用されると 1 年間多様な職種の研修を受ける。正社員比率が高く半数近くが正社員である。パブリックスは身分の安定したフルタイムの従業員でなければ顧客に高品質の買い物体験を提供できないと考えている。能力開発のためのプログラムとしてリーダーシップ・プログラム，マネジャー・プログラム，店舗開発，店舗運営，店舗会計などのコースがある。

　パブリックスは社内教育だけでなく地域の大学などで承認したコースに奨学金を支給する制度がある。フルタイムだけでなく一定の条件を満たした従業員がマネジャーの推薦があると利用できる。このようにマネジャーに大きな権限委譲がされている。さらに米国では珍しく福利厚生制度が整っている。パブリックスは従業員に対する待遇が良いことから職場として人気が高い。

3-2　ヤオコーの事例

（1）概　要

　ヤオコーは「生活者の日常の消費生活をより豊かにすることによって，地域文化の向上・発展に寄与する」を経営理念としている。スーパーマーケッ

トの仕事をとおして世の中の役に立つことで「おかげさまで」といっていただける「アドマイヤードカンパニー」になることが，ヤオコーの存在意義であり目的である。

　ヤオコーが発表した2019年3月期の連結業績は，営業収益が前期比4.8％増の4350億円，営業利益が5.5％増の179億円，純利益は7.2％増の117億円と増収増益であった。営業利益は30期連続（単体ベース）で過去最高を更新した。ヤオコーは2019年3月末で172店舗を関東圏に出店している。

　ヤオコーは毎日の食卓を楽しくするような「価値」を追求する戦略で成長を続けてきた。食事の献立の提案や調理済み食品の販売など「ミールソリューションの充実」を図る一方，消費者の価格志向に対応する EDLP（常時低価格販売）を強化している。ヤオコーの組織運営の特徴である「個店経営」は，店舗ごとに地域の顧客に合わせた品揃えや売り場づくりの提案に力を入れることである。ヤオコーは店舗で顧客のことをよく知っているパート社員を中心とした顧客とのコミュニケーションや共創を実施している。

　ヤオコーは「食生活提案型スーパーマーケット」を目指して情報提供を積極的におこなう活動と合わせて商品開発も実施している。ヤオコーが設定する商圏は半径500メートルである。小商圏全住民を顧客にするためには多様な顧客の声を反映する店づくりをめざす必要がある。顧客の要望に応えるためには市場に流通する商品だけでは不足することが生じる。

　例えば，メインディッシュとして食べるハンバーグなどが良い事例である。低価格帯のハンバーグはメーカーが製造し市場に流通していたがメインディッシュ用のハンバーグはなかった。おそらく過去に多様なメーカーがチャレンジしてきたのだが市場に浸透しなかった。ヤオコーの各店舗には「クッキングサポートコーナー（以下 CSC）」がある。売場で提供している旬の食材やおすすめの素材を使って，毎日の食卓メニューを提案しているコーナーだ。幅広い年齢層の CSC 担当者（クッキングさん）が様々な働き方をしている。そこから生まれるアイデアや地域の顧客からの情報を踏まえて情報発信をしている。ヤオコーが開発したメインディッシュ用のハンバーグは CSC で価値提案を実施することで大人気商品へと成長した。

　ヤオコーはミールソリューションとして日々の食事の中で顧客の多様な悩

みをソリューション（解決）することで，食生活がより豊かに，より楽しく
なることを目指している。この視点からは，将来的には惣菜，デリカ，イー
トイン部門の延長線上に店内で調達した材料を店内で好みに応じて調理する
レストラン化のサービスがある。

（2）フレームワークでの考察

①　トップ・マネジメントによるサービス文化の浸透

　ヤオコーは日本一元気なスーパーマーケットだと評価されている。川野会
長はスーパーマーケットが労働集約型の産業であり社員が元気に働いてくれ
るからだと強調する。社員が元気に働くのはトップ・マネジメントが志の高
い企業理念を経営のバックボーンとして大切にして，豊かで楽しい食生活提
案型スーパーマーケットをコンセプトにその充実，進化に努力し続けている
からである。

　小売業がサービス文化を浸透させて実施するためにはこの企業理念と商い
のコンセプトがズレないトップの意志と環境整備や浸透させる能力が必要で
ある。小売業は生業として顧客接点を持っている。最初に重要なのはトップ
が掲げる理念とトップが接点を活かす意志である。ヤオコーのように売場を
顧客接点のコミュニケーションの場としてトップが戦略的に位置づける企業
は少ない。企業が売り場を活用できるかできないかは，トップ・マネジメン
トの意志と能力にかかっている。企業が理念として最終消費者に寄り添いな
がら一緒に価値を紡いでいく考え方を打ち出すことが第一歩である。そし
て，理念としての意志を具体的に推進するためには，顧客接点を担う組織上
の担当者を明確にして積極的に支援することである。

②　トップ・マネジメントと従業員との関係性

　ヤオコーの川野会長は「人を育てるうえで，一番大切なことは，信じて責
任を与えることだ」と述べている（日経ビジネス2013年6月24日）。ヤオ
コーではパートタイムの従業員を尊敬の念をこめて「パートナーさん（以下
パートナー社員）」と呼んでいる。それは，働き方や立場の違いはあるが，
一人ひとりが大切な戦力であることの現れである。また，地域の食生活をビ

ジネスの場とするスーパーマーケットにおいて，その地域の暮らしを知っているパートナー社員たちに「食生活のプロ」として，店舗運営に参加してもらうことは，顧客に支持される店舗づくり，売り場づくりに欠かせないことである。

　ヤオコーはチェーンとしての個店経営と全員参加の商売を組織運営のベースにおいている。一店舗一店舗，一人ひとりが地域の顧客のニーズを考えながら主体的に行動している。ヤオコーがパート社員を「パートナーさん」と呼ぶのは全員で商売をするための「仲間」だからである。パートナー社員が大事なのは，当社の店舗が立地する地域に合わせて売り場や品揃えを変える「個店経営」を掲げているからである。パートナー社員は顧客のニーズを最もよく理解していることからヤオコーの社員であると同時に地域の消費者でもある。

　ヤオコーは顧客接点の売場を通してパートナー社員に売り場づくりから商品の発注，値引きを含む価格決定なども権限委譲している。小売業は労働集約的な産業なので現場がどれだけ頑張ってくれるか，意欲を持って働いてくれるかが業績を左右する。パートナー社員たちがモチベーションを高く持って働くことが会社全体の好業績の原動力である。

　店長をはじめスタッフが売り場でのパートナー社員の活躍を全面的に支援している。したがってパートナー社員を支援する環境を企業システムとして内在化している。そして，外部企業との関係を担当する本社の関連部所に影響を与えることになる。パートナー社員は主婦であることから店長や売り場主任の正社員よりも料理の知識を圧倒的に持っている。ヤオコーは毎週日曜日に店長以下の主要メンバーが集まったミーティングを開催する。そこでは翌週以降の販売計画や売り場づくりなどを決めている。素材としての旬の商品やメーカーの新しい調味料などが発売されても正社員は料理することはない。新商品をいち早く食卓に登場させて家族からの評価を受けるのはパートナー社員である。また，CSC を担うパートナー社員は企業側の視点での業績評価基準がない。したがって，真の意味で顧客側の立場での推奨が促進できるので顧客の信頼が得られやすい。

　ヤオコーは多様な情報提供，提案活動を実施すると同時に伝統的なチラシ

媒体を使用した価格訴求や企画の提案のマーケティング活動を展開している。

③　人材育成とモチベーション

　ヤオコーは創業の精神や経営理念を浸透させ維持するために職位や階層に応じた教育カリキュラムの充実や理念教育に力を入れている。ヤオコーの強みは全従業員が「働きがい」をしっかりと感じる「全員参加の商売」の組織作りができていることである。ヤオコーは社員一人ひとりの戦略アップが強い店づくりになると考えて人材育成を強化している。

　正社員はもちろん，ヤオコーが重視するパートナー社員に向けた人事制度や教育制度が設けられている。そして，パートナー社員の業務改善事例を発表する「感動と笑顔の祭典」が定期的に開催されている。「感動と笑顔の祭典」はパートナー社員が目標を設定し正社員も含めた全メンバーで工夫を重ねた取り組みを発表する場である。2006年にスタートし，毎月開催で100回を超える「感動と笑顔」を生み出してきた。パートナー社員が自分自身で考え，取り組むことで，日々の仕事の改善，モチベーションの向上，全社におけるノウハウの共有を実現している。したがって，「感動と笑顔の祭典」は単なる発表の場ではない。全店の模範となるような取り組みには積極的に表彰をしており，その成果は日頃の評価や給料にも反映されている。また，表彰者の中でも特に成績が優秀だったパートナー社員は，毎年実施している米国研修に招待して，さらなる活躍を期待している。

　さらに，プロの技術を学ぶ技術研修，入社して 5 年目までの育成プログラム「ヤオコー大学」，生産者の産地を確認する産地研修や展示会参加など日常業務と共に学習の機会を設定している。

　ヤオコーは社員自らが健康であることが顧客に健康な食生活を提案でき，その結果会社の発展に寄与すると考えている。ヤオコーでは毎年一回全社員が参加する大運動会を開催して身体を動かし「健康経営」の考え方を実践している。日頃出会いの少ない店舗間などでコミュニケーションが円滑になり仕事に良い影響が出る。そして社員の健康管理のために健康診断の受診率を増やし保健師を配置して健康相談の機会を増やすなどの取り組みを積極的に

推進している。

　ヤオコーの主たる顧客層はパートナー社員と同じ立場の家庭の主婦である。パートナー社員が自分たちの食べたいもの，買いたいものを売り場で提案する。例えば，節約志向の強いヤングファミリー層に対して78円のミニチーズパンを開発した。アンパンマンなどのキャラクター飲料を売り場近くで展開して集客した。そして自分たちが顧客に訴求したいことを自らの手書き POP でアピールしている。トップ・マネジメントは意識的にパートナー社員のアイデアや努力の優れている点を具体的に評価している。小売業での働き甲斐は自分たちの努力が顧客の反応として直接返ってくることである。パートナー社員が「自分が何を期待されているか」を意識しているかどうかで戦力化になるかどうかが決まる。したがって，企業がパートナー社員を低コストの対象として捉えると戦力にはならない。

4. 考　察

4-1　フレームワークでの考察

（1）トップ・マネジメントによるサービス文化の浸透

　トップ・マネジメントがインターナル・マーケティングを推進することで成果につながることは日米の2つの事例からも導出できた。すなわち，リーダーの理念にもとづくインターナル・マーケティング行動が促進されて理念の内部浸透が実現する。それと同時に，積極的な環境整備をしなければならない。

　一番重要なことはトップ・マネジメントが自らの行動で率先垂範することである。トップ・マネジメントはインターナル・マーケティングを単なる戦術的な従業員トレーニングのタスクとしてではなく，戦略的な課題として捉えて率先して行動することが重要である（Grönroos［2007a］邦訳258-259頁）。

　日本企業は多くの小売業が顧客満足や地域密着などを掲げて顧客志向の全体戦略を採用している。しかし，具体的な実行はセルフ販売を中心に実行されている[3]。したがって，理念と実行が一致していない。そこにはインター

ナル・マーケティングの視点が不足していることがわかった。

　インターナル・マーケティングを成功させるためにはトップの本気度が組織全体にいきわたることである。そのためには，トップ・マネジメントから率先して取り組む必要がある。これはマーケティングを戦術段階として捉えるのではなく全社的な戦略的な立場から捉えることである。

（2）トップ・マネジメントと従業員との関係性

　トップ・マネジメントは従業員との関係性を良好に維持するために信頼関係を構築して従業員に権限委譲している。トップ・マネジメントはインターナル・マーケティングを通して従業員と信頼関係が築けることが重要である。

　パブリックスの従業員との関係性の中核はストックオプション制度の導入である。パブリックスは従業員が第一だという理念をストックオプション制度で具現化している。さらに，奨学金制度や経営幹部は長期間現場から一緒に働いてきた従業員を社内から登用することなどで信頼関係を構築している。

　ヤオコーがパート社員をパートナー社員と呼ぶのは従業員全員で商売をするための「仲間」だからである。パートナー社員に売り場づくりから商品の発注，値引きを含む価格決定なども権限委譲している。ヤオコーは組織的にインターナル・マーケティングを実施してパートナー社員が CSC を実行することを支援している。パートナー社員が自ら考えて CSC を効果的に担うためには顧客満足と顧客のための活動ができ続ける仕組みがなければならない。パブリックスとヤオコーの両社はインターナル・マーケティングの主要概念のエンパワメントとイネーブリングが確立されていた。多くの企業が顧客満足や顧客の幸せのために理念を掲げてもインターナル・マーケティングが不足していることから成果が出ない原因がそこにある。

（3）人材育成とモチベーション

　パブリックスは社員持ち株制度，能力開発のためのプログラム，そして社内教育だけでなく奨学金を支給する制度，福利厚生などを整備している。こ

れらの制度からパブリックスが本気で従業員を大事にしていることが伝わるであろう。ヤオコーは従業員のスキルアップにつながる教育や訓練制度を充実させている。パートナー社員は時間内で指示されたことをマニュアルどおりに確実にやればよい受身の存在ではない。ヤオコーにはパートナー社員の頑張りに最大限報いる仕組みがある。会社はパートナー社員に時間給を支払うだけでなく，夏冬のボーナス，決算賞与も支給する。このように会社はパートナー社員に責任を与えて頑張りに報いている。両社は従業員のキャリアアップが行動につながり達成感や充実感に結実することで次の成長機会になる好循環が機能している。

4-2　インターナル・マーケティングの成果
(1) バウンダリー・スパナー（境界連結者）の機能

　インターナル・マーケティングはプロミスを履行するための前提条件を整えるのに欠かせない。パブリックスやヤオコーの事例で従業員が顧客に対しておこなう活動は従業員満足が高くないと十分機能しない。インターナル・マーケティングはバウンダリー・スパナーの機能として多様な部門間を統合する働きがあることがわかる。インターナル・マーケティングは，サービス文化を浸透させるためにトップ・マネジメントが率先して実行するために組織と個人の一体感ができる。

　すなわち，インターナル・マーケティングとサービス文化の開発と維持のタスクはマーケティングと組織行動の間に重要なインターフェイスの機能をもたらす。この結果，経営諸機能の組織上はフルタイム・マーケターのマーケティング部門と人事部門が分離して設置されているが，両部門はインターナル・マーケティングを共同で実施することになる。したがって，経営諸機能上，マーケティングと人事部門が分化して発展した活動が融合する。インターナル・マーケティングはバウンダリー・スパナーとして企業の内部の機能間や外部との連動を促進することになる。さらに戦略と戦術をつなぐ役割もある。

（2）自律的な学習の促進

　パブリックスとヤオコーは従業員に権限委譲を進めて自ら顧客のために考えて行動することを奨励している。これらの行動の成果をトップ・マネジメントが承認して処遇するための制度を整備している。従業員が積極的に顧客起点で行動できることが両社の強みになり顧客接点を担う従業員の働き甲斐につながり結果的に企業業績に大きく反映されている。

　パブリックスは料理教室の実施などさまざまな方法で顧客にソリューションを提供するために従業員が自ら考えて行動する組織風土を醸成している。ヤオコーは「個店経営」で店舗ごとの独自性を重視すると同時に優れた事例を全社的に共有する組織横断の学習の仕組みがある。

　両社のような組織小売業はチェーン・オペレーションを中心に運営されている。チェーン・オペレーションをしている組織小売業は専門化と標準化の原則でオペレーションをマニュアルに沿って画一的に実行することが求められる。すなわち，決める人と実行する人が分離している。両社はチェーン・オペレーションの長所と個店や個人に権限を委ねて実行することが両立するような制度上の運営が上手く実現できている。

5. おわりに

　トップ・マネジメントがサービス文化を組織内に浸透させて顧客との関係性を維持し発展させていくためには従業員との関係性を維持するための人材育成とモチベーションを支援する仕組みを確立しなければならない。本章では北米のパブリックスと日本のヤオコーの BtoC を対象にしたインターナル・マーケティングを考察した。両者ともにトップ・マネジメントがインターナル・マーケティングを戦略的に実行していることが理解できた。

　インターナル・マーケティングを推進することは個人と組織，組織間の境界，戦略と実行，企業と外部とをサービス志向で結合することになる。また，トップ・マネジメントと従業員との良い関係性は顧客との良い関係性に重要な影響を与えることがわかった。日本的な経営の本質はインターナル・マーケティングが目的とする長期的な企業と従業員の良好な関係性であっ

た。トップ・マネジメントと従業員は信頼関係で結ばれており権限委譲と現場力で強みを発揮してきたと捉えられる。日米２つの事例をインターナル・マーケティングの視点で考察するとマーケティングと経営学との学際的な研究が不足していることがわかる。特に，チェーンストア経営とインターナル・マーケティングの融合について研究を進展させることが求められる。

注

（1）太田［2015］，波形［2010］を参照した。パブリックスは25年くらい前に筆者が店舗，配送センター，従業員食堂での昼食，本部での経営者への面談，ミート部門役員宅でのホームパーティ，社長宅への訪問などのフィールドワークを実施した。

（2）1998年に始まった本調査は，米国内で1000人以上の社員を雇用する企業が対象で，評価の85％は，職場の快適さなど，60項目以上のアンケートに対して得られた回答に，残りの15％は企業からの人事関係のデータにもとづいてランキングが作成される。今年のランキングは延べ430万人以上の従業員が対象となっている。

（3）藤岡［2008］が全国の小売業700社対して実施したアンケート調査（2007年９月３日から12日に実施，有効回答132社：18.9％）の中で，経営理念の内容は，顧客満足「88.4％」地域密着「82.5％」社員教育「45.2％」の順に多くなっている。価格訴求は「15.7％」となっている。

（藤岡　芳郎）

第**15**章

顧客経験ダイナミクスに関する質的研究：島村楽器株式会社が運営する音楽教室の事例

1. はじめに

これまで多くのマーケティング研究者たちが，顧客経験に注目してきた（Gentile, Spiller and Noci ［2010］；Ostrom, Bitner, Brown, Burkhard, Goul, Smith-Daniels, Demirkan and Rabinovich ［2010］）。なぜなら，顧客経験は価値創造の中核概念の 1 つとされるからである（Heinonen, Strandvik, Mickelsson, Edvardsson, Sundström and Andersson ［2009］）。

サービス・マーケティングの研究者たちは，サービス提供現場での直接的相互作用を顧客経験と捉え，その静態的側面及び企業による顧客経験の設計や管理という側面に焦点をあててきた。しかし，北欧学派の研究者たちは，このような研究伝統を批判し，顧客経験は動態的であり顧客の生活世界において顧客自身によって創造されると主張する（Heinonen, Strandvik, Mickelsson, Edvardsson, Sundström and Andersson ［2010］；Lipkin and Heinonen ［2015］）。その一方で，動態的側面を分析枠組みに取り込んだ経験的研究は，不足している（Helkkula ［2011］）。したがって，顧客経験研究の発展のために，顧客経験のダイナミクスについてデータにもとづく経験的研究に取り組むことは重要であるといえる。

そこで，本章の目的を，顧客の生活世界において出現する顧客経験とその変化について検討することとする。より具体的にいえば，どのような顧客経験が，どこで出現し，どのように変化するのか，さらに，それらの顧客経験に企業はどのように影響を与えることができるのかという問題に着目する。

本章の構成は以下の通りである。最初に，顧客経験に関する簡単な先行研

究レビューをおこなう。次に，調査概要およびデータ収集やデータ分析と
いった研究方法について確認し調査結果を明らかにする。そして，ディス
カッションをおこない，マーケティング研究や実務に対するインプリケー
ションを提示する。最後に本章のまとめと今後の課題を述べる。

2. 先行研究レビュー

2-1　代表的な顧客経験概念

　顧客の経験や体験に注目した先駆的研究として Holbrook and Hirschman
[1982] を挙げることができる（Helkkula [2011]；Carù and Cova
[2003]）。経験的・現象学的観点から顧客経験へアプローチした Holbrook
and Hirshman [1982] は，顧客経験を象徴的意味や快楽的反応，審美的基
準を持つ主観的な意識的過程と捉えた。また，Carù and Cova [2003] は，
顧客経験は曖昧な概念であると指摘し，色々な学問領域における顧客経験概
念について整理した。そこで彼女たちは，顧客経験を個人の構成／変容にお
ける主観的出来事と定義し，顧客が認知次元にもとづき経験に没頭する過程
で，個人の中に生まれた感情や感覚に重点をおく。この Carù and Cova
[2003] の定義は，快楽消費だけに限定したものではなく，より幅広い視点
から定義づけされたものである（Dube and Helkkula [2015]；Helkkula
[2011]）。他にも，Edvardsson, Enquist and Johnston [2005] は，顧客の認
知的・感情的・行動的反応をつくり出すプロセスであり，精神の現れや記憶
をもたらすものと定義する。同様に，Helkkula [2011] も，顧客経験は個人
的・社会的に決定され本質的に主観的なものであると特徴づける。それぞれ
の定義に共通するのは，顧客経験は主観的であり顧客の精神的過程を含んで
いる点である。

2-2　顧客経験に対する北欧学派のアプローチ

　プロバイダー中心の考え方を批判しカスタマー・ドミナント・ロジックを
提示した Heinonen et al. [2010] は，顧客視点から顧客がどのように経験を
創造するのかについて理解することがマーケティング研究にとって重要であ

ると述べる（Heinonen et al.［2009］；Heinonen et al.［2010］；Heinonen, Strandvik and Voima［2013］；Heinonen and Strandvik［2015］）。彼女たちは，顧客経験は主観的であり顧客の感情から切り離すことができないものと指摘する。そして，顧客経験は企業が事前にデザインし管理できるものではなく，顧客自身により編成される点を強調した（Heinonen et al.［2009］；Heinonen et al.［2010］）。同様に，Dube and Helkkula［2015］や Meyer and　Schwager［2007］も，顧客経験を企業との直接的または間接的な接触に対する顧客の固有で主観的な反応と捉える。

　また，近年ではネットワーク的観点を取り入れ包括的に顧客経験を理解しようとする研究が増えつつある。例えば，McColl-Kennedy et al.［2015］は，多数のアクターを取り込むことで顧客経験についてより深く理解することができると主張する。そして，既存の顧客経験研究について詳細にレビューした Helkkula［2011］も，現在の研究は，個人に焦点をあてつつも次第にネットワークの視点を分析枠組みに含めるようになってきていると指摘した。なぜなら，サービス・エンカウンターに代表される特定企業とのコンタクトは顧客経験の一部にすぎず（Verhoef et al.［2009］），顧客は色々な企業との関係も含む自身の生活世界の中で，独自の経験を創造している（Heinonen et al.［2010］）からである。

　それに加え，顧客経験概念はダイナミックで時間的文脈に根ざすという特徴を持つことも指摘される（Heinonen et al.［2010］）。Heinonen et al.［2010］によれば，旅行という顧客経験は，実際に観光地を訪れたりホテルに宿泊したりする当該旅行体験だけに縛られておらず，これまでの旅行体験や事前の旅行プランの作成，数年後に当該旅行の記憶を思い出すことも含まれるという。

　以上のような研究潮流において，近年の研究では，顧客経験を顧客の生活世界における活動や出来事や相互作用に対する顧客の感情的，認知的，社会的，身体的反応であると定義される（Becker［2018］；McColl-Kennedy et al.［2015］）。そこで，本章も，この定義に従い検討を進めていく。

2-3　顧客経験研究の課題

　ここまで，先行研究について簡単に確認してきた。顧客経験研究は，研究蓄積が図られ進展しているものの，少なからず課題を抱えていると考えられる。その課題とは，顧客視点による経験的研究の必要性である。すでに確認したように，北欧学派のHeinonenやStrandvikらを中心に，企業視点ではなく顧客視点から顧客経験について研究することの重要性が，理論的に指摘されている。これは，顧客経験について深く理解するためには，特定企業との相互作用だけではなく，友人や家族などの顧客が保有するプライベートなネットワークを含む顧客の生活世界全体に注目しなければならないことを意味している。しかしながら，顧客視点からアプローチする経験的研究の蓄積は，それほど進んでいない状況にある（Heinonen et al. [2010]；Helkkula et al. [2012]；Lipkin and Heinonen [2015]）。また，すでに述べたように顧客経験は顧客の過去や現在，未来の経験に影響を受ける点や時間と共に進化したり変化したりする点が示唆されているが，これまでの顧客経験研究において経験のダイナミクスについての研究は少ない（Lipkin and Heinonen [2015]；Verhoef et al. [2009]）。そこで，以下では，顧客の生活世界の中で生成される顧客経験と，そのダイナミクスについて経験的研究に取り組む。

3.　研究方法

3-1　調査概要及びデータ収集法

　調査文脈は，楽器に関連する顧客経験である。前節で述べたように，顧客経験を理解するためには顧客の生活世界全体に着目する必要がある。企業への事前ヒアリング調査から，顧客の楽器に関連する経験は，様々な場面において生成されている点が明らかとなっていたため，調査文脈として適切であると考えた。また，調査目的を，全体的な顧客経験を構成する経験の分類をおこない，そこで分類された経験間の関係性を明らかにすることとし，総合楽器小売店の島村楽器株式会社（以下，島村楽器とする）の顧客を対象とする質的調査を実施した。島村楽器は，ショッピングセンターを中心に全国に

160店舗以上を展開する総合楽器店であり，楽器販売や音楽教室・練習スタジオの運営などを事業としている。

　調査対象とする顧客は，島村楽器の小売店舗に併設された音楽教室に通う顧客である。その教室通学歴は 3 か月から15年の間であった（図表15- 1 ）。

　また，データ収集の方法は，個別デプス・インタビューである。インタビュー法を採用した理由は，豊富なデータを収集することができ，それぞれの顧客の楽器や音楽に関連する経験について，より深く理解することができると考えたからである。対象者の選定については，調査協力者である島村楽器店舗スタッフ 2 名に，調査目的について事前に口頭及び文書で説明し，音楽教室に通う顧客の中から，音楽が生活の一部になっている，または日常的に音楽生活を楽しんでいると思われる顧客を選んでもらうよう依頼した。選定された対象者は，全体で10名であり，その内訳は男性 3 名と女性 7 名で，年齢は26歳から58歳の間である。調査では，楽器に関連する経験に関して半構造化された質問からなるインタビューガイドを使用し，音楽教室に通い始めた当初から現在までの経験を中心に，自身の音楽生活について対象者に自由に語ってもらっている。さらに，教室に通い始める前の経験も重要である

図表15- 1　対象者の概要

参加者	年齢及び性別	職業	教室歴	楽器
A	50代 女性	会社員	1 年	ピアノ
B	58歳 男性	会社員	7 年	ピアノ
C	56歳 女性	保育士	5 年	バイオリン
D	26歳 女性	看護師	5 ヶ月	ピアノ
E	50歳 女性	会社員	15年	バイオリン
F	56歳 女性	介護士	1 年 4 ヶ月	ピアノ
G	29歳 男性	会社員	3 年	ピアノ
H	43歳 男性	会社員	6 年	サックス
I	38歳 女性	会社員	10年	サックス
J	28歳 女性	会社員	3 ヶ月	ピアノ

出所：筆者作成

と思われるため，教室入会までの楽器や音楽に関する経験についても質問した。調査は，2016年10月から2017年 7 月にかけて，島村楽器広島パルコ店の練習スタジオで各回約50分から90分の間で実施している。インタビュー実施後，速やかに全ての文字起こしをおこない Word ドキュメントに保存した。

3-2　データ分析法

　作成された逐語録データの分析には，Strauss and Corbin［1990］及び戈木［2013］を参考に，グラウンデッド・セオリー・アプローチのガイドラインに従った。この分析方法は，対象者が事象をどのように解釈しているかについて研究者が理解することに力点がおかれており，人の内面を調査するのに適している（灘光他［2014］）。したがって，顧客の楽器に関連する経験について，より深く詳細な分析が可能であると考えた。具体的な分析手順は，逐語録を繰り返し読み対象者の語りについて深く理解した上で，似たデータを要約し概念化していくコード化と，多様に出現したコードの中で同じ性質を持つコードをまとめるカテゴリー化をおこない，各経験の特徴について整理・分類した。このコード化とカテゴリー化は，新たなコードやカテゴリーが生成され無くなった時点で終了している。

　また顧客経験の変化を捉えるために，時系列的に生じる顧客の経験や行為の順序ではなく，抽出した各経験同士の関係性に注目した。なぜなら，顧客経験は時間経過とともに進化する経験の組み合わせを通して生まれるが（Verhoef et al.［2009］），それは逐次的に一定に変化するというよりも，各経験同士が複雑に影響を与えたり，逆に受けたりしながら共同的に構築されていく（Heinonen et al.［2013］）からである。そこで，分析では，抽出された各経験間の関係性を確定していくために，カテゴリーを現象毎に分類するための枠組みであるパラダイムを用いて検討した。

4. 発見事項

　データ分析の結果，顧客経験に関連する25のコードと 7 つのカテゴリーが生成された（図表15- 2 ）。楽器に関連する全体的な顧客経験は，蓄積された

過去の経験と楽器演奏をめぐる顧客経験，経験から生じた価値からなる。各経験の関係性を示すカテゴリー関連図は図表15-3の通りである。以下では，最初に各顧客経験の特徴について記述し，次に関係性について述べる。なお，カテゴリーは【　】，コードは〈　〉，インタビュー対象者の発言はイタリックで示す。

4-1　各顧客経験の特徴

　蓄積された過去の経験は，これまで顧客が音楽に関連して積み重ねてきたものである。この蓄積された過去の経験として【遠い過去の経験】と【直接的契機】が認められた。

　また，楽器をめぐる顧客経験とは現在進行中の経験である。その経験は大きく2つに分類することができた。1つ目は，企業の外側にある経験であり，2つ目は，企業の直接的影響下にある経験である。企業の外側にある経験は，顧客の自宅といった企業が顧客に関与することが難しい場所で形成される。この経験とは対照的に，企業の直接的影響下にある経験とは，企業が直接的に顧客に関与することが可能な経験である。店頭や教室において店舗スタッフや講師は顧客に関与することが可能であるため，企業は顧客経験の形成に直接的に影響を与えることができる。その経験は，楽器店店頭や音楽教室，島村楽器や各店舗が主催する定期演奏会において形成されており，【自分の能力を確認する取り組み】と【他者との共同的取り組み】がカテゴリーとして認められた。また，企業の外側にある経験には【快楽志向の取り組み】と【目標達成を目指す取り組み】，【演奏活動以外への広がり】が認められた。

　そして，楽器をめぐる経験から生じた価値には，6つのコードが含まれる。以下では，それぞれの顧客経験を構成する各カテゴリーとコードについて説明する。

図表15-2　カテゴリー名およびコード名

1. 蓄積された過去の経験

カテゴリー名	コード名	コードの説明
直接的契機	楽器に対する憧れの再燃	環境の変化や友人からの勧めといったことにより，昔抱いていた楽器に対する憧れが強く思い出されること。
	店頭での勧誘	楽器店店頭において店舗スタッフや音楽教室講師から教室への体験参加を促されること。
	明確な目標	楽器演奏に対して，理想の将来像など明確な目標を持っていること。
遠い過去の経験	音楽や楽器に対する憧れ	昔強く抱いていた音楽や楽器演奏に対する憧れ
	心に残る古い思い出	自分の楽器演奏や音楽についての過去の思い出のこと。良い思い出の場合もあれば苦い思い出の場合もある。

2. 楽器演奏をめぐる顧客経験

1) 企業の外側にある経験

カテゴリー名	コード名	コードの説明
快楽志向の取り組み	遊びとしての演奏	能力向上という目標を達成するために演奏するのではなく，楽器を弾くこと自体が目的となる活動。演奏そのものに楽しさを感じる。
	楽器について考えをめぐらせる	楽器のことを考えるだけで感情が高ぶり，楽器のことが頭から離れない状態のこと。演奏中だけでなく様々な場面（例えば仕事中）で考えることもある。
目標達成を目指す取り組み	自分の能力を高めること	自分の演奏技術の向上を目指して，継続的に自己練習をおこなうこと。
	自分の能力に対する懸念	自分の能力が向上していない，または低下しているのではないかと不安を抱くこと。
	自分の能力についての自己評価	自分の演奏技術や能力について自分で評価をすること。評価は主観的なものであり他者から受ける評価とは異なる場合もある。
演奏活動以外への広がり	他の音楽に関することへの関心	演奏活動だけでなく，他の音楽に関することに対して関心を持つこと。例えば音楽ドキュメンタリー番組や他の音楽ジャンルに興味を持つことである。
	他者との交流	他の生徒と積極的な交流をおこなうこと。演奏会前後にメンバー同士で楽器について雑談したり，プライベートな話をしたりすること。
	仲間意識の醸成	楽器演奏を楽しんでいる仲間という意識が芽生えること

2）企業の直接的影響下にある経験

カテゴリー名	コード名	コードの説明
自分の能力を確認する取り組み	他者からの能力評価	音楽教室の講師から，自分の演奏技術や能力について客観的な評価を受けること。
	指導による能力向上を目指すこと	講師からの指導を通じて，自分の技術を高めようとする取り組み。技術的指導を受けることが中心であり受け身的な行為となる。
	自分の能力レベルの理解	客観的に自分の能力のレベルや改善法について理解すること。他の演奏者と相対的比較することで自分のレベルを判断することもある。
他者との共同的取り組み	講師や演奏仲間との議論	より良い演奏を目指し，自分や他者の演奏及び演奏全体の改善等について他者と積極的に議論すること。
	他者との合同演奏	講師や他の演奏者と一緒に演奏すること。演奏会本番や講師とのセッションが含まれる。
	他者の能力についての理解	講師や演奏仲間といった他者の能力について理解すること。他者の知識や発言を通じて彼らの能力を理解する。

3．経験から生じた価値

コード名	コードの説明
達成感の獲得	目標をクリアしたという充実感。例えば演奏会の終了時に大きな達成感を感じる。
意欲の向上	以前よりも楽器演奏やそれに関することに意欲的に取り組みたいと思うこと。
自分の成長の実感	他人から指摘されたり自覚したりすることで自分の能力向上を実感すること。
純粋な楽しさ	楽器演奏や音楽について考えることを通じて得られる快楽。
他者から，より良い評価を得たいという願望	他者から凄いと思われたり，羨ましいと思われたりしたいという気持ち
リフレッシュ感	疲れやストレス解消による新鮮な気持ち

出所：筆者作成

図表15-3　カテゴリー関連図

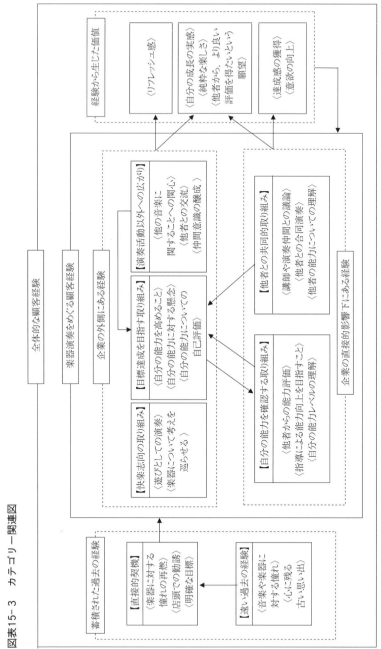

出所：筆者作成

（1）蓄積された過去の経験

　【遠い過去の経験】とは，現在の音楽に関連する経験に間接的に影響を与えている過去の古い思い出である。インタビュー対象の顧客は昔強く抱いていた〈音楽や楽器演奏に対する憧れ〉や学生時代の部活動で経験した充実感などの〈心に残る古い思い出〉を持っていた。また【直接的契機】とは，顧客が現在の音楽や楽器に関連する活動に取り組むことになる直接的なきっかけである。顧客は楽器演奏に対して理想の将来像など〈明確な目標〉を持ち，店舗スタッフや講師の〈店頭での勧誘〉を受け音楽教室の体験入学に参加している。また仕事などの環境変化により昔抱いていた〈楽器に対する憧れの再燃〉が現在の経験の入口となっていた。

　　やっぱりピアノのフォルムとか音色とかが昔からすごく好きだったし，
　　お友達が弾いてたとか，そういう眠ってた憧れが，やっぱりこうわっと
　　出てきて。(J氏)

（2）楽器演奏をめぐる顧客経験

　ここでは，最初に，企業の外側にある経験について，次に企業の直接的影響下にある経験に含まれるカテゴリー及びコードについて記述する。
　【快楽志向の取り組み】とは，楽しさを求め楽器に関連する活動に取り組むことである。顧客は楽器を弾くこと自体が目的となる〈遊びとしての演奏〉をしており，演奏そのものに楽しさを感じていた。

　　弾いてる時が何か凄い気持ち良いから，何か他にしなきゃいけないこと
　　があっても，休みの日とかちょっとピアノ弾こうとか思う。(A氏)

　そして，多くの顧客が〈楽器について考えをめぐらせる〉だけで感情が高ぶり，楽器のことが頭から離れないことを経験している。例えば，仕事中に楽器のことについて考え楽しさを感じている顧客もいた。また，【目標達成を目指す取り組み】とは，楽器に関して自分が設定した具体的目標を達成しようと努力することである。具体的には，自宅での練習が挙げられる。顧客

は自分の技術や能力が低下しているのではないかといった〈自分の能力に対する懸念〉を抱いており，自分技術の向上を目指して継続的に〈自分の能力を高めること〉に取り組む。その過程において〈自分の能力についての自己評価〉もおこなうが，その評価は主観的なものとなる。

> 　自分の何が下手くそかみたいなの，ああ，ここ，こういう切り方したいわけじゃないのに指が動かないなとか思うと，やっぱちょっと日々練習しとこって思う感じ。(J氏)

　また【演奏活動以外への広がり】とは，楽器の演奏以外に活動の幅が広がっていくことである。顧客は積極的に音楽ドキュメンタリー番組を視聴するなど〈他の音楽に関することへの関心〉を持ち，演奏会に出演するメンバー同士での雑談のような〈他者との交流〉をおこなっている。その交流を通じて，一緒に楽器演奏を楽しんでいるという〈仲間意識の醸成〉が図られていた。
　次に，【自分の能力を確認する取り組み】とは，自分の能力や技術レベルを客観的に確認するとともに能力向上を目指すことである。顧客は自分の演奏技術や能力について客観的な評価，いわゆる〈他者からの能力評価〉を受けている。さらに講師の〈指導による能力向上を目指すこと〉に取り組んでいるが，いずれも講師からの一方向的な対応となるため受身的な行為となる。顧客は，それらの行為から〈自分の能力レベルの理解〉をするが，講師以外の他者（例えば，演奏仲間）と自分の能力を相対的に比較することで自分のレベルを理解する場合もある。

> 　この人はこういうことがこんなふうに上手なんだみたいなのをみて，自分もこういうふうにできたら良いなとかいうのが勉強になるというか。(F氏)

　また【他者との共同的取り組み】とは，講師や教室に通う他の演奏者と一緒に楽器に関連する活動に積極的に取り組むことである。顧客は，より良い

演奏を目指し改善ポイント等について積極的に〈講師や演奏仲間との議論〉をしていた。そして，音楽教室や演奏会において〈他者との合同演奏〉に取り組む。同時に顧客は講師や演奏仲間といった〈他者の能力についての理解〉をしていた。したがって，この【他者との共同的取り組み】は，前述の【自分の能力を確認する取り組み】とは異なり能動的性質を有する。

（3）経験から生じた価値

楽器演奏をめぐる顧客経験を通じて色々な価値が生まれていた。例えば定期演奏会での合奏に向けて練習をしていた顧客は目標をクリアした〈達成感の獲得〉について語る。また，以前よりも楽器演奏やそれに関することに意欲的に取り組む〈意欲の向上〉を感じる顧客もいる。

> *1つの発表会が終わったらもう次に向けて，この曲もやりたいな，で，やっぱりもっと上手になりたいって思ってるんですね。(I氏)*

以上の2つは，企業の直接的影響下にある経験にのみみられたものである。逆に仕事の疲れや日頃感じているストレスの解消による〈リフレッシュ感〉は企業の外側にある経験からしか生まれていなかった。

また企業の外側にある経験及び企業の直接的影響下にある経験に共通する価値も認められた。顧客は音楽教室や自宅での練習の中で，講師や友人から自分の演奏について褒められたり，以前よりも上手く弾けたりすることで〈自分の成長の実感〉を得る。さらに，別の顧客は，友人から凄いと思われたいというような〈他者から，より良い評価を得たいという願望〉を抱くことが確認できた。

> *ピアノを弾くことによって「すごいね」って。感動したとかを思わせたい，いわせたい，いわれたいと思ってるんだと思います。(J氏)*

また楽器演奏や音楽について考えること自体から得られる音楽の〈純粋な楽しさ〉を挙げる顧客もいた。

4-2　各顧客経験間の関係性

　前項では，全体的な顧客経験を構成する各経験の特徴について記述した。そこで，本項では各経験を構成するカテゴリー間の関係性（図表15-3における矢印）について説明する。各カテゴリー間の関係性を詳述することで，時間経過とともに，どのように顧客経験が生成されていくのかについて理解することが可能になると考えられる。

（1）蓄積された過去の経験と楽器演奏をめぐる顧客経験の関係

　蓄積された過去の経験は，現在進行中の経験である楽器演奏をめぐる顧客経験を引き起こす要因となっていた。より具体的にいえば，顧客が学生時代に抱いていた〈音楽や楽器に対する憧れ〉や〈心に残る古い思い出〉から構成される【遠い過去の経験】は，〈店頭での勧誘〉や環境変化によって〈楽器に対する憧れの再燃〉といった【直接的契機】を引き起こしていた。さらに，その【直接的契機】は，楽器演奏をめぐる顧客経験に直接的な影響を与えている。

　　最近仕事就いてちょっと落ち着いたので，また何か始めたいなとは思ってたんですけど，ちょうどその時にテレビとかで今ピアノのテッペンとかあるじゃないですか，ああいうのをみてなんかちょっと感動した部分もあって，またちょっとやりたいなと思って，26歳からまたピアノを始めました。(D氏)

（2）楽器演奏をめぐる顧客経験内の関係

　次に，全体的な顧客経験の中心的部分である楽器演奏をめぐる顧客経験内におけるカテゴリーの関係について記述する。

　音楽教室や演奏会において生じる【自分の能力を確認する取り組み】は，自宅等で出現する【目標達成を目指す取り組み】に影響を与えていることが確認された。講師の〈指導による能力向上を目指すこと〉で〈自分の能力レベルの理解〉をした顧客は，自宅で〈自分の能力に対する懸念〉を抱くと同時に，その懸念を払拭するために〈自分の能力を高めること〉に注力するよ

うになる。さらに，このような自宅での【目標達成を目指す取り組み】は，音楽教室や演奏会において〈他者からの能力評価〉といった【自分の能力を確認する取り組み】につながっていた。このように【自分の能力を確認する取り組み】と【目標達成を目指す取り組み】は，原因と結果の関係にあるが，その関係が逆転する場合も認められた。時間的広がりを持つ楽器演奏をめぐる顧客経験の中で，何度も発生する関係であった。

　　　月曜日にレッスンがあって水曜日に2回目があるのに，2日間何も進歩
　　　してないってときの水曜日とかは，ああ，全然成長してません，すいま
　　　せん，ちょっと忙しくてっていう感じで来てますね。（J氏）

　また，音楽教室や演奏会での【他者との共同的取り組み】も【目標達成を目指す取り組み】に影響を与えていることが確認された。顧客は，定期演奏会の準備のために〈講師や演奏仲間との議論〉や〈他者の能力についての理解〉をおこなうが，その経験が引き金となり，顧客は演奏会で自分が失敗しないようにするために自宅で〈自分の能力を高めること〉に従事していた。

　さらに【演奏活動以外への広がり】も【目標達成を目指す取り組み】を引き起こす要因となっていた。例えば演奏仲間といった〈他者との交流〉を通じて，演奏に対するモチベーションが増大し〈自分の能力に対する懸念〉が生まれ〈自分の能力を高めること〉に，これまで以上に一生懸命取り組むようになった顧客もいる。

　　　パーティーとかでも，お話してて凄く色々な歳の方がいらっしゃるので
　　　……。だから凄く楽しいなって，刺激を受けて練習に熱が入ります。
　　　（D氏）

（3）楽器演奏をめぐる顧客経験と経験から生じた価値の関係

　すでに述べたように，楽器演奏をめぐる顧客経験を通じて，顧客は様々な価値を知覚していた。その価値は大きく3つに分類することができる。1つ目は，企業の直接的影響下にある経験を通じてのみ生じる価値である。具体

的には〈達成感の獲得〉及び〈意欲の向上〉である。2 つ目は企業の外側に
ある経験を通じてのみ生じる〈リフレッシュ感〉という価値である。3 つ目
は，両経験から生じる価値であり，〈自分の成長の実感〉〈純粋な楽しさ〉
〈他者から，より良い評価を得たいという願望〉が確認された。

　これらの経験から生じた価値は，楽器演奏をめぐる顧客経験の結果ともい
えるが，逆に，これらの価値が楽器演奏をめぐる顧客経験に影響を与えてい
ることも確認することができた。

　　自分が結構良いペースで弾ける階段を上がれているんだというのを，他
　　人の演奏を聞いて分かった時に，じゃ，もうちょっと根入れたらがんっ
　　て上手くなるかなみたいな，もう一度やる気がわーっと湧いて。(L 氏)

5. 議　論

　本稿は，北欧学派の Heinonen らの指摘にもとづき，これまでの顧客経験
研究があまり注目してこなかった顧客の生活世界全体に焦点をあてている。
また，経験のダイナミクスに関する経験的研究は限られているという課題を
超えるために，顧客の楽器に関連する経験について質的研究をおこなった。
その分析では，全体的顧客経験を構成する経験の分類をおこない，そこで分
類された各経験及び要素間の関係性を明らかにしている。

　そこで以下では，本研究の理論的及び実務的インプリケーションについて
触れながら，生活世界における顧客経験とその変化や，顧客の経験に影響を
与える企業のマーケティング行為について議論する。

5-1　2 つの顧客経験

　繰り返しになるが，既存の顧客経験に関する多くの研究は，プロバイダー
視点から特定企業と顧客のダイアディックな直接的相互作用（Meyer and
Schwager［2007］；Prahalad and Ramaswamy［2004］）を主な対象にして
きた。その一方で，北欧学派による研究では，経験は顧客の生活世界におい
て出現しており，顧客中心の視点から経験を捉える必要性が指摘される

(Heinonen et al.［2010］)。

　前節で確認したように，音楽や楽器にかかわる全体的な顧客経験の中心的部分である楽器演奏をめぐる顧客経験は，音楽教室や定期演奏会といった企業の直接的影響下にある経験と，自宅といった企業の外側にある経験という２つの経験から構成されることが明らかとなった（図表15- 3 参照）。特に，企業の外側にある経験の中でも【目標達成を目指す取り組み】は，企業の直接的影響下にある経験と密接に関係していた。したがって，企業の外側または企業の直接的影響下にある経験のどちらか一方の経験を観察するだけでは，楽器演奏をめぐる顧客経験を包括的に理解することは難しいと考えられる。特に，マーケティングをおこなう企業側からみれば，観察が容易な企業と顧客との直接的相互作用に焦点をあてがちである。しかし，本章の分析結果を踏まえれば，研究者及び実務家たちは，経験は様々な状況で生じている可能性があることを念頭に，顧客経験について検討しなければならない点が示唆された。つまり，特定企業との相互作用だけでなく顧客の生活世界全体を見渡すことの必要性を理論的に指摘した Heinonen et al.［2010］や Heinonen and Strandvik［2015］の主張に対する実証的裏付けを得ることができたことに，本章の第一の理論的貢献があるといえるであろう。

5-2　顧客経験の変化

　既存研究において，顧客経験の動態的な性質に注目した Lipkin and Heinonen［2015］は，スポーツトラッキングモバイルサービスを利用する顧客のランニング経験変化の要因を明らかにした。例えば，顧客のランニング頻度や一緒に走るランナーや友人が，変化を引き起こす要因として抽出されている。彼女らの研究は，本研究と同様に，実証的に顧客経験のダイナミクスの解明に取り組んだという点で，重要な研究の１つであるといえるが，その調査文脈は顧客のランニング行為のみに限定されている。ランニング経験という比較的単純で限定的な顧客経験を対象とする場合には，時系列的な変化を記述するために，それぞれの段階において経験に影響を与える要因を特定することは重要であろう。

　しかし，本章で明らかとなったように，顧客経験は多様な場面で生じるだ

けでなく，それぞれの経験や各経験を構成する要素はお互いに影響し合う関係にある。したがって，そのような複雑な経験の場合には，要因を特定するのではなく，各要素間の影響関係の中で，顧客経験がどのように再構成されていくのかについて記述することで，全体的な顧客経験の変化について深く理解することができると思われる。

　例えば，自宅などの企業の外側にある経験の【目標達成を目指す取り組み】で〈自分の能力に対する懸念〉を抱いた顧客は，楽器教室で講師からの〈指導による能力向上を目指すこと〉に積極的に従事し，レッスン後には自宅で〈自分の能力を高める〉ことができるよう練習に励むようになっていた。このような顧客の行動は1度限りのものではなく，自宅で練習すればするほど楽器教室でのレッスンに対して貪欲に取り組むようになる顧客もいた。さらに，自宅の練習で〈自分の能力についての自己評価〉をおこなった顧客の中には，〈自分の成長の実感〉という経験から生じた価値を何度も知覚している。このような価値を知覚することで，顧客はより一層【目標達成を目指す取り組み】や【演奏活動以外への広がり】に従事するようになっていた。

　このように，顧客経験は，各経験や各要素がお互いに影響を与えたり逆に影響を受けたりするという循環の中で，絶えず再構成され続けていくと考えられる。もちろん，本稿のように企業と顧客間の相互作用という顧客経験や，顧客行為の構成要素間の関係性に注目する研究も少なからず存在する（例えば Holmlund［2004］；Mickelsson［2013］；［2017］）が，それらの研究では全体を構成する要素の存在または構造を指摘しているだけであり，本稿のように要素間の関係についてより深い議論をしているとはいい難い。したがって，以上のように，調査から得られた実データの分析にもとづき，要素間の関係性と顧客経験変化について検討したことは，本章の2番目の理論的貢献点である。

5-3　顧客経験とマーケティング

　顧客に対する質的調査から明らかとなった島村楽器の具体的実践は，以下の3つである。第1に，スタッフによる声がけや勧誘である。店舗スタッフ

や講師による〈店頭での勧誘〉が，顧客の〈楽器に対する憧れの再燃〉を引き起こすといった現在の楽器演奏をめぐる顧客経験の【直接的契機】になっていた。第2に，技術及びコミュニケーション能力の高い講師によるレッスンである。顧客にとって，楽器教室でのレッスンは講師からの〈指導による能力向上を目指すこと〉であるが，教室で〈他者（講師）からの能力評価〉を受けた顧客は，その評価にかかわらず講師のアドバイスにもとづいて自宅で〈自分の能力を高めること〉に積極的に取り組んでいた。ある顧客は，講師の楽器に関する技術や知識だけでなく，その人間性に惹かれており，練習せずにいると講師に申し訳ないという気持ちが湧いてしまうと語っている。第3に，定期演奏会の開催である。島村楽器は，プロの音楽家も演奏する有名ホールで全国の島村楽器音楽教室会員が参加できる定期演奏会を年1回実施したり，各店舗での発表会やコンサートを企画・開催したりしている。楽器教室に通う顧客は，講師やスタッフから，そのような演奏会に参加するよう促されていた。多くの顧客は，演奏会本番のために〈講師や演奏仲間との議論〉や〈自分の能力を高めること〉を数多く経験し，演奏会当日の〈他者との合同演奏〉で〈達成感を獲得〉したり，次回演奏会や練習に対する〈意欲の向上〉を実感したりしていた。

　北欧学派の研究者たちは，顧客の価値創造を促進させ，顧客が前よりも良いと感じることができるようにする企業行為をマーケティングと捉える（Grönroos［2007a］；Grönroos［2009］；Grönroos and Ravald［2011］）。このような北欧学派のマーケティングに対する考え方と本稿で議論してきた各経験及び各要素間の関係性という視点からみれば，顧客経験のマーケティングとは要素間関係のマネジメントであると考えることができる。島村楽器の事例を通じて示唆されるのは，要素同士を「連結」させるマーケティング行為と，要素間の関係を「強化」するマーケティング行為である。

　例えば，上述した店舗スタッフの声がけによる〈店頭での勧誘〉は，顧客の〈音楽や楽器に対する憧れの再燃〉を促進させ【直接的契機】と楽器教室という企業の直接的影響下にある経験とを連結させていた。また，講師が顧客に対して定期演奏会に継続的に参加するよう促したり，定期演奏会での素晴らしい演奏という目標を顧客に提示し顧客のモチベーションの向上を図っ

たりすることで，顧客の演奏会に向けた【自分の能力を確認する取り組み】と【目標達成を目指す取り組み】の循環を促進させ，何度も顧客の〈達成感の獲得〉や〈意欲の向上〉を引き出したりしている。このような島村楽器の実践は，顧客経験を構成する要素間の関係を強化する行為であるといえるであろう。ある顧客は，演奏会があるからこそ練習に励むことができるというだけでなく，発表会開催時期の間隔が，長すぎず短すぎず，次回の演奏会に向けて頑張ろうという気持ちを継続させることができると述べる。

　以上のように，島村楽器の事例から要素間の「連結」と要素間関係の「強化」というマーケティング行為を明らかにすることができたが，論理的に考えれば，関係の「切断」や「緩和」の性質を有するマーケティング行為も存在する可能性がある。しかし，今回の分析からは見出すことができなかった。

6. おわりに

　本章は，顧客経験を構成する要素と経験の変化について検討した。顧客経験に関する研究の中で，北欧学派の研究者たちは，プロバイダー視点ではなく顧客視点から顧客経験にアプローチする。そこで，本章は，顧客の生活世界に着目した質的調査を実施した。その結果，楽器に関連する顧客経験は，蓄積された過去の経験や楽器演奏をめぐる経験，経験から生じた価値から構成されることを明らかにした。さらに，その経験の中心となる楽器演奏をめぐる顧客経験を企業の外側にある経験と企業の直接的影響下にある経験という2つの経験に分類している。また，顧客経験は，それぞれの経験に含まれる要素が他の経験に影響を与えることにより変化している点を指摘した上で，要素間の関係に注目し顧客経験のマーケティングについて議論している。

　しかし，本章が示した要素やマーケティング行為は，楽器にかかわる経験に関する調査から抽出されたものである。そこで，他の文脈の顧客経験について調査を進める必要があり，それが今後の課題となる。

（大藪　亮）

第**16**章

新たなマーケティング理論の構築に向けて

1. はじめに

　2004年にS-Dロジックが提唱され，その2年後にGrönroosによって示されたのがSロジックである。周知のように，S-Dロジックは，サービスをプロセスとして捉えようとしたものであり，米国でS-Dロジックが議論の俎上に載ったことそれ自体，Kotler，そして，米国におけるマーケティング研究及びサービス研究が，それまでサービスをモノと同じように扱ってきたことを示しているのと同時に，そこから脱却しようとする意志のあらわれとみることができる。

　一方，もともとプロセスとして捉えるサービス概念は，北欧学派のマーケティング研究及びサービス研究における理論的基盤をなすものであり，その重鎮たるGrönroosをして，S-Dロジックの台頭をそのまま看過することはできなかったことだろう。あるいは，Grönroosからみれば，それは2度目の「勝利」として映ったかもしれない。つまり，1度目は，Grönroosが切り開いたサービス産業・企業におけるマーケティング研究をKotlerが認めた時であり，2度目は，米国にあって，まさにS-Dロジックそのものが提唱された時である。とりわけ，後者についていうなら，S-Dロジックは，まさに北欧学派によるサービス概念の影響を強く受けているからである（村松［2010］）。

　要するに，北欧学派のサービス概念が米国におけるS-Dロジックを生み，このS-Dロジックを念頭におきつつも，それとの違いを明確にし，プロセスとしてのサービス概念を中軸に据え，新たなマーケティングを構築す

るための基盤となる論理を示したのが，Grönroos によるSロジックだということになる。そこでまず，Grönroos によるマーケティング研究及びサービス研究，Sロジックの論点を明らかにする。そして，Sロジックに内在する問題点をいくつか指摘する。最後に，以上のことを踏まえ，新しいマーケティングの理論と実践の方向性について述べることにする。

2. 北欧学派の射程——Grönroos を中心として

2-1　有形財（モノ）に対するサービス（財）

　もともと，サービスというのは，結果（outcome）ではなくプロセスを消費することであり，サービス財はそうしたプロセスという性質を持っている点で有形財とは大きな違いがある（Grönroos［1998］［2006b］）。つまり，ここにおいて，対有形財概念としてサービス財の特性が明らかにされたといえる。

　しかし，留意しておきたいのは，一般に対有形財概念としてサービス財の特徴を挙げる場合，そのほとんどは，その無形性にのみ焦点があてられてきたということである。そして，そこでの関心は，いかにして，無形財が持つ特徴を打ち消し，モノと同じように扱うかにあったのであり，その流れの中に，Levitt のサービス工業化論は位置づけられるといえる。したがって，Grönroos におけるサービス財に対する解釈は，それらとはまったく異なる観点からなされたということである。

　そして，何故，Grönroos が敢えてサービス財を取り上げたかといえば，産業構造の高度化に伴いサービス産業・企業が台頭する中で，サービス企業のマーケティングにそれまでの4 Ps を中心とした伝統的マーケティングが適用できないことに気づいたからである。言い換えるなら，サービスのマーケティングを議論するために最初に手掛けたのが，有形財とサービス財の違いを独自の視点から新たに明らかにすることであったのである。そして，さらに，そのことを踏まえて新たに示されたのが，マーケティングのメタファ（比喩）としてのプロミス概念の提示であった。この点については後述するものとする。

2-2　S-D ロジックに対するサービス・ロジックとマーケティング

　さて，S-D ロジックがプロセスとして捉えるサービス概念にもとづくものである以上，そうした考え方の本家ともいえる北欧学派の重鎮 Grönroos が，対 S-D ロジックという点を意識して S ロジックを論じたとしても，それはやむを得ないことだろう。そして，そうした思いは，その後，S ロジックと S-D ロジックを対照させた大部の論文（Grönroos and Gummerus [2014]）の執筆へとつながっていった。そこで以下，同論文における論点にもとづき，両者の考え方について検討する。

　まず，Grönroos and Gummerus によれば，S ロジック，S-D ロジックは，サービスの重要性，そして，サービスプロバイダーと顧客との間のインターフェースを認めていることにおいて基本的には，同じ目的を持っているとする（p. 210）。さらに，サービスに対する顧客志向的かつ関係的な見方についても同じであるとしつつも，両者の相違点として，以下に示すように大変興味深い指摘をおこなっており（p. 211-212），それらは，新たなマーケティングを構築するという視点に立つなら，きわめて重要なものといえる。

　第 1 に，S-D ロジックでは，すべてのビジネスの基盤となるのがサービスであるが，S ロジックにおいては，価値創造がビジネスの基盤となり，その際にサービスはファシリテーターとなる（Grönroos and Ravald [2011]）。

　第 2 に，S-D ロジックでは，企業と顧客はいつも価値共創者であり，自身のプロセスに顧客が参加できるようにすることで，企業は顧客の価値創造に影響を与えることができるとしているが（Vargo and Lusch [2004]，[2008]），S ロジックにおいては，それらのことに同意できない。

　若干の補足をするなら，第 1 の指摘によれば，S-D ロジックに依拠するなら，まさに，サービスはサービスと交換されるのであり，新たなマーケティングは，そうしたサービス交換に焦点をあてることで構築される。周知のように，もともと，S-D ロジックは，交換に関する議論を深めたものであり，何が交換されるかの解をサービスとしたのである。因みに，S-D ロジックの基本前提 1 において，交換の基本的基盤はサービスであるとしているのは，そのためである。一方，S ロジックにもとづけば，サービスによっ

てファシリテートされる価値創造そのものに，新たに構築されるマーケティングの焦点があるということになる。というのも，Sロジックでは，サービスに加え，価格，長期的コスト，その他の犠牲等の要因が価値共創に影響を与えると考えており，価値創造こそがビジネスの基盤となるのである（p. 211）。つまり，サービスを始めとする影響要因を考慮しつつビジネスは組み立てられるのであり，それらは，そのまま，マーケティング変数となるのである。

　そして，価値創造者（Grönroos［2006b］）たる顧客が，他にサービス提供を求め，例えば，企業等がそれに応じた時に共同による価値共創となる。また，ファシリテーターとしてのサービスは，マーケティングによって提供されるが，何をファシリテートするかといえば，それは，あくまでも企業と顧客の価値共創なのである。

　次に，第2の指摘であるが，それは，S-Dロジックが，企業側の視点に立つものであることをいい表しているともいえる。何故なら，企業が顧客を価値共創者として位置づけ，また，自身のプロセスへの顧客参加については，そのようにするのは，あくまでも企業であるとしており，S-Dロジックは企業側のロジックでしかなく，その意味で，G-Dロジックの影響を受けていることになる（p. 212）。そして，このことを新たなマーケティングの構築という視点からみるなら，S-DロジックとSロジックとでは，大きな違いが生じる。

　つまり，いつ，どこで，価値が共創されるかを踏まえるなら，企業が顧客の消費プロセスに入り込むことこそが重要であり，しかし，そのことは，決して，企業の主体性を損なうものではなく，企業のおこなうマーケティングに他ならない。つまり，S-Dロジックでは，顧客を取り込むマーケティングが，そして，Sロジックでは，顧客のプロセスに入り込むマーケティングが構築されることになるが，両者は似て非なるものとなる。この点については，S-Dロジックはモノをサービスに寄せる考え方であり，Sロジックはサービスにモノを引き込む考え方の指摘（村松［2015b］及び村松［2017］）と相通じるものがある。

2-3　プロミス概念とマーケティング

　先にみたように，Grönroos and Gummerus は，S-D ロジックは全体的，抽象的，比喩的であるとしたが，Grönroos が繰り返して主張するプロミス概念もまた比喩的である。そのことは兎も角として，彼のいうプロミス概念は，もともとフィンランドの Calonius［1986］によるものという。しかし，その Calonius 自身が拠り所としたのは，実は Levitt［1981］の「満足のプロミス」(promises of satisfaction) 概念である。

　すなわち，Levitt は，購入前である限り，たとえ，それが有形で，試したり，触ったり，臭いを嗅ぐことができても，それらのことは経験したことにはならず，顧客にできるのは，ただ単に満足のプロミスを買うことだけだとしており (p. 96)，Calonius は，こうした考え方からプロミス概念を示したと思われる。

　そして，もし，そうであれば，顧客に対するプロミスを果たすことが企業の重要な責務となる。すでにみたように，北欧学派にあっては，サービスとはプロセスを消費することであり，それはサービス財に固有なことから，顧客に対するプロミスは，サービス財における「その後」において，はじめて可能なのであり，このことがモノと大きな違いとなる。言い換えれば，米国で誕生し，発展してきたモノを念頭においた伝統的マーケティングは，原理的にいえば，買って貰ったら最後，マーケティングとしては，顧客との接点はなく，その意味でいうなら，プロミスは未達成のままとなる。

　すなわち，ここにこそ，サービス産業あるいはサービス企業のマーケティングに伝統的なモノに焦点をあてた4Ps にもとづくマーケティングは適用できないとした彼のマーケティングあるいはサービス研究の原点がある。要するに，プロミスを果たすことができるのは，プロセスとしてのサービスしかなく，この意味におけるプロミス概念を援用することで彼のサービス財に関するマーケティング研究は重要な論理基盤を得たのである。要するに，モノの伝統的マーケティングは，プロミスを果たす術を持たないが，サービス財にあっては，それを有すサービスによってプロミスを全うすることが可能だというのである。したがって，ここで重要となるのが，プロミスをいかにマネジメントするかにあるが，S ロジックにおいてプロミス・マネジメント

は「プロミスを締結し、維持するプロセスであり、また、プロミスの締結と
維持を可能にする（enabling）プロセスであるマーケティングに対するアプ
ローチである」（Grönroos and Gummerus ［2014］ p. 210）ということにな
る。

3. 問題点の指摘と新たな課題

3-1　プロミス概念の再検討

　さて、こうしたプロミス概念は、Grönroos によって多用され、彼のマー
ケティング研究及びサービス研究にあって重要な位置を占めている。それ故
に、プロミス概念の意味するものを改めて詳細に検討することで、Grön-
roos のマーケティングの本質も明らかとなる。

　繰り返しになるが、Grönroos が主眼とするのは、サービス（財）であ
り、モノとの違いは、プロミスを果たす術の有無にあり、サービス（財）に
はそれがあるということであるが、実は、同じような視点でモノとサービス
を区別した論者にわが国の上原（［1984］、［1985］）がいる。

　まず、上原（［1984］、8 - 9頁）によれば、経済主体（ヒト）が欲求充足
のために広い意味での生産活動（位相変化活動）を自らおこなうのではな
く、市場取引をつうじて他の経済主体に委ねるとき、サービスの給付を受け
たことになるという。そして、サービスをある経済主体が他の経済主体の欲
求を充足させるために、市場取引を通じて他の経済主体及び彼が使用・消費
するモノの位相を変化させる生産活動そのものであるとした。次に、モノの
場合とは異なり、サービスには協働関係が生じるとし、サービス・マーケ
ティングの本質的特徴は相互制御関係にあることを指摘した。そして、
「サービス・マーケティングにおける与え手と受け手の関係には、取引交渉
場面だけではなく、サービス提供活動そのものの中に社会学的な相互制御関
係が含まれていることになる」（上原［1985］13頁）として、サービス・
マーケティングの本質的特徴を明確に述べたのである。

　わが国のマーケティング研究及びサービス研究は、そのほとんどすべてを
米国から受け入れてきたのであり、同じように有形か無形かという視点でモ

ノとサービス（財）を区別してきたわが国研究者にあって，上原の指摘は
まったく新たな視点からなされたものであった。本来なら，もっと多くの注
目を集めるべきであったが，いま振り返るなら，当時，主流とされていたの
は米国におけるサービス研究であり，残念ながらも，それに押し流されてし
まった感がある。そして，本章が改めて上原の考え方を取り上げるのは，そ
うすることが，Grönroos によるサービス概念と同じ土俵に上原のそれをお
くということ以上に大きな意味があると考えたからである。すなわち，それ
は，サービス（財）の場合は企業と顧客の間には，マーケティングが意識す
べき相互制御関係が，市場取引時とサービス提供時に認められることを上原
が強く強調していた点にある。というのも，そこから，実は，議論は大きな
展開をみせる可能性があったのである。具体的には，今日のS-D ロジック
やＳロジックが示す，サービス提供時を舞台とする文脈価値，利用価値，
価値共創，相互作用といった諸概念によるモノとサービス（財）を包括する
サービス概念とそれにもとづく新たなマーケティング体系の構築という可能
性である。しかし，上原の研究が，そうした方向に向かわなかったのは，や
はり，当時，大方の関心が，モノとサービス（財）を区別することにあった
ということであり，上原自身もそのことへの対応に注力が注がれていたから
だろう。この辺りの議論については，村松［2010］に詳しい。

　さて，本題に戻ろう。そう，プロミス概念の再検討である。プロミス概念
は，先述したように，Levitt の「満足のプロミス」に端を発するものであ
り，少なくとも，彼が想定していたのは，あくまでも有形財，すなわちモノ
であり，その場合は，多くのことが事前に経験されることはなく，したがっ
て，顧客はプロミスを買うにすぎないとした。そして，それ故に，プロミス
をいかにして「有形化」するかが重要であり，そのことについて論じてい
る。しかしながら，残念なことに，議論はそこに留まっている。言い換えれ
ば，販売後に顧客との接点を持ち，例えば，新たなサービスを提供して，顧
客の満足度をあげようとは思わなかった。もし，そこに考えが及べば，それ
は今日でいう価値共創の議論につながっていった筈である。したがって，こ
こで重要なことは，そうした考えに至らなかった理由は何かということであ
る。他方，彼は同時にサービス財についても議論している。それによれば，

サービス財の場合は，ヒトに依存する部分が多いとし，いかにそれを減らすべきかを論じ，最終的には，すでにお馴染みであった「サービスの工業化」（Levitt［1976］）論への逢着をそこでの結論とした。

　そこで，以上のことを踏まえ，ここで確認すべきは，プロミスは，いつ，どこで，どのように締結され，いつ，どこで，どのように達成されるかということである。それらの答えは極めて簡単である。市場での取引時に締結され，その後，締結された内容が，消費・利用段階という顧客のプロセスで達成されるのである。つまり，消費・利用段階で共創されるのは締結時に想定された価値であり，それらをS-Dロジックでは文脈価値，Sロジックでは利用価値とは呼ぶものの，そこでまったく新たな価値が共創されると考えているわけではない。というのも，プロミス概念そのものは，プロミスの達成をゴールとすることから，その出発点は交換価値にあり，その到着点も交換価値なのである。言い換えれば，プロミス概念は，すべては市場で完結するという考え方でしかない。したがって，ここで指摘すべきは，Grönroosが，サービス財のマーケティングを成立させるために取り入れたプロミス概念を，顧客の消費プロセスに入り込むSロジックにそのまま持ち込み，モノによる価値共創あるいはマーケティングへの適用を意図したということになる。わかり易くいえば，Sロジックというのは，モノもサービス財も市場で取引され，そこでプロミスが締結され，その後，顧客の消費プロセスでの相互作用を通じて，プロミスが達成されると考えるものである。しかし，そのことは，Sロジックにあって決して効果的なものになったとはいえない。

　第1に，プロミス概念を取り込んだため，共創される価値の交換価値を念頭においた事前性を承認することになった。このことは，顧客の消費プロセスで企業と顧客の相互作用がより洗練され，また，時には偶発的な価値が生まれることもあるということを軽視することになってしまった。つまり，共創プロセスにおける企業と顧客の相互作用によって，それまでにない新たな価値が共創されるのであり，ここに新しいマーケティングの起点をおくべきと考えられる。

　第2に，価値創造者たる顧客は自身に対するサービスだけで価値創造を成し遂げることもあり，また，たとえ顧客の価値創造においてモノやサービス

財が介在したとしても，それらが価値共創の相手となった企業を経由したものであったかどうかにかかわらず，企業は顧客の価値創造をサービスの提供だけでサポートし，価値共創することは可能である。つまり，企業と顧客の価値共創は，企業による顧客へのサービス提供だけで成立することもあると考えられ，その際の企業と顧客の関係は，その前提に市場取引の締結をいつもその根拠におくわけではなく，むしろ，サービス関係が先行的に成立することも考えられる。なお，ここにサービス関係とは，サービスとは与え手と受け手からなるが，常に，受け手がその始まりも終わりも主導し，さらには，評価をも受け手の顧客がおこない，そこに企業は立ち入れないという企業と顧客の関係を指している（村松 [2016]，[2020]）。

　したがって，顧客の主体性をそこでもっと強調した議論をおこなうべきである。すなわち，顧客とのサービス関係を背景とした価値共創そのものを起点とする議論展開であり，それは，事後的ではなく，まさに「その時」に焦点をおくことを意味している。そして，その後，新たに共創される価値のもとでマーケティング，そして，ビジネスの仕組みについて考えるべきである。これこそが，前述した Grönroos がいう価値創造を基盤とするビジネスということになる。つまり，それは，企業と顧客のサービス関係が先行し，事前的なプロミスを果たすためのサービスではなく，あくまでも相互的なサービスの中から偶発的に価値が共創されることもあるという，まさに，そのことに基盤におくマーケティングが構築される必要がある。言い換えるなら，Grönroos の考え方は，価値共創といえども，そこでいう価値は，事前的な価値であり，プロミスを達成する範囲内でのものでしかない。

3-2　価値共創の成果をどう捉えるか

　そこで次に，新たなマーケティングあるいはビジネスの成果について考える。その際の成果とは，直接的にはサービスによる価値共創の成果を指しているが，究極的には価値共創を内実とするマーケティングの成果をどのように捉えるかの問題である。

　もともと，今日における価値共創論議の契機となったのが S-D ロジック，そして，S ロジックであるが，S-D ロジックはいうに及ばず，S ロジッ

クに至っても価値共創の成果をどのように捉えるかの正面切っての議論はほとんど見当たらない。したがって，まずは，それらロジックにもとづいて，価値共創の成果を明らかにするしかないが，むしろ，何故，これまで成果に関する議論がなされてこなかったかを考えるなら，それは，前述したように，Ｓロジックについていえば，価値共創がプロミスの達成をゴールとするものであるからである。つまり，Ｓロジックにとっては，価値共創によって生まれる利用価値は，実質的に交換価値に近づくことが求められているのであり，このことは，先に検討したプロミス概念から明らかである。言い換えれば，価値共創及びそれを内実とするマーケティングの成果は交換価値に紐付けて考えることになる。例えば，リピーター増，企業に対する信頼度やブランドイメージの向上等を通じた売上高の増加といった形で成果が表れる。言い換えれば，このように交換価値に紐付けられているのであれば，成果は自明のものであり，改めて議論する必要はないといえる。

　しかし，ここで再度，考えてみよう。前述したように，顧客の消費プロセスに入り込んでおこなう価値共創において，サービスだけで完結する価値共創が考えられるが，その場合，企業と顧客のスパイラルアップを伴う円滑なインタラクションを妨げるような事象はあってはならない。これが第 1 の論点となる。例えば，市場取引が先行し，サービス提供に掛けられるコストが決まっている場合が考えられる。また，インタラクションをおこなうたびに市場取引を結ぶのも現実的ではない。そもそも，サービスは受け手の顧客が，始まりも終わりも評価も決めるのであり，そこにおけるサービス提供に制限が定められること自体，不合理である。つまり，最適解がその都度求められる市場メカニズムの考え方は，ここでは適用できない。そして，さらに，等価の原則にしたがい，共創された価値に等価の対価ということであれば，価値共創の成果は，文脈価値あるいは利用価値に紐付けて考えるべきだということになる。それが，偶発的に共創された価値であれば，尚更のことと考えられる。

　しかし，そうではなく，あくまでも交換価値に紐付けて考えるなら，そもそも，顧客のプロセスに入り込むのは，市場取引時にプロミスした価値（交換価値）の実現を図るためであり，その結果，仮に交換価値以上の価値が共

創されたとしても，つまり，「交換価値＜文脈価値，利用価値」の場合，企業はすでに市場取引時に対価を得ており，追加的に収入を得ることはできず，機会収益の逸失を企業は被ることになる。一方，共創された価値が交換価値に近づくように，企業は努力するものだとしても，すでに得た対価を超えてコストを掛けることはせず，その結果，「交換価値＞文脈価値，利用価値」となり，顧客が機会損失の転嫁を受けることになる（村松［2015］）。すなわち，何れの場合も，決して，望ましいとはいえない。このように考えてくると，サービスがファシリテートする価値共創，さらに，価値共創を取り込んだマーケティングの成果は，共創された新たな文脈価値，利用価値に紐付けて捉えるべきであることがわかる。これが第 2 の論点である。

　そして，それは，価格決定の在り方を大きく変えることになるが，ここで明らかなことは，それが，市場メカニズムを超えた新たな方法となるということである。例えば，共創される価値に等価の対価ということでいうなら，今日，注目されている，サブスクリプションは，確かに一定額という上限が設定されてはいるが，その範囲内であれば，顧客に対するサービス提供は続くのであり，その際のサービスは，まさに顧客の価値創造をサービスによってファシリテートすると考えることができる。さらに，PWYW（Pay What You Want）方式による価格設定は，共創された価値に対する顧客の価値判断にもとづいて価格が決まると考えることができ，そうであれば，文脈価値，利用価値に紐付けられた成果が得られることになる。

4. 新しいマーケティング理論の構築

　最後に，これまでの議論の中でも，主として S ロジックを土台にしつつも，その問題点を踏まえ，さらなる発展を意図するなら，新たなマーケティングはどのように構築されるか，そして，それを日本から発信することの可能性について展望する。

4-1　市場を超えたサービス関係のもとでのマーケティング
　そこで，まず最初に，マーケティングの対象は一体誰なのか，そして，そ

の「誰」が何を意図する存在かについて確認することから始めよう。そして，新しいマーケティングは，その「誰」かに適応しようとするものであるが，その適応は，いつ，どこで，どのように為されるかについて考えることにする。

　さて，明らかにいえることは，新しいマーケティングが対象とするのは，市場における消費者（購買者）ではなく，生活世界で日々の暮らしを営む人々そのものとなる。

　これまで，マーケティングは，市場での取引そのものを分析の俎上に載せ，マネジリアルな視点から，いかにして，消費者に購買して貰うかの理論と手法を示してきた。しかし，翻って考えるなら，そうした消費者による購買行動は，日々の暮らしを営む人々にとって，生活行動のほんの一部でしかなく，多くの人々は，日々の暮らしそのものに多くの時間を費やしている。つまり，そうした人々にとって，一瞬でしかない購買に焦点をあててきたのが，これまでのマーケティングである。別のいい方をすれば，人々にとって市場での購買は手段でしかなく，目的は日々の生活の中にあり，必要に応じて，市場とのかかわりを持つ。それでは，そうした人々を購買者としてではなく，新たにどのように捉えたら良いか，この点については，ここでは，価値創造者（Grönroos）として人々を理解するものとする。

　つまり，何らかの目的・目標を持つ人々は，自身のナレッジ・スキルを適用することで新たな価値を創造し続け，それを達成するのであり，そうした主体的な存在として人々を捉える。しかし，ナレッジ・スキルが不足する場合には，他にそれを求めるのであり，そこに単独での価値創造ではなく，他との共同による価値共創が生まれるが，そうした他からのナレッジ・スキルの取り込みに際して，人々は，例えば，企業との取引にみられるように市場とのかかわりを持つことになる。つまり，伝統的マーケティングは，人々にとっての手段である市場での購買に応じてきたのであり，その僅かな「出会い」にそのすべてを投じてきたのである。しかし，価値共創そのものは，市場ではなく，生活世界でおこなわれるのであり，そこにマーケティングの新たな時空間を見出すのであれば，それは，まさに市場を超えたマーケティングということになる。そして，以上のことからわかるように，市場と生活世

界は人々にとって欠かせないものであり，したがって，生活世界での展開を想定する新たなマーケティングは，市場を念頭においた伝統的マーケティングを代替するものではなく，むしろ，両者は互いに補完し合うものといえる。そして，さらに，留意したいのは，その新しいマーケティングにあっては，企業と顧客（人々）の関係は，市場における対峙関係ではなく，顧客の価値創造を価値共創として企業が支援する「支援・被支援関係」であり（村松［2017］），それは，そのまま前述したサービス関係を意味しているという点である。

　そして，以上のことを踏まえるなら，先に検討したプロミス概念，さらに，そのことを由来とする交換価値ベースでの成果の捉え方は，まさに市場にとらわれたものといえる。すなわち，Grönroos はもとより，彼が依拠したプロミス概念そのものを提示した Calonius，そのもととなった満足概念を明らかにした Levitt，そして，サービスに関してわが国で先進的な考え方を示していた上原も，やむを得ないとはいえ，市場の呪縛から逃れられず，すべての解を市場に求めてきた。しかし，生活世界における人々に焦点をおくなら，そこから導き出される解は，人々が求めるものの一部でしかないのであり，マーケティングに限らず，経営学，経済学は，今日，こうしたことへの理解が不可欠となっている。

4-2　日本から発する新しいマーケティング

　そこで次に，このように論理的に導き出された新しいマーケティングの妥当性を，今日の社会的背景のもとで検討する。そして，新しいマーケティングを日本から発信することの意義について展望するものとする。

　これまでに日本から新しいマーケティングを発信する機会があったかといえば，その答えは，あったということになる。本章における議論からすれば，それは，サービス財のマーケティングにおいてである。上原は，サービス・マーケティングには，市場取引時だけでなく，サービス提供時にも与え手と受け手の間に相互制御関係があるとしたが，その指摘は，プロセスとしてのサービスを主張する北欧学派，そして，Grönroos とほぼ同時期，若しくは，その前後であり，それは，日本から発信する良い機会でもあった。一

方，日本的あるいは日本型のマーケティングということであれば，すでに多くの論者がこのことに挑んできた。しかし，サービスを基軸とし，価値共創を内実とする新しいマーケティングは，S-D ロジックを提唱した Vargo & Lusch，そして，S ロジックを提示した Grönroos が，ともにその構築を今後の研究に委ねると期待したにも関わらず，これまでのところ，新しいマーケティングの十分なる体系化は進んでいない。

ところで，社会科学には再現性がなく，提示される理論も手法も時代制約的であることを理解しなくてはならない。そして，そうした考えに立つなら，少なくとも，マーケティング及びサービスに対する考え方の捉え直しとそれをもとにした議論がなされた時代背景と，今日の社会とは明らかな相違があり，それは，新しいマーケティングを考える際の前提条件となる。

そこで，第1に指摘したいのは，これまでのマーケティングは，企業と顧客が離れた状態にあることが念頭にあったが，今日，いわゆる ICT の急速な進展によって，企業と顧客は，いつでも，どこでも，誰とでも，常につながることが可能となり，いわば一緒の関係にある。すなわち，この一緒の関係ということから，新しいマーケティングを考える必要がある。確かに，サービスは，それが提供される時，与え手の企業と受け手の顧客は一緒の関係にあるが，それは，すでにみたように，2度目の一緒であり，新しいマーケティングにあっては，ICT で先に繋がった1度目の一緒の関係から始まることを理解する必要がある。

そして，第2に，そのことと関連するが，シェア経済ということが指摘される今日，人々の関心は所有から利用へと移行しており，例えば，モノの場合，所有権を伴わないでおこなわれるサービスの利用が増加している。このことは，所有権移転を旨としてきたビジネス（所有権移転ビジネス）の仕組み，マーケティングの理論の手法を再考する契機となっている。そして，そのひとつのゴールが，市場取引を経由しない，サービス関係が先行的に成立した，サービスを軸とするマーケティングである。周知のように，わが国における内閣府の調査によれば，物の豊かさより心の豊かさを重視する国民の割合は，すでに3分の2を占めており，ここで，心の豊かさが，モノの所有に拘ることなく，サービスによって満たされると考えるなら，新しいマーケ

ティングへの転換は急務の課題となっている。

　第3に，サービスは，確かに，求められて初めて提供されるが，そこに留まるものではない。むしろ，求められるサービスの内容を察して提供するサービスもある。これを日本の「もてなし」とするなら，それは，サービス概念の深化を促進するものであり，そこに，豊富な議論をもたらし得るサービス概念を基軸とした日本発のマーケティング理論と手法を発信する積極的な論拠がある。したがって，それは，かつてのような，レアケースとされる日本的或いは日本型マーケティングではなく，世界的なレベルで展開され，国際標準ともいえる新しいマーケティングの進展に寄与するものとなる。その意味でも，サービスを軸とした新しいマーケティングは，日本から発信しなくてはならない。

5.　おわりに

　以上，みてきたように，今日，社会を取り巻く環境は大きく変化しており，マーケティングもそうした新たな環境に適応する必要がある。それは，マーケティングが市場を超え，さらに，生活世界における人々に迫り，また，企業と顧客のサービス関係のもとで構築されることを意味している。

　したがって，そのことは，マーケティングがマーケティングであることからの転換を意味しているともいえる。しかし，すでに述べたように，市場と生活世界は互いに補完し合う関係にあり，両者は相俟って人々の生活を豊かにする。すなわち，マーケティングは，生活世界という新たな行動領域を手にするのであり，また，そこにおいては，いわゆる市場メカニズムというものは機能しない。新しいマーケティングの研究は，そのことに対する解を示すことも大きな課題となっている。

（村松　潤一）

参考文献

Anderson, E. and Weitz, B. [1989] "Determinants of Continuity in Conventional Industrial Channel Dyads," *Marketing Science*, Vol. 8, No. 4, pp. 310-323.

Anderson, J. C. and Narus, J. A. [1990] "A Model of Distributor Firm and Manufacturer Firm Working Partnerships," *Journal of Marketing*, Vol. 54, No. 1, pp. 42-58.

Anderson, R. E. [1973] "Consumer dissatisfaction : The Effect of Disconfirmed Expectancy on Perceived Product Performance," *Journal of Marketing Research*, Vol. 10, No. 1, pp. 38-44.

Ansoff, H. I. [1965] *Corporate Strategy*, McGraw Hill. (広田寿亮訳『企業戦略論』産業能率短大出版部, 1969年) Argyris, C. and Schon, D. [1974] *Theory in Practice*, Jossey-bass.

Bagozzi, R. P. [1995] "Reflections on Relationship Marketing in Consumer Markets," *Journal of the Academy of Marketing Science*, Vol. 23, No. 4, pp. 272-277.

Barnard, C. I. [1938] *The Functions of the Executive*, HARVARD UNIVERSITY PRESS.

Barnes J. G. [2013] "Christian Grönroos: An Genuine Creator of Value," in Strandvik, T. (ed.) *The Legend in Marketing Christian Grönroos Volume 3 Service Logic*, SAGE, pp. 209-213.

Becker, L. [2018] "Methodological Proposals for the Study of Consumer Experience," *Qualitative Market Research : An International Journal*, Vol. 21, No. 4, pp. 465-490.

Berry, L. L. [1983] "Relationship marketing," in Berry, L. L., Shostack, G. L. and Upah, G. D. (eds.) *Emerging Perspectives on Services Marketing*, American Marketing Association, Chicago, Ill, pp. 25-28.

Bitner, M. J. [1995] "Building Service Relationships : It's all about Promises," *Journal of the Academy of Marketing Science*, Vol. 23(2), pp. 246-251.

Bitner, M. J. [2013] "Christian Grönroos : Services Marketing Pionner, Thought Leader, and Legend," (In) Sheth, J. N. and Fisk, R. P. (Eds) *Legends in Marketing : Christian Grönroos*, Vol. 1, pp. 191-196.

Calonius, H. [1986] "A Market Behavior Framework : In Contemporary Research in Marketing," in Moller, K. and Paltschik, M. (Eds) Proceedings from the XV Annual Conference of the European Marketing Academy, Helsinki, Finland.

Calonius, H. [1988] "A Buying Process Model : In Innovative Marketing," in Blois, K. and Parkinson, S. (eds.) *A European Perspective*, Proceedings from the XVII Annual Conference of the European Marketing Academy, University of Bradford, England.

Calonius, H. [2006] "A Market Behavior Framework," *Marketing Theory*, Vol. 6, No. 4, pp. 419-428.

Cardozo, R. N. [1965] "An experimental study of customer effort, expectation, and satisfaction.", *Journal of Marketing Research*, Vol. 2, No. 3, pp. 244-249.

Carlzon, J. [1985] *RIV PYRAMIDERNA*, Albert Förlag AB. (堤猶二訳 [1990]『真実の瞬間』ダイヤモンド社)

Carù, A. and Cova, B. [2003] "Revisiting Consumption Experience : A More Humble but Complete View of the Concept," *Marketing Theory*, Vol. 3, No. 2, pp. 267-286.

Carù, A. and Cova, B. [2005] "The Impact of Service Elements on the Artistic Experience : The Case of Classical Music Concerts," *International Journal of Arts Management*, Vol. 7, No. 2, pp. 39-54.

Cronin, J. J. Jr. and Taylor, S. A. [1992] "Measuring Service Quality : A Reexamination and Extension," *Journal of Marketing*, Vol. 56, No. 3, pp. 55-68.

Davey, J. and Grönroos, C. [2019] "Health Service Literacy : Complementary Actor Roles for Transformative Value Co-Creation," *Journal of Services Marketing*, Vol. 33, No. 6, pp. 687-701.

Davies, A., T. Brady, and Hobday, M. [2006] "Organizing for Solutions : Systems Sellers vs Systems Integration," *Industrial Marketing Management*, Vol. 36, pp. 183-193.

Dabholkar, P. A., Johnston, W. J. and Cathey. A. S. [1994] "The Dynamics of Long-Term Business-to-Business Exchange Relationships," *Journal of the Academy of Marketing Science*, Vol. 22, No. 2, pp. 130-145.

Donabedian, A. [1980] *Exploration in Quality Assessment and Monitoring, Volume 1 Definition of Quality and Approaches to Its Assesment*, Foundation of the American College of Healthcare Executives. (東尚弘 訳 [2007]『医療の質の定義と評価方法』NPO 法人健康医療評価研究機構。)

Dube, A. and Helkkula, A. [2015] "Service Experiences beyond the Direct Use : Indirect Customer Use Experiences of Smartphone Apps," *Journal of Service Management*, Vol. 26, No. 2, pp. 224-248.

Dwyer, F. Robert, Paul H. Schrr and Sejo Oh (1987), "Developing Buyer-Seller Relationsh-ips," *Journal of Marketing*, 51 (April), pp. 11-27.

Edvardsson, B., Enquist, B. and Johnston, R. [2005] "Cocreating Customer Value through Hyperreality in the Prepurchase Service Experience," *Journal of Service Research*, Vol. 8, No. 2, pp. 149-161.

Ehrnrooth, H. and Grönroos, C. [2013] "The Hybrid Consumer : Exploring Hybrid Consumption Behaviour," *Management Decision*, Vol. 51, No. 9, pp. 1793-1820.

Eiglier, P. and Langeard, E. [1975] "Une Approche Nouvelle du Marketing des Services," *Revue Francaise de Gestion*, No. 2.

Feigenbaum, A. V. [1961] "Total Quality-Control," *Harvard Business Review*, Vol. 34, No. 6, pp. 93-101.

Finne, Å. and Grönroos, C. [2017] "Communication-in-Use∶ Customer-Integrated Marketing Communication," *European Journal of Marketing*, Vol. 51, No. 3, pp. 445-463.

Fisk, R. P. [2013] "Volume Introduction∶ An Introduction to Christian Grönroos Contribution to Service Markting," (In) Sheth, J. N. and Fisk, R. P. (Eds) *Legends in Marketing∶ Cristian Grönroos*, Vol. 1. pp. xxxv-xxxvii.

Ford, D. [1998], "Two Decades of Interaction, Relationships and Networks," *Network Dynamics in International Marketing*, Pergamon, pp. 3-15.

Fraizer, G. L. and Summers, J. [1984] "Interfirm Influence Strategies and Their Applications within Distribution Channels," *Journal of Marketing*, Vol. 48, No. 3, pp. 43-55.

Fraizer, G. L. and Rody, R. C. [1991] "The Use of Influence Strategies in Interfirm Re-lationships in Industrial Product Channels," *Journal of Marketing*, Vol. 55, No. 1, pp. 52-69.

Gentile, C., Spiller, N. and Noci, G. [2010] "How to Sustain the Customer Experience∶ An Overview of Experience Components that Co-create Value with the Customer," *European Management Journal*, Vol. 25, No. 5, pp. 395-410.

Grönroos, C. [1977] "The Service Marketing Confusion and a Service-Oriented Approach to Marketing Planning," Workshop on *Marketing of Services European Institute for Advanced Studies in Management*, January pp. 27-28.

Grönroos, C. [1978] "A Service-Oriented Approach to Marketing of Services," *European Journal of Marketing*, Vol. 12, No. 8, pp. 588-601.

Grönroos, C. [1980] "Designing a Long Range Marketing Strategy for Services," *Long Range Planning*, Vol. 13, No. 2, pp. 36-42.

Grönroos, C. [1982a] "An Applied Service Marketing Theory," *European Journal of Marketing*, Vol. 16, No. 7, pp. 30-41.

Grönroos, C. [1982b] "Strategic Management and Marketing in the Service Sector," Helsinki∶ Swedish School of Economics and Business Administration

Grönroos, C. [1983a] "The Nature of Service Marketing," *The Singapore Marketing Review*, Vol. VII, pp. 15-20.

Grönroos, C. [1983b] "Innovative Marketing Strategies and Organization Structures for Service Firms," in Berry, L. L., Shostack, G. L. and Upah, G. D. (eds.) *Emerging Perspectives on Services Marketing*, pp. 9-21.

Grönroos, C. [1983c] *Strategic Management and Marketing in the Service Sector*, Combrige, Mass Marketing Science Institute.

Grönroos, C. [1983d] "Seven Key Areas of Research According to the Nordic School of Service Marketing," (In) Berry, L. L., Shostack, G. L. and Upah, G. D. (Eds) *Proceedings Series, Emerging Perspective on Services Marketing*, pp. 108-110.

Grönroos, C. [1984] "A Service Quality Model and its Marketing Implications," *European Journal of Marketing*, Vol. 18, No. 4, pp. 36-44.

Grönroos, C. [1988] "New Competition in the Service Economy : The Five Rules of Service", *International Journal of Operations and Production Management*, Vol. 8, No. 3, pp. 9-19.

Grönroos, C. [1989] "A Relationship Approach to Marketing of Services : Some Implications," *Proceedings from the 18th Annual Conference of the European Marketing Academy* G. J. Avlonitis, N. K. Papavasiliou, and A. G. Kouremenos (eds.) April 18-21, 1989 pp. 497-512.

Grönroos, C. [1990a] "Marketing Redefined," *Management Decision*, Vol. 28, No. 8, pp. 5-9.

Grönroos, C. [1990b] "Relationship Approach to Marketing in Service Contexts : The Marketing and Organizational Behaviour Interface," *Journal of Business Research*, Vol. 20, No. 1, pp. 3-11.

Grönroos, C. [1990c] "Service Management : A Management Focus for Service Competition," *International Journal of Service Industry Management*, Vol. 1, No. 1, pp. 6-14.

Grönroos, C. [1992] "How Quality Came to Service and Where It Is Going," Quality in Services Conference Proceedings, University of Karlstad, pp. 27-32.

Grönroos, C. [1993] "Towards a Third Phase in Service Quality Research," *Advance Service Marketing and Management*, Vol. 2, pp. 49-64.

Grönroos, C. [1994a] "From Marketing Mix to Relationship Marketing : Towards a Paradigm Shift in Marketing," *Management Decision*, Vol. 32, No. 2, pp. 4-20.

Grönroos, C. [1994b] "Quo Vadis, Marketing? Toward a Relationship Marketing Paradigm," *Journal of Marketing Management*, Vol. 10, No. 5, pp. 347-60.

Grönroos, C. [1994c] "From Scientific Management to Service Management : A Management Perspective for the Age of Service Competition Logic," *International Journal of Service Industry Management*, Vol. 5, No. 1, pp. 5-20.

Grönroos, C. [1997] "Value-Driven Relational Marketing : From Products to Resources and Competencies," *Journal of Marketing Management*, Vol. 13, No. 5, pp. 407-419.

Grönroos, C. [1998] "Marketing Services : The Case of a Missing Product," *Journal of Business & Industrial Marketing*, Vol. 13 No. 4/5, pp. 322-338.

Grönroos, C. [1999a] "Relationship Marketing : The Nordic School Perspective," in Sheth, J. N. and Parvatiyar, A. (eds.), *Handbook of Relationship Markting*, pp. 95-

118.

Grönroos, C. [1999b] "Relationship Marketing : Challenges for the Organization," *Journal of Business Research*, Vol. 46, No. 3, pp. 327-35.

Grönroos, C. [2000] *SERVICE MANAGENENT AND MARKETING : A Customer Relationship Management Approach 2 nd edition*, John Wiley & Sons Ltd.

Grönroos, C. [2001] "The Perceived Service Quality Concept – A Mistake?" *Managing Service Quality*, Vol. 11, No. 3, pp. 150-152.

Grönroos, C. [2004] "The Relationship Marketing Process : Communication, Interaction, Dialogue, Value," *Journal of Business and Industrial Marketing*, Vol. 19, Vol. 2, pp. 99-113.

Grönroos, C. [2006a] "What can a Service Logic Offer Marketing Theory?," in Lusch, R. F. and Vargo, S. L. (eds.), *Toward a Service-Dominant Logic of Marketing : Dialog, Debate, and Directions*, M. E. Sharpe, New York, NY.

Grönroos, C. [2006b] "Adopting a Service Logic for Marketing," *Marketing Theory*, Vol. 6 No. 3, pp. 317-33.

Grönroos, C. [2006c] "On Defining Marketing : Finding a New Roadmap for Marketing," *Marketing Theory*, Vol. 6 No. 4, pp. 395-417.

Grönroos, C. [2007a], *In Search of a New Logic for Marketing : Foundations of Contemporary Theory*, John Wiley & Sons Limited. (蒲生智哉訳 [2015] 『サービス・ロジックによる現代マーケティング理論―消費プロセスにおける価値共創へのノルディック学派アプローチ―』白桃書房)

Grönroos, C. [2007b] *Service Management and Marketing : Customer Management in Service Competition*, Wiley and Sons Inc. (近藤宏一監訳・蒲生智哉訳 [2013] 『北欧型サービス志向のマネジメント　―競争を生き抜くマーケティングの新潮流―』ミネルヴァ書房)

Grönroos, C. [2008] "Service Logic Revisited : Who Creates Value? And Who Co-Creates?," *European Business Review*, Vol. 20, No. 4, pp. 298-314.

Grönroos, C. [2009] "Marketing as Promise Management : Regaining Customer Management for Marketing," *Journal of Business & Industrial Marketing*, Vol. 24 No. 5/6, pp. 351-9.

Grönroos, C. [2011] "Value Co-creation in Service Logic : A Critical Analysis," *Marketing Theory*, Vol. 11 No. 3, pp. 279-301

Grönroos, C. [2015] *Service Management and Marketing : Managing the Service Profit Logic. 4th ed.* Chichester, UK : John Wiley & Sons.

Grönroos, C. [2017a] "I Did It My Way," *Journal of Historical Research in Marketing*, Vol. 9, No. 3, pp. 277-301.

Grönroos, C. [2017b] "On Value and Value Creation in Service : A Management Perspective," *Journal of Creating Value*, Vol. 3, No. 2, pp. 125-141.

Grönroos, C. [2019] "Reforming Public Services : Does Service Logic Have Anything to Offer?," *Public Management Review*, Vo:. 21, pp. 775-788.

Grönroos, C. and Gummesson, E. [1985] "The Nordic School of Services : An Introduction," in Grönroos, C. and Gummesson E. (eds.) *Service Marketing : Nordic School Perspectives, Series R2.* Stockholm : University of Stockhom, pp. 6-11.

Grönroos, C. and Gummerus, J. [2014] "The Service Revolution and its Marketing Implications : Service Logic vs Service-Dominant Logic," *Managing Service Quality*, Vol. 24, No 3 , pp206-229.

Grönroos, C. and Helle P. [2010] "Adopting a Service Logic in Manufacturing: Conceptual Foundation and Metrics for Mutual Value Creation," *Journal of Service Management*, Vol. 21, No. 5, pp. 546-590.

Grönroos, C. and Lindberg-Repo, K. [1998] "Integrated Marketing Communications : The Communications Aspect of Relationship Marketing," *IMC Research Journal*, Vol. 4, No. 1, pp. 3-11.

Grönroos, C. and Ravald, A. [2011] "Service as Business Logic : Implications for Value Creation and Marketing," *Journal of Service Management*, Vol. 22, No. 1, pp. 5-22.

Grönroos, C. and Strandvik, T. [2008] "The Interaction Concept and its Implications for Value Creation and Marketing in Service Businesses," M. Antiila an A. Rajala (eds) *Fishing with Business Nets-Keeping Thoughts on The Horizon.* Helsinki School of Economics, pp. 51-64.

Grönroos, C. and Voima, P. [2013] "Critical Service Logic : Making Sense of Value Creation and Co-creation," *Journal of the Academy of Marketing Science*, Vol. 41, No. 2, pp. 133-150.

Grönroos, C., Strandvik, T., and Heinonen, K. [2015] "Value Co-Creation : Critical Reflections," in Gummerus, J., and von Loskull, C. (eds.) *The Nordic School : Service Marketing and Management for the Future*, CERS Hanken School of Economics, pp. 69-81.

Grönroos, C. and Voima, P. [2013] "Critical Service Logic: Making Sense of Value Creation and Co-creation," *Journal of the Academy of Marketing Science*, Vol. 41, No. 2, pp. 133-150.

Grönroos, C., von Koskull, C. and Gummerus, J. [2015] "The Essence of the Nordic School," in Gummerus, J., and von Loskull, C. (eds.) *The Nordic School : Service Marketing and Management for the Future*, CERS, Hanken School of Economics, pp. 29-32.

Gummesson, E. [1978], "Toward a Theory of Professional Service Marketing", *Industrial Marketing Management*, Vol. 7, No. 2, pp. 89-95.

Gummesson, E. [1979] "The Marketing of Professional Services-An Organizational Dilemma," *European Journal of Marketing*, Vol. 13, No. 5, pp. 308-318.

Gummesson, E. [1985] "Applying Service Concepts in the Industrial Sector : Towards a New Concept of Marketing," in Grönroos, C and Gummesson, E. (eds.) *Service Marketing : Nordic School Perspectives, Series R2*. Stockholm : University of Stockhom, pp. 95-109.

Gummesson, E. [1987a] *Marketing : A Long Term Interactive Relationship. Contribution to a New Marketing Theory*. Stockholm, Sweden : Marketing Technique Center.

Gummesson, E. [1987b] "The New Marketing : Developing Long-Term Interactive Relationships," *Long Range Planning*, Vol. 20. pp. 10-20.

Gummesson, E. and Grönroos, C. [1988] Quality of service - Lessons from the products sector, Add value to your service : The key to success, Proceedings series, pp. 81-85

Gummesson, E. [1993] *Quality Management in Service Organizations : An Interpretation of the Service, Quality Phenomenon and a Synthesis of International Research*, International Service Quality Association, New York, NY.

Gummesson, E. [1996] "Relationship Marketing and Imaginary Organizations ; A Synthesis," *European Journal of Marketing*, Vol. 30, No. 2, pp. 31-44.

Gummesson, E. [2002] *Total Relationship Marketing Second Edition*, UNI Agency, (若林靖永他訳 [2007]『リレーションシップ・マーケティング〜ビジネスの発想を変える30の関係性』中央経済社)

Gummesson, E. [2007] "Exit Services Marketing-Enter Service Marketing," Journal of Customer Behaviour, Vol. 6, No. 2, pp. 113-141.

Gummesson, E. [2015] "Service Research Methodology: From Case Study Research to Case Theory," in Gummerus, J., and von Loskull, C. (eds.) *The Nordic School: Service Marketing and Management for the Future*, CERS, Hanken School of Economics, pp. 451-464.

Gummesson, E. and Grönroos, C. [1988] "Quality of services-Lessons from the product sector," *Addvalue to Your Service : The Key to Success*, Proceedings series, pp. 81-85.

Gummesson, E. and Grönroos, C. [2012] "The Emergence of the New Service Marketing : Nordic School Perspectives," *Journal of Service Management*, Vol. 23, No. 4, pp. 479-497.

Gummerous, J. and von Koskull, C. [2015] The Nordic School: Service Marketing and Management for the Future, CERS, Hanken School of Economics, pp. 1-6.

Håkansson, H. and Snehota, I. J. [1995] *Developing Relationships in Business Networks*, London：Routledge.

Hayes, R. H. and Abernathy, W. J. [1908] "Managing Our Way to Economic Decline," *Harvard Business Review*, Vol. 58, July-August（「経済停滞への道をいかに制御し発展に導くか」『ダイヤモンド・ハーバード・ビジネス』11・12月号，1980年）

Heide, J. B. and John. G. [1988] "The Role of Dependence Balancing in Safeguarding Transaction-Specific Assets in Conventional Channels," *Journal of Marketing*, Vol. 52, No. 1, pp. 20-35.

Heide, J. B. and John. G. [1990] "Allians in Industrial Purchasing：The Deter-Minants of Joint Action in Buyer-Supplier Relationships," *Journal of Marketing Reserch*, Vol. 27, No. 1, pp. 24-36.

Heide, J. B. and John, G. [1992] "Do Norms Matter in Marketing Relationships?," *Journal of Marketing*, Vol. 56, No. 2, pp. 32-44.

Heinonen, K. [2015] "CERS Contributions to the Nordic School of Service," in Gummerus, J., and von Loskull, C. (eds.) T*he Nordic School：Service Marketing and Management for the Future*, CERS, Hanken School of Economics, pp. 7-28.

Heinonen, K. and Strandvik, T. [2015] "Customer-Dominant Logic：Foundations and Implications," *Journal of Services Marketing*, Vol. 29, No. 6/7, pp. 472-484.

Heinonen, K., Strandvik, T. and Voima, P. [2013] "Customer Dominant Value Formation in Service," *European Business Review*, Vol. 25, No. 2, pp. 104-123.

Heinonen, K., Strandvik, T., Mickelsson, K. J., Edvardsson, B., Sundström, E. and Andersson, P. [2009] "Rethinking Service Companies Business Logic：Do We Need a Customer-Dominant Logic as a Guideline?," *Working Paper 546*, Hanken School of Economics, Helsinki.

Heinonen, K., Strandvik, T., Mickelsson, K. J., Edvardsson, B., Sundström, E. and Andersson, P. [2010] "A Customer-Dominant Logic of Service," *Journal of Service Management*, Vol. 21, No. 4, pp. 531-548.

Heinonen, K., Strandvik, T., and Voima, P. [2013] "Customer Dominant Value Formation in Service," *European Business Review*, Vol. 25, No. 2, pp. 104-123.

Helkkula, A. [2011] "Characterizing the Concept of Service Experience," *Journal of Service Management*, Vol. 22, No. 3, pp. 367-389.

Helkkula, A. and Kelleher, C. [2010] "Circularity of Customer Service Experience and Customer Perceived Value," *Journal of Customer Behaviour*, Vol. 9, No. 1, pp. 37-53.

Helkkula, A., Kelleher, C. and Pihlstrom, M. [2012] "Characterizing Value as an Experience Implications for Service Researchers and Managers," *Journal of Service Research*, Vol. 15, No. 1, pp. 59-75.

Heskett, J. L., Sasser, W. E. Jr., Schlesinger, L. A. [1994] *The Service Profit Chain*, The Free Press.

Holbrook, M. B. and Hirschman, E. C. [1982] "The Experiential Aspects of Consumption : Consumer Fantasies, Feelings and Fun," *Journal of Consumer Research*, Vol. 9, No. 1, pp. 132-140.

Holmlund, M. [1996] "A Theoretical Framework of Perceived Quality in Business Relationships," *Research Report* No. 36. Swedish School of Economics and Business Administration, Helsinki.

Holmlund, M. [1999] "Perception Configurations in Business Relationships," *Management Decision*, Vol. 37, No. 9, pp. 686-696.

Holmlund, M. [2004] "Analyzing Business Relationships and Distinguishing Different Interaction Levels," *Industrial Marketing Management*, Vol. 33, No. 4, pp. 279-287.

Hur, W. M., Moon, T. and Rhee, S. Y. [2016] "Exploring the Relationship between Compassion at Work, the Evaluative Perspective of Positive Work-related Identity, Service Employee Creativity, and Job Performance," *Journal of Services Marketing*, Vol. 30, No. 1, pp. 114-132.

Johnston, W. J. and Thomas V. B. [1981] "Purchase Process for Capital Equipment and Services," *Industrial Marketing Management*, Vol. 10, No. 4, pp. 253-264.

Juran, J., M. [1973] "The Taylor system and quality control," *Quality Progress* Vol. 6, No. 5, pp. 1-22.

Juran, J. M. [1982] *Upper Management and Quality*. New York : Juran Institute.

Korkman, O. (2006) *Customer Value Formation in Practice-A Practice-Theoretical Approach*, Dissertation.., Hanken School of Economics, Helsinki, Finland.

Kotler, P. [1975] *Marketing for Nonprofit Organization*, Printice-Hall.

Kotler, P. [1984] *Marketing Management : Analysis, Planning, and Control*, 5 th Edition, Englewood, Cliffs, NJ : Prentice-Hall.

Kotler, P. [1994] *Princeples of Marketing*, Printice-Hall.

Kotler, P., Fahey, L. and Jatusripitak, S. [1986] *The New Competition*, Prentice-Hall International（増岡信男訳『日米新競争時代を読む』東急エージェンシー，1986年）

Kotler, P. and Armstrong, G. [1980] *Principle of Marketing*, Prentice Hall.

Kotler, P. and Keller, K. [2006] *Marketing Management, 12th edition*, Pearson Education, Inc.

Kotler, P. and Levy, S. J. [1969] "Broadening the Concept of Marketing," *Journal of Marketing*, Vol. 33, No. 1, pp. 10-15.

Korkman, O. [2006] Customer Value Formation in Practice - A Practice-Theoretical Approach, *Dissertation, Hanken School of Economics*, Helsinki, Finland.

Kowalkowski, C. [2015] "Business Marketing : A Nordic School Perspective," in Gummerus, J., and von Loskull, C. (eds.) T*he Nordic School : Service Marketing and Management for the Future*, CERS, Hanken School of Economics, pp. 55-67.

Kristensson, P. [2013] "Service Marketing : A head of Its Times, Industry, and Mainstream," (In) Sheth, J. N. and Fisk, R. P. (Eds) *Legends in Marketing : Cristian Grönroos*, Vol. 1. pp. 197-202.

Lazer, W. and Kelly, E. J. [1973] *Social Marketing : Perspectives and Viewpoints*, Richard D. Irwin.

Lemon, K. N. and Verhoef, P. C. [2016] "Understanding Customer Experience throughout the Customer Journey," *Journal of Marketing*, Vol. 80, No. 6, pp. 69-96.

Levitt, T. [1962] *Innovation in Marketing : New Perspectives for Profit and Growth*, McGraw-Hill.（小池和子訳『マーケティングの革新＝企業成長への新視点』ダイヤモンド社，1963年。土岐坤訳『マーケティングの革新＝未来戦略の新視点』ダイヤモンド社，1983年。）

Levitt, T. [1976] "*The Industrialization of Services*," *Harvard Business Review*, Vol. 54, No. 5, pp. 63-74.

Levitt, T. [1981] " Marketing Intangible Product and Product Intangibles," *Harvard Business Review*, Vol. 59, Issue. 3, pp. 94-102.

Levitt, T. [1983], "After the Sale is Over," *Harvard Business Review*, Vol. 60, September-October, pp. 89-93.

Lipkin, M. and Heinonen, K. [2015] "Exploring Change in Customer Experience : The Case of Sports-Tracking Mobile Service," in Gummerus, J. and von Koskull, C. (eds.), *The Nordic School : Service Marketing and Management for the Future*, CERS, Hanken School of Economics, pp. 253-272.

Lovelock E. H. and Gummesson, E. [2004] "Whither Services Marketing? In Search of a New Mickelsson, J. [2013] "Customer Activity in Service," *Journal of Service Management*, Vol. 24, No. 5, pp. 534-552.

Lusch, R. F. and Vargo, S. L. [2014] *Service-dominant logic : premises, perspectives, possibilities*, Cambridge University Press.（井上崇通 監訳，庄司真人・田口尚史訳 [2016]『サービス・ドミナント・ロジックの発想と応用』同文舘。）

Mattsson, L. G. [1997] "Relationship Marketing and the Markets as Networks Approach A Comparative Analysis of Two Evolving Streams of Research," *Journal of Marketing Management*, Vol. 13, No. 5, pp. 447-461.

McColl-Kennedy, J. R., Gustafsson, A., Jaakkola, E., Klaus, P., Radnor, Z. J., Perks, H., and Friman, M. [2015] "Fresh Perspectives on Customer Experience," *Journal of Services Marketing*, Vol. 29, No. 6/7, pp. 430-435.

McCarthy J. [1960] *Basic Marketing : A Managerial Approach*, Irwin.

Meyer, C. and Schwager, A. [2007] "Understanding Customer Experience," *Harvard Business Review*, Vol. 85, No. 2, pp. 116-126

Mickelsson, K. J. [2013] "Customer Activity in Service," *Journal of Service Management*, Vol. 24, No. 5, pp. 534-552.

Mickelsson, K. J. [2014] *Customer Activity: A Perspective on Service Use*, Dissertation, Hanken School of Economics, Helsinki, Finland.

Mickelsson, K. J. [2017] "Running is My Boyfriend: Consumers Relationships with Activities," *Journal of Services Marketing*, Vol. 31, No. 1, pp. 24-33.

Miller, J. [1977] "Studying Satisfaction, Modifying Models, Eliciting Expectations, Posing Problems, and Making Meaningful Measurements," *Conceptualization and Measurement of Consumer Satisfaction and Dissatisfaction*, pp. 72-91.

Möller, K. and Halinen, A. [2000] "Relationship Marketing Theory : Its Roots and Direction," *Journal of Marketing Management*, Vol. 16, pp. 29-54.（久保田進彦抄訳［2001］「リレーションシップ・マーケティングの理論：そのルーツと方向性（1）」『流通情報』382，26-35頁。久保田進彦抄訳［2001］「リレーションシップ・マーケティングの理論：そのルーツと方向性（2）」『流通情報』383，20-28頁。)

Morgan, R. M. and Hunt, S. D. [1994] "The Commitment-Trust Theory of Relationship Marketing," *Journal of Marketing*, Vol. 58, No. 3, pp. 20-38.

Normann, R. [1984] *Service Management*, Wiley, Chichester.

Normann, R. [1991] *Service Management : Strategy and Leadership in Service Business*, John Wiley & Sons Ltd.（近藤隆雄訳［1993］『サービス・マネジメント』NTT出版)

Normann, R. and Ramirez, R. [1993] "From Value Chain to Value Constellation : Designing Interactive Strategy," *Harvard Business Review*, Vol. 71, No. 4, pp. 65-77.

Ojasalo, J. [2001] "Managing Customer Expectations in Professional Services," *Managing Service Quality*, pp. 200-212.

Oliver, R. L. [1977] "Effect of Expectation and Disconfirmation on Postexposure Product Evaluations : An Alternative Interpretation," *Journal of Applied Psychology*, Vol. 62, No. 4, pp. 480-486.

Olshavsky, R. W. and Miller, J. A. [1972] "Consumer Expectations, Product Performance and Perceived Product Quality," *Journal of Marketing Research*, Vol. 9, No. 1, pp. 19-21.

Ostrom, A. L., Bitner, M. J., Brown, S. W., Burkhard, K. A., Goul, M., Smith-Daniels, V., Demirkan, H. and Rabinovich, E. [2010] "Moving Forward and Making a Difference : Research Priorities for the Science of Service," *Journal of Service Research*, Vol. 13, No. 1, pp. 4-36.

Payne, A. [2000] "Relationship Marketing : The U. K. Perspective", in *Handbook of Relationship Marketing*, Sheth, J. N. and Parvatiyar, A. eds. Sage Publications, Inc. pp. 39-68.

Pels, J. and Grönroos, C. [2009] "Marketing as Promise Management : Regaining Customer Management for Marketing," *Journal of Business & Industrial Marketing*, pp. 351-359.

Pilling, B. K., Crosby, L. A. and Jackson, D. W. Jr. [1994] "Relational Bonds in Industrial Exchange : An Experimental Test of the Transaction Cost Economic Framework," *Journal of Business Research*, Vol. 30, pp. 237-251.

Prahalad, C. K. and Venkat Ramaswamy [2004] *The Future of Competition: Co-Creating Unique Value with Customers*, HBSPress, BostonMA.

Rathmell, J. M. [1974] *Marketing in the Service Sector*, Winthrop Publishers, Cambridge, MA.

Ravald, A. and Grönroos, C. [1996] "The Value Concept and Relationship Marketing," *European Journal of Marketing*, Vol. 30, No. 2, pp. 19-30.

Saaksjarvi, H., Gummerus, J. and Grönroos, C. [2007] "Love at First Sight or a Long-Term Affair? Different Relationship Levels as Predictors of Customer Commitment," *Journal of Relationship Marketing*, Vol. 6, No. 1, 2007, pp. 45-61.

Shostack, G. L. [1977] "Breaking Free from Product Marketing," *Journal of Marketing*, Vol. 41, No. 2, pp. 73-80.

Simon, H. A. [1997] *Administrative Behavior 4th edition*, THE FREE PRESS.

Simonson, I. [1993] "Get Closer to Your Customers by Understanding How They Make Choices," *California Management Review*, Vol. 35, No. 4, pp. 68-84.

Stock, R. M., de Jong, A. and Zacharias, N. A. (2017) "Frontline Employee's Innovative Service Behavior as Key to Customer Loyalty : Insights into FLE's Resource Gain Spiral," *Journal of Product Innovation Management*, Vol. 34, No. 2, pp. 223-245.

Strandvik, T. [2013] "Volume Introduction : Service Logic-An Introduction to Christian Gronrooss Contribution to Service Logic," in Strandvik, T. (ed.) *The Legend in Marketing Christian Gronroos Volume 3 Service Logic*, SAGE, pp. xxi-xxvii.

Strandvik, T. and Heinonen, K. [2015] "Essentials of Customer Dominant Logic," in Gummerus, J., and von Loskull, C. (eds.) *The Nordic School : Service Marketing and Management for the Future*, CERS Hanken School of Economics, pp. 111-128.

Strauss, A. and Corbin, J. [1990] *Basics of Qualitative Research : Grounded Theory Procedures and Techniques*, London : Sage.

Storbacka K. [2013] "Creating Use-Value with Christian Grönroos," in Strandvik, T. (ed.) The Legend in Marketing Christian Grönroos Volume 3 Service Logic, SAGE, pp. 221-230.

Swan, J. E. and Combs, L. J. [1976] "Product Performance and Consumer Satisfaction : A New Concept : An Empirical Study Examines the Influence of Physical and Psychological Dimensions of Product Performance on Consumer Satisfaction," *Journal of Marketing*, Vol. 40, No. 2, pp. 25-33.

Vargo, S. L. and Lusch, R. F. [2004] "Evolving to a New Dominant Logic for Marketing," *Journal of Marketing*, Vol. 68(1). pp. 1-17.

Vargo, S. L. and Lusch, R. F. [2008] "Service Dominant Logic : Continuing the Evolution," *Journal of the Academy of Marketing Science*, Vol. 36, No. 1, pp. 1-10.

Verhoef, P. C., Lemon, K. N., Parasuraman, A., Roggeveen, A., Tsiros, M. and Schlesinger, L. A. [2009] "Customer Experience Creation : Determinants, Dynamics, and Management Strategies," *Journal of Retailing*, Vol. 85, No. 1, pp. 31-41.

Voima, P. and Grönroos, C. [1999] "Internal Marketing : A Relationship Perspective," in Baker, M. J. (eds.) *International Thompson Business Press*, pp. 747-751.

Voima, P., Heinonen, K. and Strandvik, Y. [2010] "Exploring Customer Value Formation-A Customer Dominant Logic Perspective, *Working Paper*, No. 552, Publications of Hanken School of Economics, Helsinki, Finland.

Waterschoot van, W. and Van den Bulte, C. [1992] "The 4 P Classification of the Marketing Mix Revised," *Journal of Marketing*, Vol. 56, No. 4, pp. 83-93.

Webster Jr., F. E. [1991], *Industrial Marketing Strategy 3rd edition*, John Wiley and Sons.

Webster Jr., F. E. [1994] *Market-Driven Management : Using the New Marketing Concept to Create a Customer-Orientation Company*, John Wiley & Sons.

飯田修平・飯塚悦功・棟近雅彦 監修 [2005]『医療の質用語辞典』日本規格協会。

稲垣伸子 [2003]「サービスマーケティングの生成とマーケティング理論のパラダイム」『商学研究論集』第20巻，389-406頁。

上原征彦 [1984]「サービス概念とマーケティングへの若干の示唆」『マーケティングジャーナル』1984年1月号，2-11頁。

上原征彦 [1985]「サービス・マーケティングの本質とその日本的展開」『マーケティングジャーナル』1985年4月号，11-18頁。

太田美和子 [2015]『パブリックスの奇跡〜顧客満足度全米 NO.1 企業の当たり前の経営術』PHP 研究所。

小野讓司 [2002]「サービスマーケティングの内部組織的性格」『明大商学論叢』第84巻，第1号，61-76頁。

狩野紀昭・瀬楽信彦・高橋文夫・辻新一 [1984]「魅力的品質と当り前品質」『品質』第14巻，第2号，147-156頁。

香川勇介・真野俊樹 [2017]「医療サービスにおける予防的コミュニケーション ―セル

フ・エフィカシー理論の適用─」『マーケティングジャーナル』Vol. 36 No. 3，37-50頁。

蒲生智哉［2008a］「「チーム医療」の組織論的一考察 ─協働システム理論をふまえて─」『立命館ビジネスジャーナル』Vol. 2. 25-48頁。

蒲生智哉［2008b］「「医療の質」と「チーム医療」の関係性の一考察 ─クリニカルパス活用による一貫性のある医療の実現─」『立命館経営学』第47巻第 1 号，163-183頁。

蒲生智哉［2012］「チーム医療の組織論　C. I. Barnard の協働システムの理論的観点から」『JIM』第22巻第 3 号，医学書院，180-184頁。

川上智子・木村憲洋［2013］「医療のマーケティング序論 ～ 7 P と患者志向の再考～」『マーケティングジャーナル』Vol. 32 No. 3，4 -15頁。

菊池一夫［2012］「サービス・ドミナント・ロジックの進展へのノルディック学派の対応」『佐賀大学経済論集』第45巻第 1 号，69-92頁。

久保田進彦［2001］「リレーションシップ概念の再検討」『中京商学論叢』第48巻，第 1 号，121-177頁。

久保田進彦［2003］,「リレーションシップ・マーケティング研究の再検討」『流通研究』第 6 巻第 2 号 pp. 15-33.

久保田進彦［2012］『リレーションシップ・マーケティング　コミットメント・アプローチによる把握』有斐閣。

戈木クレイグヒル滋子［2013］『質的研究法ゼミナール第 2 版：グラウンデッド・セオリー・アプローチを学ぶ』医学書院。

島津望［2005］『医療の質と患者満足 ─サービス・マーケティング・アプローチ─』千倉書房。

竹田志郎（1985）『日本企業の国際マーケティング』同文舘出版。

張婧［2015a］「小売企業の海外進出における顧客関係の構築─ファミリーマートを事例として─」『アジア市場経済学会年報』第18号，25-34頁。

張婧［2015b］「サービスロジックとマーケティング研究」村松潤一編著『価値共創とマーケティング論』同文舘出版，70-86頁。

張婧［2016］「顧客接点を通じた価値共創マーケティング─島村楽器の事例から」

村松潤一編著『ケースブック価値共創とマーケティング』同文舘出版，113-126頁。

冨田健司［2008］「チーム医療のマネジメント ─静岡県立静岡がんセンターの多職種チーム医療を事例として─」『医療と社会』Vol. 18 No. 3，327-341頁。

灘光洋子・浅井亜紀子・小柳志津［2014］「質的研究方法について考える：グラウンデッド・セオリー・アプローチ，ナラティブ分析，アクションリサーチを中心として」『異文化コミュニケーション論集』第12巻，67-84頁。

波形克彦［2010］『【最新レポート】アメリカ流通業の経営革新』同友館。

福田康典［2002］「産業財マーケティングに関する研究アプローチの考察」『高崎経済大学

論集』，第45巻第 1 号，95-108頁。

藤岡芳郎［2008］「小売業の顧客関係性にもとづく戦略の一考察〜中小食品小売業のケイパビリティの視点をもとに」『九州経済学会年報』第46集，105-112頁。

細田満和子［2003］『「チーム医療」の理念と現実』日本看護協会出版会。

水野滋［1976］「品質機能の展開」『品質』第 6 巻第 2 号，3 - 8 頁。

村松潤一［2009］『コーポレート・マーケティング—市場創造と企業システムの構築』同文舘出版。

村松潤一［2010］「S-D ロジックと研究の方向性」井上崇通・村松潤一編著『サービス・ドミナント・ロジック—マーケティング研究への新たな視座—』同文舘出版，229-248頁。

村松潤一［2015a］「価値共創型企業システムとマーケティング研究」，村松潤一編著『価値共創とマーケティング論』同文舘出版，154-170頁。

村松潤一［2015b］「価値共創の論理とマーケティング研究との接続」村松潤一編著『価値共創とマーケティング論』同文舘出版，129-149頁。

村松潤一［2016］「価値共創とは何か」，村松潤一編著『ケースブック 価値共創とマーケティング論』同文舘出版，1 -17頁。

村松潤一［2017］「価値共創マーケティングの対象領域と理論的基盤— サービスを基軸とした新たなマーケティング—」『マーケティングジャーナル』Vol. 37, No. 2, pp. 6-24.

村松潤一［2020］「価値共創マーケティングとは何か」，村松潤一・藤岡芳郎・今村一真編著『ケースで学ぶ 価値共創マーケティングの展開—新たなビジネス領域への挑戦—』同文舘出版，1 -17頁。

渡辺達郎［1997］『流通チャネル関係の動態分析：製販の協働関係に関する理論と実証』千倉書房。

和文索引

欧文索引

〈編著者紹介〉

村松潤一　岡山理科大学経営学部教授

東北大学大学院経済学研究科博士課程後期修了，博士（経営学）
主な研究業績：『ケースで学ぶ　価値共創マーケティングの展開』（共編著，同文舘出版，2020年），
『サービス社会のマネジメント』（共編著，同文舘出版，2018年），『ケースブック　価値共創とマーケ
ティング論』（編著，同文舘出版，2016年），『価値共創とマーケティング論』（編著，同文舘出版，2015年），『経営品質科学の研究－企業活動のクオリティを科学する』（分担執筆，中央経済社，2011年），『サービス・ドミナント・ロジック―マーケティング研究への新たな視座－』（共編著，同文舘出版，2010年），『顧客起点のマーケティング・システム』（編著，同文舘出版，2010年），『コーポレート・マーケティング―市場創造と企業システムの構築』（単著，同文舘出版，2009年），『スマート・シンクロナイゼーション－eビジネスとSCMによる二重の情報共有』（分担執筆，同文舘出版，2006年）

大藪　亮　岡山理科大学経営学部教授

広島大学大学院社会科学研究科博士課程後期修了，博士（マネジメント）
2019年4月から9月までハンケン経済大学 客員研究員，2019年10月から2020年3月までトゥルク
大学 客員研究員。
主な研究業績：『サービス社会のマネジメント』（分担執筆，同文舘出版，2018年），『価値共創と
マーケティング論』（分担執筆，同文舘出版，2015年），『経営品質科学の研究－企業活動のクオリ
ティを科学する』（分担執筆，中央経済社，2011年），『サービス・ドミナント・ロジック―マーケ
ティング研究への新たな視座―』（分担執筆，同文舘出版，2010年），『顧客起点のマーケティン
グ・システム』（分担執筆，同文舘出版，2010年）
受賞：日本マーケティング学会『マーケティングカンファレンス2017オーラルセッション』ベスト
ペーパー賞受賞

▨ 北欧学派のマーケティング研究
　　　―市場を超えたサービス関係によるアプローチ

▨ 発行日 ── 2021年2月26日　初版発行　　　　　〈検印省略〉

▨ 編著者 ── 村松潤一・大藪　亮

▨ 発行者 ── 大矢栄一郎

▨ 発行所 ── 株式会社　白桃書房
　　　　　〒101-0021　東京都千代田区外神田5-1-15
　　　　　☎03-3836-4781　📠03-3836-9370　振替00100-4-20192
　　　　　http://www.hakutou.co.jp/

▨ 印刷・製本 ── 藤原印刷